Romance Mediúmnico

SOMBRAS DE UN SECRETO

Solo el amor la liberaría de esas marcas

BERENICE GERMANO

Por el Espíritu

HERMANA VICTORIA

Traducción al Español:
J.Thomas Saldias, MSc.
Trujillo, Perú, Diciembre, 2023

Título Original en Portugués:
"Sombras de un segredo"
© Berenice Germano, 2000

World Spiritist Institute
Houston, Texas, USA
E–mail: contact@worldspiritistinstitute.org

De la Médium

Berenice Germano nació en São Paulo, el 6 de junio de 1952. Sus habilidades mediúmnicas de clarividencia y audición surgieron a los dieciocho años, cuando vio un espíritu en la habitación de sus padres, y hasta ese momento desconocía el Espiritismo. Estas visiones se volvieron constantes y despertaron su interés por conocer más sobre los principios espíritas.

Dedicada durante algunos años al estudio de la Doctrina Espírita, ahora nos ofrece otra hermosa novela mediúmnica escrita por la hermana Victoria, con quien también escribió las novelas espíritas publicadas anteriormente: *Cadenas del Pasado, Mi Vida por su perdón y Cuando es necesario partir*. Con Bento José psicografió la colección *Las Aventuras de la Gotita Dorada*, compuesta por diez libros dirigidos a los niños.

Desde 1978, Berenice asiste al Grupo Espírita Casa del Camino, en la ciudad de São Paulo, al que le fueron transferidos los derechos de autor de las novelas que escribió.

Del Traductor

Jesús Thomas Saldias, MSc, nació en Trujillo, Perú.

Desde los años 80s conoció la doctrina espírita gracias a su estadía en Brasil donde tuvo oportunidad de interactuar a través de médiums con el Dr. Napoleón Rodriguez Laureano, quien se convirtió en su mentor y guía espiritual.

Posteriormente se mudó al Estado de Texas, en los Estados Unidos y se graduó en la carrera de Zootecnia en la Universidad de Texas A&M. Obtuvo también su Maestría en Ciencias de Fauna Silvestre siguiendo sus estudios de Doctorado en la misma universidad.

Terminada su carrera académica, estableció la empresa *Global Specialized Consultants LLC* a través de la cual promovió el Uso Sostenible de Recursos Naturales a través de Latino América y luego fue partícipe de la formación del **World Spiritist Institute**, registrado en el Estado de Texas como una ONG sin fines de lucro con la finalidad de promover la divulgación de la doctrina espírita.

Actualmente se encuentra trabajando desde Perú en la traducción de libros de varios médiums y espíritus del portugués al español, habiendo traducido más de 280 títulos, así como conduciendo el programa "La Hora de los Espíritus."

Índice

Prólogo 7
Presentación 9
1.– El Escape 11
2.- No es Cierto 19
3.- Entre Amigos 25
4.- Misterio y Crueldad 33
5.- Los Castillos 41
6.- Premoniciones 46
7.- Presencia No Deseada 50
8.- Los Disfraces 58
9.- Regreso a Casa 70
10.- El Espía 77
11.- Calumnias 90
12.- Un Amor Imposible 99
13.- Unión Familiar 103
14.- Problema Alejado 113
15.- Nuevos Planes 117
16.- Secretos 131
17.- La Ayuda 146
18.- Refugio Seguro 156
19.- Noticias 161
20.- Bajo Tortura 169
21.- Misión Caritativa 174

22.- Decisiones Necesarias	177
23.- Revelaciones	185
24.- Sacrificio	192
25.- El Valle	200
26.- Prueba de Lealtad	206
27.- Reencuentro	215
28.- En el Campo de Batalla	220
29.- Una Cómplice	227
30.- El Asedio se Cierra	234
31.- La Captura	244
32.- Venganza	257
33.- Rescate por Amor	269
34.- Una Razón para Vivir	273
35.- Promesa Cumplida	278
36.- Recuperación	297
37.- Aprendizaje que Sigue	302
38.- El Dolor del Arrepentimiento	307
39.- Tiempo de Reflexión	312

Prólogo

Una historia de coraje, amor y lealtad.

En esta novela, llena de acción y misterio, la hermana Victoria abre la puerta del tiempo y nos invita a adentrarnos en la España del siglo XIV. En la región de Castilla, al sur de Madrid, en medio de llamas criminales, la bella y joven Raquel es arrebatada de su casa y comienza una frenética huida para salvar su propia vida. Don Fernando – un poderoso y enigmático noble – emprende una feroz persecución, mientras controla a los señores de esas tierras con astutas manipulaciones, llevando a cabo una auténtica caza de brujas.

Huyendo sin descanso, Raquel no entiende lo que ese hombre tiene contra ella. ¿A qué se debe tanta hostilidad? El odio y la violencia dejan sus huellas. Sin embargo, la misericordia divina es más fuerte: en la cima de una colina, encuentra un milagro, una puerta a la luz.

A través de las páginas de este libro, se nos invita a reflexionar sobre los efectos nocivos del resentimiento y el deseo de venganza, que enferman las almas y destruyen vidas, provocando dolorosas consecuencias a quienes los albergan.

En la vida, la fe firme en Dios será siempre una fuente segura de esperanza y fortaleza para el espíritu.

Solo el amor la liberaría de esas marcas.

Después de ofrecernos las novelas *Cadenas del Pasado, Mi Vida por su Perdón* y *Cuando es necesario partir*, la hermana Victoria nos presenta *Sombras de un Secreto*.

En medio de la disputa entre cristianos y musulmanes por el dominio de la Península Ibérica medieval, encontramos a los personajes de esta novela entablando relaciones de odio, lealtad y amor, en una narrativa conmovedora.

Hoy, como espíritus encarnados, sus protagonistas aun trabajan para rescatar sus faltas. Humildes servidores de Jesús, intentan reconstruir y avanzar en la vida hacia el Padre Celestial. Aprendieron, a costa de mucho sufrimiento, que el perdón es el único camino hacia la paz interior.

El libro también aborda temas espirituales como la necesidad de la reencarnación, la importancia de comprender las leyes divinas y la fe para salir victoriosos de las pruebas de la vida y el apoyo espiritual que nos llega en cada momento de nuestra existencia.

"Fuimos creados para evolucionar, avanzando hacia la perfección hacia el Creador. Que lo hagamos agradeciendo la misericordia de Dios y del Maestro Jesús, que descendió de planos superiores para enseñar el camino del bien y de la verdad a toda la humanidad."

Presentación

La hermana Victoria abre la puerta del tiempo y nos invita a adentrarnos en la España del siglo XIV, en una historia de amor y odio, marcada por guerras, creencias y fanatismos religiosos.

Para comprender mejor el período en el que se desarrolla la trama es necesaria cierta información. Los árabes invadieron la Península Ibérica en el año 711. La toma fue rápida, audaz y algo fácil debido al estado de decadencia en el que se encontraba el reino visigodo. España nació a partir de la reconquista a partir del siglo XI. Como esa zona de ocupación islámica pronto entró en crisis, los cristianos aprovecharon e intensificaron la lucha, que no había cesado desde el siglo VIII con la invasión árabe.

Pero a lo largo de los avances y retrocesos de este convulso período se fueron formando reinos íberos como Asturias, León, Castilla, Portugal y otros. Hasta mediados del siglo XV fueron frecuentes los enfrentamientos por la delimitación de fronteras entre Portugal y Castilla, o entre Castilla y Aragón.

En 1469, Fernando, heredero del trono de Aragón, se casó con Isabel, quien heredaría el reino de Castilla. Esta unión permitió la centralización del poder en España y finalmente, en 1492, se conquistó el reino de Granada, último reducto musulmán en la Península Ibérica.

Nuestra historia se desarrolla en la primera mitad del siglo XIV, en la región de Castilla, cuyo centro principal era la ciudad de Toledo, a 73 kilómetros al sur de Madrid. Incluso después de la recuperación definitiva por parte de los cristianos, que expulsaron a los árabes en 1085, persistieron vestigios de la arquitectura musulmana en toda la ciudad.

El Castillo de La Mota, donde se desarrollan los episodios esenciales de la novela, es el más grande de España y el más expresivo de los numerosos edificios históricos de la ciudad de Medina del Campo, situada a 160 kilómetros al noroeste de Madrid. La ciudad fue repoblada entre los años 1070 y 1080, con la formación del pueblo entonces conocido como "La Mota", que significa pequeño cerro. A principios del siglo XIV todavía era un pueblo poco impresionante, solo un cruce de varios caminos donde los vendedores mostraban sus productos a los viajeros.

Es en este escenario medieval donde nuestros personajes entablan relaciones de odio, venganza y amor, en una mezcla de sentimientos que emociona. Una narrativa atrapante, llena de acción y misterio, mantiene la atención del lector desde el principio hasta el final de la novela.

1.– El Escape

ERA EL FINAL DEL verano del año 1336 de la era cristiana. En la inmensa llanura del centro– oeste de la actual España se alzaban las majestuosas torres del castillo de la Mota. Desde lo alto de las murallas, un hombre observaba atentamente la actividad del pueblo vecino, que un gran incendio había dejado prácticamente destruido. Se elevó una densa humareda que oscureció aun más la visión de quienes intentaban avanzar entre las ruinas de las casas que quedaban en Medina del Campo. A media tarde, Don Fernando decidió abandonar el castillo y comprobar personalmente la magnitud del desastre.

En el pueblo devastado se escuchaban llantos y lamentos por todas partes. En algunas casas yacían cadáveres quemados. Por razones inexplicables, el incendio tuvo varios focos al mismo tiempo y rápidamente alcanzó casi todo, cogiendo a todos por sorpresa mientras dormían.

Fernando, un hombre de mediana edad y mano derecha del castellano dueño del terreno, caminó lentamente para conocer con detalle los hechos. De manera sutil, daba su opinión solemne sobre todo, mostrando mucho interés. Caminó hasta la casa del judío Jacob y su hija Raquel, la única que no había sido alcanzada por el fuego. El anciano judío estaba asustado y agotado, ya que había pasado la noche intentando ayudar a sus vecinos.

– Buenas tardes – dijo el recién llegado con aire irónico –. ¡Parece que tu casa fue la única que se salvó del incendio!

– Señor, estoy muy cansado – respondió humildemente el hombre –. Estuve toda la noche ayudando a apagar el fuego, que se propagó muy rápidamente, y agradezco a Dios por librarnos a mí y a mi hija de tal desgracia.

Fernando se rio mientras se pasaba la mano por la barba gris.

– ¡Mi querido amigo, fuiste tú y tu hija quienes prendieron fuego al pueblo! Y cuando se difunda esta noticia, ciertamente no tendrán piedad de esta gente ignorante.

El sudor corría profusamente por el rostro demacrado de Jacob. El pobre se arrodilló y preguntó con las manos juntas:

– Por favor, Don Fernando, no le diga esa mentira a los aldeanos. Este pobre viejo nunca haría eso.

La respuesta vino llena de desprecio:

– Bueno, judío, te advertí que no interfirieras en mi vida; cualquiera que se niegue a cooperar conmigo y sepa demasiado es mi enemigo, y así es como lo trato. Quiero que recibas lo que te mereces por no estar de mi lado. Quien se interponga en mi camino debe morir.

Jacob intentó besarle los pies, suplicando clemencia.

– Señor, no puedo hacer lo que me pide, pero le juro en nombre de Dios que nunca le haré daño. Lo único que quiero es vivir en paz con mi hija.

La sagacidad aumentaba en el rostro de Don Fernando con cada palabra pronunciada por el otro.

– Los aldeanos sospechan desde hace tiempo que eres un mago, y ahora, después de este sacrilegio, lo sabrán con seguridad. Mis hombres de confianza ya están difundiendo los rumores. El pueblo volverá a arder, con sus cuerpos en el fuego.

Sin decir más, se rio.

Los aldeanos todavía estaban muy ocupados tratando de salvar algo o atender a sus heridos. Jacob aprovechó la confusión general para enganchar su caballo al carro, recoger lo imprescindible y marcharse con su hija de la forma más discreta posible. Sabía muy bien lo que inevitablemente sucedería si se quedaba en la región, a pesar de todos los beneficios que había aportado a esa gente.

Una tristeza indescriptible dominó su corazón. Recordó al compañero que había dejado allí enterrado, a sus amigos y a todo lo bueno y lo malo de los 25 años que pasó en esas tierras. Muchos niños habían venido al mundo gracias a él y a su esposa, incluidos los hijos de la condesa, propietaria del castillo. Y fueron innumerables las noches en las que tuvo que ayudar a las personas que llamaban a su pobre casa, pidiendo medicinas para diferentes enfermedades. Sus pócimas eran tan conocidas que atrajeron a habitantes de regiones lejanas. Ahora tendría que empezar de nuevo en una tierra extraña. Era mayor, ya no tenía edad suficiente para emprender aventuras.

La intensa lluvia que caía incesantemente le impedía conducir al animal con agilidad. Era sobrehumano caminar por el camino con ese clima, pero guiado por la intuición, Jacob se alejó cada vez más de la aldea. Cuando llegó la noche, los dos se acomodaron en la carreta, esperando el amanecer.

Finalmente amaneció y el Sol atravesó las últimas nubes que aun lo cubrían. Tan pronto como amaneció, Jacob y su hija emprendieron su camino. El miedo dominaba a aquellas criaturas que permanecían en silencio, sin siquiera comer; ignoraron el cansancio, exigiendo mucho al caballo. Después de un viaje de largas horas, el cansancio los venció y Jacob decidió detenerse. Raquel fue la primera en romper el silencio:

– Papá, no debemos parar; ay que seguir adelante, caminamos muy poco por la lluvia. Pronto notarán nuestra ausencia y, con caballos veloces, nos alcanzarán fácilmente.

Su voz era dulce y tranquila. La muchacha de dieciséis años tenía una belleza admirable y un temperamento suave y gentil. Su cabello castaño, casi rubio, enmarcaba su rostro ligeramente redondeado, de tez clara y suave, con ojos azul claro y una boca bien formada con labios carmesí. Raquel era una flor, delicada y suave. Jacob la miró con inmenso afecto.

– Hija mía, nuestro caballo no aguanta más, está agotado. Debemos descansar. Confiemos en Dios, él nos protegerá.

En el pueblo, una vez pasado el primer impacto, los aldeanos enterraron a sus muertos. Don Fernando había estado muy ocupado y ya no había buscado a Jacob; sin embargo, había encargado a sus hombres difundir rumores que el anciano era un mago y quemar sus casas pobres era parte de un ritual, dejando a todos perplejos y aun más enojados.

A media tarde, Tadeo, un hombre de su confianza, logró reunir un grupo para dirigirse a casa del judío. Tras examinar la pequeña habitación, descubrieron la fuga y pudieron demostrar su culpabilidad. Luego hubo otra conmoción y Don Fernando reunió algunos hombres para capturarlos. La orden era traerlos vivos o muertos.

Una vez elegidos los mejores hombres y caballos, no sería difícil seguir el rastro de la carreta. Enfurecidos e ignorantes, imaginaron que todas las desgracias acaecidas eran culpa del buen Jacob, y como ya estaba oscureciendo, decidieron iniciar la búsqueda temprano al día siguiente.

De esta forma, Raquel y su padre tomaron una gran distancia. Vio una luz plateada en el horizonte y creyó ver una señal divina, lo que le llevó a cambiar de rumbo.

– ¿Por qué estamos cambiando el camino? – Preguntó la joven –.Este camino es mucho peor y el siguiente pueblo debe estar muy lejos.

– Tengo la sensación que deberíamos ir por este camino. Dios nos está guiando.

Debido a su bondad y generosidad hacia todos, Jacob atrajo buenos espíritus que lo guiaron a través de sus dones mediúmnicos. Se ocupó de la mediumnidad dentro de los conceptos e instrucciones religiosas que había podido recibir en la época en que vivió; por eso, a menudo interpretaba los fenómenos naturales como señales de Dios y creía que todos los espíritus protectores eran ángeles enviados del cielo. Sin embargo, las numerosas curas que obtuvo provinieron de su conocimiento de las hierbas y de la inspiración de sus amigos espirituales. Como era un hombre místico y contemporáneo de criaturas extremadamente supersticiosas, sus intuiciones y las curas que obtenía eran vistas a menudo como brujería.

Esas dos almas afligidas guardaron silencio. Pronto oscurecería y era necesario buscar un refugio para pasar la noche. Jacob tenía pocos recursos, pero cuando vio una taberna al costado del camino, se dirigió allí.

El lugar estaba sucio y maloliente; el dueño, bajo y gordo, mostraba una enorme cicatriz en el rostro, que le dejaba uno de los ojos prácticamente cerrado. Algunos hombres se sentaban en una mesa rústica bebiendo y tarareando canciones con palabras obscenas. El anciano detuvo el caballo y subió, mientras Raquel permaneció en el carro.

– Buenas tardes señor. Viajo con mi hija. Nosotros y mi caballo necesitamos descansar. Nos gustaría pasar la noche aquí.

El hombre levantó la cabeza y se volvió hacia él, con los ojos y el rostro enrojecidos por el vino:

– Tengo una habitación al fondo y el pago es por adelantado. Son tres monedas.

Jacob llevaba una bolsa atada a su cintura; tomó el dinero y pagó el alojamiento. Se dirigió al carro, desenganchó al animal y él y su hija intentaron ponerse cómodos en la habitación oscura y sucia.

Raquel intentó mejorar lo mejor que pudo la limpieza del entorno. Cuando llegó la noche, ambos estaban tan cansados que se quedaron dormidos casi de inmediato.

Uno de los hombres del grupo sentado a la mesa no estaba tan borracho como los demás y al verlos inconscientes se levantó, se deslizó por un costado y se dirigió a la cochera; Al regresar con el caballo de Jacob, se coló en la pequeña habitación, tomó la bolsa de monedas y se alejó al galope rápidamente.

El día había amanecido hermoso. El Sol y los pájaros dieron la bienvenida a la mañana con rayos y cantos a las seis de la tarde. Jacob se levantó y llamó a su hija; tuvieron que volver al camino. Fue al establo a buscar el caballo y, al no encontrarlo, miró cerca. Al no tener suerte, acudió al dueño, que ocupaba una habitación anexa a la taberna. El hombre, todavía bajo los efectos del vino, no pudo despertar.

Raquel, al empacar sus pocas pertenencias, notó la falta de su monedero. Cuando el padre entró y le contó la desaparición del caballo, los dos se sentaron en la cama sucia y rompieron en llanto convulsivo.

Superada la desesperación de los primeros momentos, Jacob comenzó a caminar por la habitación repitiendo una canción que parecía más bien un lamento.

La joven fue a hablar con el tabernero, quien, al cabo de unas horas, acabó liberándose de su borrachera enterrando la cara en una jarra nueva de vino. Él la miró con avidez; no recordaba haber visto nunca a una chica tan hermosa.

– Mi niña, no me hago responsable de tus pertenencias; no es culpa mía si tu caballo y tu dinero desaparecieron. Tu padre solo pagó la estancia de una noche.

Raquel sacó de su cintura un anillo de oro tachonado con pequeños diamantes y le tendió la mano.

– Señor, este anillo era de mi madre y lo recibí de ella al momento de su muerte; es el único recuerdo de mi querida. Viajamos a Sevilla, en el sur, donde viven unos familiares que nos darán cobijo, y necesitamos un caballo. Lo perdimos todo en un incendio y este anillo es todo lo que me queda. Tiene mucho valor, por lo que el animal y algo de comida estarán bien pagados.

El hombre, sin apartar sus pequeños ojos de ella, cogió el anillo para examinarlo.

– No sé nada de joyería, pero me parece de gran valor. Como eres una joven de incomparable belleza, te regalaré el caballo.

– El anillo vale mucho más, señor; necesitamos provisiones para llegar a nuestro destino.

El hermoso rostro, enmarcado con franqueza, y la dulzura de la voz tocaron ese corazón brutalizado.

– Está bien niña, conseguiré mi mejor caballo y algunos suministros para completar el viaje.

Raquel abrió una sonrisa encantadora, que dejó al descubierto una hilera de dientes blancos y rectos, haciendo pensar al tabernero: "Si creyera en los ángeles, diría que esta joven cayó del cielo." Fue al establo, eligió su mejor caballo, lo enganchó al carro, tomó algunas provisiones y también algunas mantas y regresó con ella.

– Las noches son frías y ya no encontrarás ningún refugio. Busca lugares alejados de la carretera para pasar la noche, ya que los ladrones siempre están al acecho.

Luego bajó la cabeza, miró el anillo que llevaba en el dedo y, en un gesto rápido, se lo quitó y se lo devolvió.

– No creo que se vea bonito en mi mano. Combina mucho mejor con la tuya. Y, ahora que lo pienso, ¡tal vez todavía lo necesites mucho, niña! ¡Vete antes que me arrepienta!

Jacob continuó su oración en forma de lamento. Raquel lo subió al carro y se volvió hacia el tabernero.

– Señor, no puedo agradecerle lo suficiente. Que Dios lo proteja y le dé el doble de lo que nos dio a nosotros.

En un gesto de humildad, bajó del carro y le besó las manos. Volvió a subir, decidida, y se fue rápidamente.

El posadero se sintió hechizado. En toda su vida nunca había hecho un gesto de caridad hacia nadie. Confundido, se preguntó por qué había hecho tal cosa. Después de un tiempo estaría enojado consigo mismo. Después de todo, había tenido un buen animal y provisiones a cambio de una linda sonrisa y un gesto de agradecimiento.

Raquel y su padre ganaron una buena distancia sin demora. Jacob permaneció en oración, mientras la joven conducía rápidamente el carro.

2.- No es Cierto

LOS PERSEGUIDORES CONTINUARON su búsqueda, con creciente furia. Sabían que eran más rápidos y estaban convencidos que en pocas horas capturarían al mago, tal como lo consideraban.

En un momento, Fernando había optado por dividir el grupo, ya que había dos caminos y rápidamente imaginó que, para burlarlos, tal vez el viejo había elegido el más difícil. Los hombres que lo acompañaban desmontaron de sus monturas frente a la taberna. El jefe entró con aire de superioridad y desconfianza.

– Buenas tardes señor. Queremos lo mejor para beber y algo para saciar nuestra hambre.

Ruivo, la dueña, trajo tazas y una jarra de vino, algo de pan y aves asadas. Los hombres comieron y bebieron vorazmente. Una vez terminada la comida, el chef se acercó al tabernero.

– Señor, buscamos a un viejo judío de pequeña estatura, barba y cabello blancos, de habla fuerte y ojos brillantes, y a su hija llamada Raquel, una muchacha de dieciséis años, de cabello largo y rubio y muy hermosa; es imposible pasar sin que nadie se dé cuenta.

Al principio, Ruivo fingió que le suplicaban; intentó salirse del tema, diciendo que no recordaba a personas con esas características. El otro, un hombre astuto, pronto se dio cuenta que había algo que contar. Con gesto de ironía exclamó:

– ¡Quizás algunas monedas puedan agudizar tu memoria!

El interrogado se rascó la barba y recordó el caballo, las provisiones y la manta que había perdido.

— Estoy pensando, señor. Pero, después de todo, ¿qué hicieron estas criaturas para ser buscadas con tanta diligencia?

Don Fernando lo miró con aire de misterio, queriendo dar mayor impacto a sus palabras:

— Bueno, querido, tanto ella como su anciano padre son brujos. Aunque parecen inofensivos, provocaron un gran incendio en nuestro pueblo, Medina del Campo, junto al castillo del Conde Don Felipe, provocando la muerte de varios de nuestros aldeanos. Es necesario atraparlos y quemarlos vivos para poner fin a su brujería.

El posadero, muy supersticioso, sintió estremecerse toda su estructura emocional. Se le puso la piel de gallina, un enorme escalofrío lo recorrió de pies a cabeza. Admitió que Raquel lo había hechizado: solo una bruja podría haberle inducido a dar algo propio, sin recompensa alguna. Fernando notó el reflejo de sus palabras en el hombre, además de conocer su fama de codicioso. Metió la mano en su monedero, haciendo un ruido.

— Escucha, puedo ofrecerte un buen puñado de monedas si sueltas la lengua.

Ruivo volvió a pensar en el valor del caballo y todo lo demás que Raquel se había llevado.

— Señor, creo que vi a estas personas, pero no estoy seguro.

El interrogador sacó diez monedas de su bolso y las colocó sobre la mesa. Ruivo miró, todavía fingiendo suplicar:

— Parece que mi memoria está regresando, pero me faltan algunos detalles.

Se sacaron cinco monedas más de la bolsa.

— Mi memoria ha regresado — dijo el cínico con una sonrisa —. Estuvieron aquí anoche; Dijeron que tenían familiares en el sur, en la ciudad de Sevilla, y hacia allá se dirigen. Salieron alrededor de las nueve de la mañana. Los suministros apenas alcanzaron para llegar a la mitad del camino. No tienen dinero, lo poco que tenían se lo robaron.

Los ojos de Fernando brillaron. De hecho, no tenía dudas que solo faltaban unas pocas horas para llegar hasta ese anciano y su hija.

– Señor Ruivo, gracias por su información; fueron muy valiosos. Sepa que usted es el autor de una gran hazaña. Arrestaremos a esos dos magos peligrosos.

Los ojos del hombre se abrieron como platos.

– Me estremezco al pensar que criaturas así estuvieran aquí, alojadas en mi humilde taberna.

El perseguidor y sus hombres tomaron los caballos y regresaron al camino, en una búsqueda frenética.

Mientras, Raquel apretaba la velocidad, en los mejores lugares del recorrido. El viejo semita, en un rincón del carro, continuaba sus oraciones y, aunque parecía ajeno a todo lo que sucedía a su alrededor, en un momento advirtió:

– Hija, escucho el galope. Están justo detrás de nosotros; son cinco hombres, además de Don Fernando. Si nos atrapan, no tendremos ninguna posibilidad.

La joven azotó al animal en un intento de hacerlo correr más. Jacob se sentó a su lado para guiarla.

– No tiene sentido, tenemos que encontrar un lugar donde escondernos - Sin embargo, Raquel siguió exigiendo lo mejor al caballo.

– ¿Cómo, papá? ¿Dónde podemos escondernos? ¡Estamos perdidos! - Señaló hacia la izquierda.

– Vamos hija, conozco un sendero detrás de esos árboles; encontraremos una especie de cueva que nos cobijará para pasar la noche, que no será larga. El Señor escuchará mis oraciones. Estoy seguro que no nos abandonará en momentos tan difíciles.

– Gracias a Dios que al menos uno de nosotros tiene mucha fe – dijo sonriendo –. Si fuera por mí, inevitablemente nos atraparían.

Su padre parecía no oírla más. Con los ojos cerrados, reanudó sus murmullos. Al cabo de diez minutos, los abrió para declarar:

– Dejemos el carro aquí, cubierto de maleza; Borraremos sus marcas y haremos el resto del recorrido a pie. Conozco muy bien la región y esperemos que Don Fernando se canse de buscarnos. Confiemos en la misericordia divina.

Caminaron por el bosque, intentando borrar sus huellas, hasta localizar una pequeña abertura en las rocas, donde lograron colocar al caballo en posición. Jacob comprobó si realmente estaban escondidos.

– Hija mía, dentro de unos minutos oscurecerá. Oremos para que Dios tenga misericordia de nosotros y Don Fernando no nos descubra.

Las dos criaturas permanecieron en silencio, confiando en la misericordia del Padre.

Los hombres cabalgaron rápidamente. Sabían que estaban a punto de capturar a los fugitivos. No pasó mucho tiempo para identificar las huellas del carro, que de repente desapareció para reaparecer adelante, hasta que desaparecieron por completo. Los perseguidores se detuvieron desconcertados:

– Ese viejo mago nos engañó – murmuró Don Fernando entre dientes –. Las marcas se borraron como por arte de magia.

Pedro, que formaba parte del grupo, se rascó la barba gris.

– Puede que él sea muy inteligente, pero nosotros lo somos más. A pesar de la ausencia de huellas, podremos descubrir dónde se esconden; después de todo, un anciano y una niña no pueden llegar muy lejos en este bosque.

Se dieron vuelta, tratando de ver nuevas marcas en la carreta, pero regresaron al mismo lugar. No hubo rastro.

– No es posible, Don Fernando – insistió Pedro al buscar señales –. En este tramo no se puede salir de la carretera; el camino es tan malo que no pasa ni un solo carro.

– Es cosa de ese mago – dijo uno de los hombres con miedo –. Quizás se haya vuelto invisible, o esté detrás de un árbol listo para atacarnos.

– Dejémonos de tonterías – dijo el jefe en tono autoritario –. Ese viejo es muy inteligente; escondió el carro porque sabía que lo encontraríamos.

– Para mí el viejo Jacob es un gran mago – mientras decía esto, otro miembro del grupo se puso a cubierto detrás del caballo.

Mientras había una pequeña chispa de Sol, Don Fernando y sus hombres buscaron exhaustivamente todos los alrededores. Cuando cayó la noche, encendieron un fuego.

– Mañana retomaremos la búsqueda – afirmó molesto –. ¡Los dos no escaparán, aunque sean magos!

Todos se persignaban cada vez que mencionaba a los fugitivos. Lo que más querían era terminar con esto y regresar al pueblo.

Aquel hombre cruel no ignoraba que Jacob había traído muchos beneficios a los aldeanos, a quienes había dedicado muchos años de su vida, y que incluso los señores del castillo habían sido muy favorecidos por su amabilidad. Sin embargo, era fácil meter ideas erróneas en la cabeza de criaturas tan supersticiosas.

Él, en cambio, no era nada supersticioso. Era duro, frío y calculador; solo tenía en mente conseguir sus objetivos y para ello no escatimó esfuerzos.

Sus hombres estaban asustados y cualquier ruido en el monte los hacía estremecerse. No sería práctico mantenerlos durmiendo en el monte una noche más; el miedo se había apoderado del grupo, y por mucho que buscaron no descubrieron la más mínima pista de los fugitivos.

El propio Don Fernando estaba convencido que había sucedido algo sobrenatural y que tendría que suspender la búsqueda. Convencido que Jacob y su hija se dirigían a Sevilla, envió un mensajero al sur; tenía conocidos en la ciudad que podrían informarle si los dos aparecían allí.

3.- Entre Amigos

RAQUEL Y JACOB SE QUEDARON dos días y dos noches escondidos en la pequeña cueva.

– Hija, por fin podemos irnos, el mayor peligro ha pasado; Ahora tomaremos otra dirección. Si vamos a Sevilla como planeamos, correremos peligro que nos atrapen. Sigamos la dirección del viento y busquemos un lugar seguro.

Así que tomaron sus escasas pertenencias y el caballo y continuaron, unas veces a pie, otras a caballo. Caminaron todo el día; finalmente vieron una pequeña casa de piedra a pocos metros del camino. Una señora, de unos cuarenta años, estaba recogiendo agua de un arroyo a unos cincuenta metros de la casa. Jacob desmontó y se acercó, diciéndole:

– Buenas tardes. ¡Que Dios esté contigo!

– Buenas tardes señor; te deseo lo mismo.

Bajó los ojos y habló con mucha humildad:

– Mi hija y yo caminamos muchas leguas, estamos agotados y con hambre. No tenemos nada que dar en forma de pago y pedimos su ayuda. Seguramente el Señor sabrá recompensarla.

La mujer respondió mirando al suelo:

– Soy pobre, pero puedes contar con un techo para pasar la noche y una hogaza de pan.

Raquel se bajó del caballo y le besó las manos callosas. Ella y su padre ayudaron a la señora, Teresa, a llenar los recipientes con agua y llevaron todo a la casa.

– Nos gustaría ofrecerle nuestros servicios y agradecerle su amable alojamiento. Estamos de camino al sur, donde tenemos familiares. Hubo un incendio en nuestro pueblo y lo perdimos todo; todo lo que podíamos hacer era probar la vida en otro lugar.

Estas palabras vinieron de Raquel, dichas con suavidad y gentileza. Teresa se sintió conmovida por un buen sentimiento hacia la joven, que se veía cansada y muy asustada.

– Bueno, dulce niña, puedes quedarte en mi pobre lugar el tiempo que sea necesario para recuperar a tu anciano padre, que da la impresión de estar agotado.

La casa modesta y rústicamente amueblada tenía una chimenea en el salón, algunas sillas y en un rincón una mesa con un jarrón; además, había dos dormitorios con pocos muebles: dos camas, un armario y una mesita de noche.

Un joven alto, delgado, de tez morena y ojos grandes, que aparentaba veinte años, estaba sentado en el salón, junto a la chimenea. Al ver a los visitantes, se sobresaltó e inmediatamente se puso de pie. Teresa lo calmó presentándole a Raquel y a su padre.

– Este es mi hijo José, apenas habla y tiene dificultades para razonar. Nació discapacitado. De hecho, es un eterno niño; no es capaz de dañar a nadie. Es mi única alegría en esta vida y mi único compañero desde que murió mi marido.

La mirada inquieta del niño se fijó primero en Jacob, examinándolo de arriba a abajo; luego se volvió hacia Raquel, manifestándole miedo y curiosidad. Con gran esfuerzo preguntó:

– Mamá, ¿esta gente se va a quedar? ¿No nos golpearán ni nos quitarán nuestras cosas?

Teresa tomó sus manos para tranquilizarlo.

– No, hijo, son buena gente. Tienen hambre y están cansados; están de paso y pronto se marcharán.

Mirando a Jacob, explicó:

– No estamos acostumbrados a las visitas y ya nos hemos llevado algunas sorpresas desagradables.

Ese día la viuda preparó una buena sopa con trozos de pan, lo que trajo una sensación de bienestar a los hambrientos viajeros. Raquel ayudó a recoger la mesa, recogiendo los platos. Luego se dirigió a una bolsa de tela azul, que había guardado durante todo el viaje, y de allí sacó un instrumento musical de cuerda, una cítara.

Se hacía tarde y el Sol derramaba sus últimos rayos sobre la vegetación, dando al paisaje un color dorado. Raquel estaba sentada en el umbral, rasgueando el instrumento, del que emitía un sonido agudo y triste. En ese momento recordó a su madre que se había quedado en una tierra lejana; sintió el dolor del anhelo y pensó en cuánto deseaba que ella estuviera allí. Soltó su melodiosa voz, cantando una antigua canción judía, que le enseñó su madre cuando aun era una niña. Puso todos sus sentimientos en su voz.

Jacob se secó las lágrimas furtivas que corrían por su rostro arrugado. La viuda Teresa, abrazada a su hijo, se dejó llevar por la música recordando a su marido. Raquel logró crear un momento mágico para todos.

La canción hablaba del anhelo del pueblo judío por su tierra lejana, del deseo de regresar algún día a la tierra dada por Dios a Abraham y sus descendientes. Hablaba de la tristeza de un pueblo que ama el lugar donde nació, pero tiene que vivir fuera de él, perseguido, moviéndose de un lugar a otro, siempre como extranjeros.

La entonación de tristeza y añoranza revelaba lo que había en el corazón de Raquel y era la característica de la música. Luego de terminar la canción, los grandes ojos azules se nublaron con lágrimas y todo el sufrimiento que había en su alma quedó impreso en ese rostro joven. Teresa, también emocionada y sin poder pronunciar una sola palabra, permaneció allí abrazada a su hijo. José se levantó, fue hasta el umbral y se sentó junto a Raquel.

– Niña, canta más. Tu voz entra en mi pecho y me trae recuerdos de papá, de una época en la que éramos muy felices.

Colocó su delicada mano sobre el brazo del niño y con una hermosa sonrisa dijo:

– Querido José, cantaré tantas veces como quieras escuchar. Ahora; sin embargo, prefiero una que te alegre el corazón.

Volvió a colocar la cítara en su regazo y la hizo emitir un sonido más animado. Su voz, casi en un susurro, hablaba de Dios, de su grandeza y de su bondad.

Al final, José aplaudió emocionado. Teresa se conmovió; hacía mucho tiempo que no lo veía tan feliz y relajado. Corrió a abrazar a Raquel.

– Querida hija, hoy trajiste a esta casa una alegría que no habíamos tenido en mucho tiempo. Sean bienvenidos. Quiero que se queden todo el tiempo que necesiten.

Con el paso de los días, el niño se fue acostumbrando a la presencia de los dos desconocidos, y la joven pronto se ganó su confianza, gracias a la gentileza y franqueza que la caracterizaban. A los pocos días los invitados se integraron plenamente en la rutina local. Jacob ayudaba a cuidar los animales y las verduras, mientras Teresa iba a vender los productos a la ciudad más cercana. Raquel se hizo cargo de la casa y la comida, acompañados de José, que siempre quiso hacer pequeños trabajos. La viuda ya no sentía tristeza, nuevos amigos llenaron su mundo antes vacío. La producción aumentó y también los ingresos, lo que proporcionó una vida mejor al grupo.

El anciano judío y su hija fueron tan acogidos y escondidos que decidieron prolongar su estancia. Teresa supuso que había un problema en sus vidas que ocultaban. Se dio cuenta que tenían miedo de exponerse, ya que ni siquiera iban al pueblo a ayudar a vender las frutas y verduras. Viéndolos siempre aprensivos ante cualquier ruido en la casa, había mantenido absoluto secreto sobre el hecho que tenía dos invitados.

Una tarde, mientras el sitiador vendía sus mercancías, una amiga comentó que buscaban a un viejo mago y a su hermosa hija y que habían desaparecido como el viento. Mencionó barbaridades que habían ocurrido en el pueblo de donde venía Jacob; de boca en boca, los rumores crecieron. La viuda asustada pensó mucho en qué tipo de personas estaba albergando. Pero ¿cómo podían esas amables y buenas criaturas estar ligadas a tanta maldad, como decían? El señor Jacob era muy pacífico y Raquel, con su belleza y sus canciones, había hecho un verdadero milagro en su hijo José.

El chico ya no refunfuñaba por los rincones; ayudaba a Jacob con los animales, colaboraba con Raquel y su madre en las tareas del hogar. Y pudo sonreír como nunca lo había hecho en su vida.

Con la cabeza revuelta de tanta reflexión, Teresa cogió su cesta con el resto de verduras, la colocó en el carrito y se dirigió a casa con una resolución: Jacob tendría que explicar toda la historia. Cuando llegó al lugar, escuchó un zumbido proveniente de la cocina. Raquel y José jugaban como niños alrededor de las ollas humeantes en la estufa. Con el temprano ingreso de la mujer, la niña se sintió avergonzada:

– ¡Doña Teresa, lo siento! No noté el paso del tiempo, nuestra comida aun no está lista. ¡Debes estar muriéndote de hambre!

– No tengo hambre – miró las ollas hirviendo –. Hoy decidí venir temprano; me duele la cabeza y necesito discutir algunos asuntos con tu padre. Y, Raquel, es muy peligroso dejar a José demasiado cerca de ollas hirviendo así.

Con un gesto cariñoso, la joven tomó la mano del niño.

– No lo dejaré, señora Teresa, solo me hace compañía. Cantamos una vieja canción que le enseñé.

José empezó a tararearle a su madre como un niño feliz, y Teresa quedó conmovida por esta actitud. Nunca lo había visto tan sano.

La viuda caminó hacia el establo pensando en su hijo. Encontró a Jacob recogiendo los animales y llenando los abrevaderos.

– Buenas tardes, señor Jacob – dijo con voz profunda –. Veo que ya has recogido los animales.

El anciano volvió la cabeza sorprendido.

– Perdón señora Teresa, no había notado su presencia, estaba distraído. Miré al cielo y vi las nubes pesadas. Creo que va a llover esta noche, así que pensé que sería mejor recoger a los animales temprano. Y tú, ¿también volviste temprano por lo mismo?

– No, mi amigo. Es que hoy escuché tantas cosas que me sentí aprensiva, ya no podía trabajar. Señor Jacob, a pesar de ser una mujer del pueblo, soy capaz de pensar y analizar lo que existe a mi alrededor. Me gusta la sinceridad y la transparencia en todo en mi vida. ¿De dónde son tú y tu hija y por qué huyes?

Se puso pálido; no esperaba una pregunta tan objetiva. Él quedó desconcertado y vacilante respondió:

– Es una larga historia. No sé si te gustaría escucharla.

La mujer arregló un tocón de madera, poniéndose cómoda.

– Seguro que quiero escuchar tu historia, con todos los detalles, para poder calmar mi cabeza y mis nervios, porque si no me lo cuentas tendré que pedirte que salgas de mi propiedad mañana por la mañana temprano.

El judío se rascó la barba blanca y buscó un rincón para sentarse.

– Voy a contarte detalladamente por qué Don Fernando nos persigue sin descanso.

Contó lo sucedido, abrumado por la sensación que no parecía haber ningún lugar en el mundo donde esconderse. Mientras hablaba, se secó las lágrimas que insistían en caer por su rostro arrugado.

Teresa quedó conmovida por la historia, su corazón sintió la sinceridad que encerraban esas palabras. Consideró toda la alegría que habían traído a su humilde hogar y admitió que si los despedía sería más injusto e ignorante que los aldeanos que los perseguían. Luego le tendió las manos y le dijo con lágrimas en los ojos:

– Aquí tienes una amiga en quien puedes confiar, cuenta conmigo para lo que necesites. Si Raquel y tú quieren vivir aquí para siempre, José y yo seremos muy felices. Las noticias que escuché sobre el mago y su hermosa hija están recorriendo todos los pueblos. Este Don Fernando es un hombre astuto, la gente tiembla de miedo al oír su nombre. Por lo tanto, no podrán abandonar el sitio. Tu vida está en riesgo, serás fácilmente reconocido. Ofrece una gran recompensa a cualquiera que proporcione una pista o informe de tu paradero.

Jacob se estremeció. No tenía idea que la noticia hubiera alcanzado proporciones tan graves. Incluso si lograran llegar a Sevilla, no podrían entrar a la ciudad.

– Doña Teresa, tenía intención de salir con mi hija en los próximos días, pero ahora, por lo que has dicho, no sé cuánto tiempo tendremos que quedarnos en tu casa. Nuestras vidas están en tus manos.

Se secó los ojos con la esquina de su delantal y respondió:

- Ya te lo dije, puedes quedarte el tiempo que sea necesario. Ya no necesitan irse.

Teresa hacía mucho tiempo que no tenía la felicidad que le brindaba la compañía de sus dos amigos. Sin saber explicar, se sintió protegida por la presencia de ese hombre. Era como si lo conociera desde hacía mucho tiempo, como si su amado padre hubiera regresado a casa y hubiera traído paz a su corazón.

Rachel y Jacob compartían el mismo sentimiento. Con el paso del tiempo, esas cuatro criaturas se volvieron más unidas a través del amor y la amistad.

José se había desarrollado mucho, parecía pensar mejor y estaba aprendiendo a cuidar a los animales. Teresa miró a su hijo y no pudo contener la alegría.

– Que Dios decidan no volver a salir de aquí; José y yo los queríamos tanto que no podríamos soportar su ausencia.

– Espero que, cuando llegue el momento, vengas con nosotros – respondió el anciano.

La mujer se secó dos lágrimas furtivas que corrían por su rostro.

– Yo espero que nunca llegue el momento de partir; formamos una familia y tú eres como mi padre.

Jacob tomó su mano y la besó respetuosamente.

– La bondad divina te puso en mi camino para aliviar mi sufrimiento. En mis oraciones le agradezco por haberte encontrado a ti y a José; les debemos la vida y siempre tendrán nuestro agradecimiento.

Por su parte, Don Fernando seguía descontento por la desaparición de Jacob y Raquel. No abandonaría la búsqueda. Reunió a los mejores hombres y fue de pueblo en pueblo tratando de descubrir alguna pista que condujera al paradero de los fugitivos.

4.- Misterio y Crueldad

POCO DESPUÉS DE LA MUERTE del padre de Don Felipe, propietario del castillo de la Mota, Fernando apareció en Medina. Se había convertido en la mano derecha del nuevo conde en los negocios y, por tanto, era el encargado de todo durante las prolongadas ausencias del castellano. Sin embargo, nadie podía decir de dónde venía ni dónde vivía antes.

Era rico y decía que quería privacidad; bajo este reclamo había construido una casa en el campo, cómoda y bien protegida por altos muros, a pocos kilómetros del pueblo.

Nunca se había casado, a pesar de su buena posición social. Era un hombre taciturno, lleno de rarezas; vivía solo y tenía un mínimo de sirvientes. Tenía costumbres extrañas. A veces pasaba horas frente al espejo, cuestionándose su propia imagen, diciendo tonterías. En realidad, siempre estuvo acompañado de dos espíritus vengativos que inspiraron sus actitudes.

Utilizó el poder que tenía sobre los dueños del castillo, siempre estaba husmeando y conocía detalles de la vida de cada uno. Por esta forma de ser había obtenido el favor del conde. Con mucho chantaje logró mantener a todos atados a él.

Con él vivía un niño que, según él, era su sobrino, hijo de una hermana que había muerto poco después de dar a luz. Francisco nunca apareció en público, su tío le impuso una vida de reclusión monástica. Fue criado en absoluto aislamiento y ningún sirviente podía acercarse a él. Don Fernando no le permitió salir de su habitación, donde había crecido completamente solo. El niño a menudo pasaba horas mirando por la ventana, soñando con el día en que pudiera ser libre y correr por los campos. Siempre tuvo miedo, tenía miedo de todo y de todos, especialmente de su tío, que parecía odiarlo.

Hubo varios rumores sobre su origen. Algunos lugareños decían que el padre era el mismo Don Fernando, otros que era hijo de su hermana que se había enamorado de un enemigo, y muchos pensaban que por tener problemas mentales su tío no quería exponerlo en público. Sin embargo, nadie podría llamarse poseedor de la verdad. Cuando llegó lo había traído a la región cuando aun era pequeño y durante años su presencia pasó prácticamente desapercibida.

Francisco estaba atrofiado y tenía el razonamiento truncado, al no tener los medios para desarrollarse. Estaba tan solo que no había aprendido a hablar y cuando estaba con su tío nunca intercambiaban una sola palabra ni un simple gesto de cariño. Vivía como un animal atrapado y solo sabía hacer ruidos.

Mantener al niño encerrado y sin la más mínima interacción social le dio a Don Fernando una enorme satisfacción; estaba eufórico al ver en qué idiota se había vuelto su sobrino.

Él mismo era un hombre solitario, de poca conversación. En realidad, tenía secretos que no quería compartir con nadie.

Su principal preocupación en ese momento era capturar a los dos fugitivos. Había ordenado preparar una habitación con rejas para albergar a Raquel. Tenía muchos planes. Impulsado por el odio y el rencor, no escatimaba esfuerzos para consumar su venganza. Jacob podía morir dondequiera que lo encontrara; Raquel sería arrastrada y encerrada, dejándola a su merced.

Fernando conspiraba y hablaba en voz alta frente al espejo. Sus ojos parecían liberar llamas de odio. En estas ocasiones los dos espíritus vengativos se acercaban aun más a él. Una era una mujer joven con ropas rotas, el otro era un caballero exaltado, de cabello gris. Uniéndose a coro, gritaron pidiendo venganza. ¡Por fin cobrarían por la humillación y el sufrimiento de tantos años! Así estimulado, el hombre anticipó el sabor de la victoria imaginando los acontecimientos que sucederían.

Habiendo examinado todo, él y sus hombres sospecharon que Jacob había cambiado de rumbo; debería estar más al norte y no al sur. Quizás deberían concentrar la búsqueda en el norte para tener posibilidades de atraparlos.

Esta obsesión por encontrarlos a los dos le estaba quitando por completo la tranquilidad a Fernando. Ya no podía comer ni dormir y pasaba trabajo día y noche para capturarlos. Difundió hombres que rastreaban todo y difundían rumores que convertían a padre e hija en monstruos.

Había escrito algunos mensajes y los envió a Sevilla. Quería asegurarse que el anciano no escaparía si se dirigía hacia el sur, especialmente si aparecía en ese pueblo. Tenía un antiguo cómplice que ocupaba un puesto importante en la ciudad y ciertamente podía localizarlo.

Los aldeanos quedaron decepcionados al descubrir que los fugitivos habían escapado. Después de escuchar muchas historias, se convencieron que había algo sobrenatural en el caso. Se olvidaron de todos los años de convivencia pacífica y de los numerosos remedios que Jacob había preparado para aliviar sus males y los de sus familias.

Don Fernando no se había rendido, no abandonaría la persecución. Ese hombre sabía demasiado sobre él y temía comprometerlo. Era necesario encontrarlo; no escatimaría esfuerzos para conseguir sus objetivos, iría a donde le llevara cualquier indicación.

Después de continuas búsquedas, se adelantó alguien que aportó algunos datos. Una anciana, que caminaba por el pueblo cercano a la finca de Teresa, dijo que vio a un anciano y a una hermosa joven, que se alojaban en casa de una conocida suya. Luego le mostró una bolsa de monedas. Los ojos de la anciana se iluminaron cuando se topó con lo que pensó que era mucho dinero.

– Señor – dijo Joana –, mi amiga Teresa no vive muy lejos de aquí y podemos ir allí ahora, si lo desea.

– Si tus datos son correctos, este monedero será tuyo – abrió una enorme sonrisa mientras la presumía –. Y sepa que le estará haciendo un gran favor a su amigo; esos dos son magos peligrosos.

Desde el pueblo hasta la finca de la viuda se tardaban diez minutos a caballo. Cuando la humilde casa apareció a la vista, la mujer, haciendo un movimiento de satisfacción con las manos, señaló:

– Fue allí, señor, donde vi al anciano y a su hermosa hija. Es esa casa a la vuelta de la curva, cerca del río.

El cruel perseguidor aceleró el galope; quería sorprender a los residentes. Sus hombres lo siguieron, dando mayor velocidad a sus caballos. Cayeron rápidamente. La puerta se cerró y se abrió de una patada. José, en un rincón de la sala, sentado en el suelo, cantaba tranquilamente una canción que le había enseñado Raquel. Junto a la estufa, Teresa estaba cocinando unas verduras. Absorta en sus pensamientos, no se dio cuenta de inmediato de la entrada de los invasores. Al notar la extraña presencia, preguntó:

– ¿Quién eres y por qué entraste así a mi casa?

– Aquí soy yo el que hace las preguntas – respondió –. ¿Dónde están Raquel y el viejo judío?

De un salto agarró el brazo de la mujer, retorciéndolo con tal fuerza que la hizo gemir de dolor.

– Señor, por favor suelte mi brazo. ¡Me está lastimando!

– Vamos a soltarte la lengua, bruja, sino te la arranco de la boca.

Horrorizada, Teresa retrocedió unos pasos.

– No sé de qué estás hablando; aquí en esta casa vivimos mi hijo y yo; tiene problemas de cabeza.

– Te lo advierto – volvió a agarrarla del brazo, amenazadoramente –. Si no sueltas la lengua, te la arranco con todos los dientes.

– Búsquenlo. Si encuentran a alguien, yo mismo le arrancaré la lengua.

Con estas palabras la mujer afrontó su furia. Él le dio una mirada fulminante de odio y él le echó el brazo hacia atrás, torciéndolo y obligándola a apoyar la cabeza en el suelo.

– ¡Maldita sea, dime ahora dónde están Jacob y su hija!

Gimiendo de dolor, Teresa gritó:

– ¡Ya dije que no lo sé, y si lo supiera no se lo diría!

La declaración golpeó como un látigo en el oído de Fernando. Con la punta de su zapato le dio una patada en la cara, golpeándole la nariz y provocando que la sangre brotara abundantemente. José, hasta entonces aparentemente ajeno, de repente se dio cuenta que su madre estaba siendo atacada. Se levantó lleno de furia incontrolable y atacó a Fernando. Fue entonces cuando uno de los hombres sacó su espada de su vaina y le atravesó el pecho.

– Teresa, ya de pie, con uno de sus brazos sostenido por Fernando, enfrentó la escena de barbarie y se desmayó, golpeándose la cara contra el suelo. Cuando volvió en sí, estaba atada a una silla con su hijo herido a sus pies. El brutal jefe levantó la cabeza, haciéndola mirar sus ojos llenos de odio:

– Es tu última oportunidad. ¿Querrás morir como tu hijo? ¿Dónde están esos magos? ¿Dónde los escondiste?

Las fuerzas de la pobre mujer estaban agotadas, su rostro hinchado y su corazón herido.

Se fueron hace unos días y no sé a dónde.

– Es mentira, tengo hombres por todas partes y nadie los ha visto a los dos. Si se hubieran ido de aquí, sabría su paradero.

Una bofetada golpeó el rostro de la viuda y ésta volvió a desmayarse.

– Carlos, trae un balde de agua, porque quiero que esta desgraciada nos diga dónde escondió a los brujos.

El muchacho se mostró triste por el estado de Teresa y su hijo.

– Señor, vámonos, debe estar diciendo la verdad; si ellos dos estuvieran cerca, no dejarían que esto sucediera.

Tomando violentamente de las manos del joven el balde lleno de agua, lo vació sobre la mujer desmayada, quien al sentir el líquido frío se despertó gritando:

– ¡Dios mío, sácame de esta pesadilla! No puede estar pasándome a mí.

Fernando se irritó aun más por este lamento y, sacando un cuchillo de su cintura, amenazó:

– Te mataré si no me dices la verdad - Teresa lo miró aterrorizada.

– ¿Dónde están Raquel y su padre?

– No lo sé, se fueron sin rumbo – respondió casi sin voz. Otro hombre que seguía todo de cerca suplicó:

– Don Fernando, vámonos. Esta pobrecita no miente.

Terminó convencido, no sin antes volverse hacia Carlos a la salida y darle una orden, fríamente:

– Termina de matarla.

El muchacho estaba tan pálido que parecía a punto de desmayarse. Fue el propio Fernando quien tomó su cuchillo y lo enterró en el pecho de Teresa.

Madre e hijo permanecieron allí inertes, mientras Fernando y sus hombres registraban todo a su alrededor. La anciana que los había llevado hasta allí se había quedado en un rincón esperando su monedero, sin ser vista. Ella permaneció escondida hasta que estuvo segura que todos se habían ido. Corrió despavorida hacia el cuerpo de su amiga, intentando reanimarla; pero el corazón había dejado de latir, atravesado por la delgada hoja.

– ¡Perdóname, Teresa! – Gritó como loca –. No pensé que ese hombre fuera tan malvado.

Joana miró a José y al ver que aun respiraba, le dio la vuelta, tomó un paño y trató de limpiar la sangre de la herida. Luego sus ojos se quedaron quietos y su frágil respiración se detuvo.

– ¡José, háblame! – Gritó desesperada –. ¡Perdona el daño que te hice a ti y a tu madre!

Sin poder hacer nada, salió de casa despavorida, sin mirar atrás. Poco antes, cuando sentía que iba a desmayarse, el joven puso su mano en su pecho y un dolor insoportable le atravesó la carne. Los últimos momentos de su vida pasaron ante sus ojos como una película, en apenas unos segundos. Alucinado, escuchó los gritos de su madre sin poder ayudarla. El dolor en su pecho aumentó y le impedía levantarse; se sintió castigado. Lo llenó una enorme angustia y un profundo odio hacia el hombre que golpeó a su madre. Escuchó a Joana gritar, incapaz de reaccionar. De repente pareció soltarse; vio el cuerpo de Teresa atado a la silla, intentó abrazarla, pero sintió una sensación dolorosa que le atravesó el pecho. Una gran herida lo dejó sangrando. Perdió el conocimiento de cuánto tiempo llevaba en este estado.

Cuando volvió en sí, el dolor era tan fuerte que lo inmovilizó. Vio el cuerpo de su madre inmóvil y el suyo propio en el suelo, ensangrentado. Intentó reanimar su propio cuerpo, pero sentía mucho frío y el olor a sangre le provocaba náuseas. Gritó desesperadamente llamando a su madre; su pecho parecía seguir sangrando y el dolor era insoportable.

Teresa seguía allí junto a su cuerpo, como dormida. No pude entender nada. Oyó llamar a su vieja amiga, pero la invadió un fuerte entumecimiento que le recorrió desde los pies hasta la cabeza.

Los invasores, luego de los crímenes, continuaron como locos registrando el lugar buscando algún rastro de Raquel y su padre.

Destruyeron el jardín, mataron a los animales y prendieron fuego al establo. Los ojos de Fernando parecieron salirse de sus órbitas.

– ¡Maldito Jacob, te encontraré, aunque tenga que ir al infierno! ¡Te maldigo con toda mi alma! Te encontraré y te convertiré en un montón de cenizas. Mi odio y mi maldición te acompañarán a todas partes.

La vieja Joana se escapó tan pronto como estuvo segura que los hombres habían abandonado la finca. También tenía miedo que me mataran. Cuando llegó al pueblo, contó a todos lo que había sucedido con Teresa y su hijo y habló de la furia incontenida de Don Fernando. Los aldeanos, muy asustados, se retiraron a sus casas.

Don Fernando y sus compañeros buscaron por toda la región en busca de Jacob y Raquel. Al anochecer decidieron regresar a casa, fuera de sí por el odio y la frustración.

5.- Los Castillos

EL CASTILLO DE LA MOTA fue construido sobre una antigua fortaleza del pueblo celta, que habitaba el actual territorio español. Su construcción se remonta al siglo XIII, convirtiéndose posteriormente en el edificio más significativo de Medina del Campo.

De planta trapezoidal, tenía un foso a su alrededor y un puente levadizo que daba acceso al patio de armas. Existían otros cuatro puentes levadizos que permitían el acceso al primer recinto interior, donde se ubicaban la cuadra y el alojamiento de la guardia. El segundo recinto era muy sólido, rodeado de altos muros y firmes torres; allí se alojaba la familia del conde y todos sus sirvientes. Fue una fortaleza insuperable para la época.

El castillo estuvo en manos de la familia del Conde Don Felipe durante más de cincuenta años. Tras la muerte de su padre, por ser el primogénito, la heredó, así como las tierras vecinas.

El conde Felipe prestó servicios a Alfonso XI, su primo y rey de Castilla. En la época, además de los enfrentamientos con los moros en el sur peninsular, hubo problemas en materia de fronteras con los reinos vecinos que aun no estaban bien demarcadas. El conde mantuvo un pequeño contingente militar al que se aliaron las tropas de otros nobles del reino para formar un gran ejército. Por eso a veces pasaba meses alejado, dejando sus compromisos prácticamente en manos de Don Fernando.

Don Felipe fue un hombre de su tiempo. Valoraba más la fuerza bruta. Manejaba muy bien las armas, era un excelente estratega en las batallas y al mando del ejército. Amaba a sus hijos, sin mostrar cariño y afecto. Desde muy joven había conocido a Constancia, su esposa, quien había despertado en él una pasión descontrolada, principalmente por la belleza física. Había presionado a su padre, el conde Henrique, para que pidiera al duque, su padre, la mano de la niña.

La condesa, a sus 38 años, era una mujer de gran belleza. Tenía una tez suave y blanca, ojos azules ligeramente almendrados, labios carnosos, una nariz bien formada y cejas suavemente curvadas, lo que le daba un aspecto elegante a su rostro. Sin embargo, lo que más marcó su apariencia fue el brillo en sus ojos, que parecían esconder una inmensa tristeza. Constancia solía pasar horas junto a la ventana de su habitación, pensando. Al observar a los sirvientes que cuidaban los campos, creía que eran mucho más felices. Ella, allí, cubierta de joyas, títulos y vestidos finos, rodeada de tierras perdidas de vista, sentimientos y deseos sofocados, anhelaba vivir lejos. La conducta de su marido en los últimos años solo provocó su disgusto. Orgulloso, la humilló y la pisoteó. ¡Cuántas veces suspiró aliviada al ver los caballos desaparecer en el horizonte levantando polvo...! Los meses pasaron rápidamente en ausencia del conde. Aun así, había un poco de paz, a pesar de la presencia constante de Don Fernando, que siempre estaba espiando a todos.

Ciertamente, las mujeres sencillas del pueblo la envidiaban, sin imaginar lo infeliz que era aquella bella mujer, teniendo que aprisionar sus sentimientos y siendo prisionera de una fortuna.

Hija de los duques de Herrero, había conocido a Felipe en un torneo en su ciudad. Joven y fuerte, ganó todas las competiciones. Había quedado deslumbrado por la belleza de Constancia en la plenitud de su juventud, a los dieciséis años. La niña pronto sintió en sus ojos la pasión que había en su alma. Luego de los arreglos necesarios entre las familias, la boda quedó programada sin que los novios intercambiaran más de dos palabras.

La idea de casarse con Felipe le quitó la tranquilidad. Ya no podía dormir, estaba pálida y terminó enfermando. Sin embargo, no tuvo el valor de contarles a sus padres el motivo de su enfermedad. Constancia guardaba un secreto de amor en su corazón, pero su elegido no era del agrado de sus padres. Lo único que podía hacer ahora era unir su destino al del joven conde.

El día de la boda se abrieron las puertas de la casa de los duques. A los invitados les esperaban cortinas y alfombras limpias, muchas aves asadas, dulces y vino a discreción. Fue una fiesta memorable, que duró varios días. A partir de entonces, la niña, ya condesa, empezó a vivir en su nuevo hogar, el Castillo de la Mota.

Tuvieron tres hijos: Alejandro, Augusto y Carlos.

Alejandro, ya de veinte años, era alto, de tez morena, cabello castaño claro ligeramente ondulado y buen físico; al igual que su padre, manejaba muy bien las armas pesadas. Tenía espíritu guerrero, le gustaban los torneos y estaba acostumbrado a ganar siempre. El conde Don Felipe lo había preparado para ser caballero; había permitido que su hijo lo acompañara al último enfrentamiento con los moros, cuidando de evitar que se expusiera demasiado al peligro. A pesar de toda su fuerza bruta, Alejandro tenía una mirada dulce y una gran delicadeza en sus tratos, al igual que su madre.

El hijo del medio, Augusto, tenía diecinueve años y la misma altura que su hermano, pero no le gustaban los deportes violentos ni las competiciones ni las guerras. Vivía leyendo, intentando aprender; le gustaba manipular las hierbas y había aprendido mucho sobre sus efectos medicinales de Jacob, quien no desaprovechaba el talento del chico. Moreno como Alejandro, tenía ojos marrones como su padre; de los tres hijos, él era el que más se parecía físicamente al conde. Siempre dispuesto a escuchar y contar historias, era bonachón y gran amigo de la condesa; solía ayudar a su madre a llevar comida a los pobres y enfermos del pueblo. Fue durante estos paseos que decidió estudiar Medicina; quería aumentar los conocimientos adquiridos con el viejo judío. Constancia se sentía a menudo conmovida por el amor que su hijo mostraba hacia los que sufrían.

También fue Augusto quien más sufrió la situación de Raquel y Jacob: cuando el pueblo se incendió, al enterarse de la fuga y la persecución, se encerró en su habitación, oró y lloró pidiendo a Jesús protección para sus amigos.

La condesa sintió que no podía vivir sin su compañía; se sintió angustiada al pensar que él estudiaría lejos del castillo. Augusto era el único capaz de darle un poco de alegría a esos ojos tristes.

El más joven era todo lo contrario a sus hermanos. Rubio de ojos azules y tez clara como la de su madre, no tenía el color de la salud; había estado pálido y enfermo desde que nació. Era el anciano judío quien, en las noches frías y húmedas, acudía al castillo intentando aliviar sus ataques de asma. La enfermedad crónica impidió que Carlos se desarrollara como los demás hijos del conde. A los diez años, siempre estaba postrado en cama, sin iniciativa para el tiempo de juego adecuado a su edad. La madre hizo todo lo posible por cuidarlo, pero las crisis ocurrían con mucha frecuencia. La condesa no pudo ocultar su tristeza al verlo tan delgado y enfermo. El padre, altivo y orgulloso, la culpaba de los males de su hijo. Decía:

– Constancia, los mayores heredaron mi constitución física, son fuertes y sanos; este gecko blanco como tú, en cambio, se arrastra por los pasillos, tosiendo y sin aliento. Es tu culpa por darme un hijo enfermo.

La condesa bajó la cabeza y lloró en silencio, ya que nunca le correspondía a una mujer responder a su marido.

Durante los primeros meses de matrimonio, el conde había demostrado no ser un hombre amable. Grosero y obstinado, no dudó en menospreciar a su esposa, sin respetar su voluntad y sensibilidad. Cuando bebía demasiado, él la humillaba delante de los sirvientes. A veces se enojaba tanto que la sometía a malos tratos. Con los años, Constancia había pasado de ser una joven feliz a una mujer silenciosa y triste. Su mejor amiga era la sirvienta María; compañera de muchos años, fiel e inseparable, fue quien conoció todos los secretos y tristezas de la condesa. El día del fatídico incendio, María había animado a su señora a abrir las puertas del castillo para albergar a todos los que habían perdido sus hogares. Esta actitud benevolente ayudó a apaciguar la ira de los aldeanos, que esperaba ansiosamente el regreso de Don Fernando con Jacob y Raquel prisioneros.

6.- Premoniciones

LA NOCHE ANTES DE LA tragedia, en casa de Teresa, los cuatro amigos conversaban animadamente a la hora de cenar. La viuda habló alegremente de las mejoras de su hijo José, el niño estaba irreconocible, ¡parecía casi normal! Este milagro se debió al cariño y la paciencia de Raquel, sumado a las pócimas milagrosas de Jacob.

La joven se levantó, tomó la cítara, se sentó junto a José y con una dulce sonrisa dijo:

– Ya que estamos tan contentos con tu recuperación, ¡cantamos la canción que te enseñé ayer! ¡Tu madre estará muy feliz de saber de ti!

Tras los primeros sonidos, Raquel comenzó a cantar acompañada del niño, quien, tímido al principio, cogió confianza y subió el volumen de su voz. Era una canción alegre que hablaba de primavera, flores, ríos y el regreso de los pájaros. La viuda, sorprendida por la actitud tranquila de su hijo, no pudo contener algunas lágrimas.

Jacob, en un rincón, estaba leyendo unos pergaminos viejos. De repente pareció no darse cuenta y sus ojos se quedaron quietos.

Una vez terminada la canción, Teresa aplaudió emocionada:

– ¡Estoy tan feliz, hijo mío! Nunca me has dado tanta alegría como últimamente.

Raquel miró a Jacob.

– Papá, ¿te gustó la canción?

Al no recibir respuesta, se acercó a él e insistió:

– ¿Qué pasa, papá? ¿No me escuchaste?

– Hija – la miró –, ayer doña Teresa notó el movimiento de los hombres de Don Fernando en el pueblo. Tengo el presentimiento... ¡Descubrió nuestro paradero! Tenemos que salir de aquí o pagaremos con nuestras vidas. Debemos irnos lo más rápido posible, todos nosotros. Encontraremos un lugar donde escondernos.

Teresa se quedó pensativa antes de afirmar:

– Señor Jacob, te está buscando a ti y a tu hija. José y yo ni siquiera conocemos a ese Don Fernando.

Raquel se frotó las manos intentando calmarse.

– Doña Teresa, sabe que es un hombre sin medida. Y podría matarla si descubre que nos escondió en su casa. ¡Por favor ven con nosotros!

– Querida – la buena mujer le tomó las manos –, la huida de José y yo será la confirmación que tú y tu padre han estado escondidos aquí todo este tiempo. Si aparece, lo negaré todo. Don Fernando no tendrá pruebas que estuvieron aquí. La única persona que los vio fue Joana, y seguro que no se lo dirá a nadie. Es una vieja amiga y confío en ella. Queridos amigos, lamentablemente ha llegado el momento de decir adiós.

– Doña Teresa – dijo Jacob –, todos estamos en peligro y debemos salir inmediatamente.

Sin embargo, la viuda se mostró irreductible:

– No puedo dejar mi casa y mis tierras, fruto del trabajo de mi difunto marido y que nos sustenta.

Jacob y Raquel prepararon el caballo y el carro con provisiones y mantas; tendrían que pasar muchas noches a la intemperie, escondidos. Teresa les entregó una bolsa con monedas que había estado guardando para alguna emergencia. El anciano quedó conmovido por el gesto.

- Por favor, eso no. No es justo que nos des todos tus ahorros.

Teresa tomó la mano de Jacob y colocó la bolsa en ella.

– Mi querido amigo, estas monedas no pagan la alegría que tú y tu hija trajeron a esta casa. La salud de mi hijo por sí sola vale mucho más.

La mujer dijo estas palabras mientras se secaba las lágrimas. Jacob se dirigió a una bolsa negra de la cual sacó algunas pociones, las cuales le entregó con las recomendaciones:

– Diluir las pociones en agua, tres gotas por cada botella. José deberá tomarlo tres veces al día y esta cantidad le durará cuatro meses. Estoy seguro que habrá aun más mejoras.

Al recibir los viales besó las manos del viejo judío.

– Solo Dios puede recompensarte por todo.

Jacob le devolvió las amables palabras:

– Tu amistad y la de tu hijo son nuestra mejor recompensa.

Raquel y José permanecieron abrazados, llorando mucho. Teresa también los abrazó.

El niño, emocionado, habló tartamudeando:

– Mamá, ¿por qué no nos vamos nosotros también? No podemos quedarnos aquí solos. Ya no podremos vivir sin el viejo Jacob y Raquel.

Abrazó a su hijo y le dijo suavemente:

– Tenemos que quedarnos para engañar a Don Fernando. Si podemos convencerlo que no estaban aquí y no los conocemos, nos dejará vivir en paz. Pero si huimos, no tendrás dudas que está en el camino correcto. No pasará mucho tiempo antes que nos encuentre y nos mate a todos.

Raquel subió al carrito y ni siquiera miró hacia atrás. La noche estaba estrellada y había luna llena. Esto facilitó la fuga.

– Mira hija, esa estrella más grande parece querer guiarnos; apunta hacia el este y hacia allí nos dirigiremos. Incluso sin familiares ni amigos, pronto podremos instalarnos en una ciudad como Barcelona. Estoy seguro que Don Fernando no conoce a nadie allí y por fin podremos vivir nuestra vida sin persecución.

Los dos permanecieron en silencio durante todo el viaje; hablar podría romper la magia de la noche. En ese momento, a pesar de la angustia de la fuga y tristeza por la separación de amigos, padre e hija se sintieron apoyados por una fuerza mayor que venía de lo Alto.

Ganaron muchas leguas, pasaron por algunos pueblos, pero era muy grande el temor de pedir ayuda y ser reconocidos. Dormían al aire libre, siempre alejados de las carreteras para evitar robos; preferían viajar durante el día y fuera de las carreteras principales, para pasar desapercibidos.

Don Fernando, por mucho que lo intentó, no consiguió ninguna pista. Nadie los había visto ni notado la presencia de extraños. Primero buscó en los pueblos más meridionales de camino a Sevilla. Como los intentos fracasaron, sospechó que el anciano había cambiado su ruta hacia el norte. Continuó difundiendo rumores, sin que de ello saliera una sola noticia. Jacob y Raquel se habían ido otra vez. Aun así, nada lo desanimó. Cuanto más día, menos día recibiría alguna información. Si fuera necesario, usaría dinero para que alguien estuviera dispuesto a soltar la lengua.

7.- Presencia No Deseada

LA VIDA EN EL CASTILLO siguió su rutina. El conde Don Felipe había enviado un mensajero diciendo que regresaría a casa en dos meses. La condesa sintió la piel de gallina al pensar en la presencia de su marido. Su calma y tranquilidad estaban contadas.

Augusto se disponía a pedir permiso a su padre para estudiar Medicina, y ya ponía en práctica algunas lecciones que había aprendido del viejo Jacob, muchas veces se ponía pensativo y la condesa se inquietaba al ver que su hijo parecía triste.

– ¿Por qué esta tristeza, Augusto? ¿Crees que tu padre no te dará permiso para estudiar? Hemos hablado de esto varias veces y él nunca se ha opuesto.

El muchacho levantó sus tiernos ojos.

– No mamá, me preocupan otras cosas. ¿Dónde están el viejo Jacob y su hija? ¡Sabes cuánto valoro a esos dos! Me estaba enseñando el arte de curar con sus pociones. Es una buena persona. ¡Y Raquel capturó mi corazón con su ternura! He estado orando a Jesús todas las noches para que los libere de las garras de Don Fernando.

Constancia se secó dos lágrimas que corrían por su hermoso rostro.

– Yo también, hijo, extraño mucho a Raquel. Sabes que la amo como a la hija que nunca tuve. También le he pedido a Jesús por ella y por Jacob, a ambos los he echado mucho de menos.

En ese momento Fernando entró en la habitación con pasos ligeros y rápidos, a tiempo de escuchar la última frase de aquel diálogo.

– ¿A quién echa de menos, condesa? ¿Están hablando de los malditos magos?

Augusto se levantó y caminó con paso firme hacia el recién llegado, más bajo y frágil. Se paró muy cerca y respondió:

– Señor, si estuviéramos comentando a Jacob y Raquel no estaríamos cometiendo ningún pecado. Después de todo, eran nuestros amigos y nunca hicieron nada que los desacreditara. Estas historias que van circulando de pueblo en pueblo solo pueden haber salido de la cabeza de algún loco o de alguien que realmente sea un mago.

El otro retrocedió dos pasos y respondió:

– Chico, tus palabras tienen un tono amenazador. ¿Estás insinuando que yo inventé esta historia? Exijo respeto por mí mismo. En ausencia de tu padre, lo represento y exijo que permanezcas en tu lugar.

El tono agresivo y autoritario hizo que el joven palideciera y bajara la cabeza.

– Señor, no quiero ofenderle; la idea ni siquiera se me pasó por la cabeza. Pido disculpas si di esa impresión.

Don Fernando calmó su rostro. La condesa también se levantó y caminó hacia Augusto, colocándole la mano en el hombro.

– Vamos hijo, volvamos a la mesa. Comamos - Se volvió hacia Fernando.

– ¿Sería tan amable de sentarse y acompañarnos? Estamos hablando del regreso de mi marido. Hoy tuvimos el placer de recibir un mensajero. Mi hijo espera con ansias el regreso de su padre.

– ¡Qué buena noticia, señora! – Su expresión era irónica –. Agradezco la felicidad de volver a ver al conde en un futuro muy próximo.

El joven Augusto se retorció las manos en un gesto de impaciencia, que pasó desapercibido para Fernando. Miró fijamente el rostro de la condesa, intentando comprender sus sentimientos.

Estaba acostumbrado a ser irónico en cada conversación. Muy perspicaz, escuchando tras puertas o recurriendo a compinches, siempre descubría secretos para poder utilizarlos contra sus enemigos en forma de chantaje. De esta manera había conseguido una posición privilegiada en el castillo de Don Felipe.

No le gustaba la presencia del conde. Sin él, se sentía poderoso, a cargo de todo. El castellano era un hombre temperamental y, incluso recurriendo al chantaje, todavía necesitaba ciertos trucos para satisfacerlo. Le correspondió narrar a don Felipe todos los hechos verificados durante su ausencia.

Se sentó a la mesa, recogió la comida con la mano y la colocó en su plato.

– Señora, ¿cuándo está previsto que regrese nuestro querido conde?

La mujer habló con la mirada baja, para no revelar lo que pasaba en su interior.

- Dentro de dos meses, tal vez un poco antes.

Don Fernando siguió ayudándose con las manos, esta vez con un muslo de pollo.

– Y su digno hijo Alejandro, ¿cuándo volverá?

Constancia levantó la vista y mostró el brillo que le provocó la pregunta.

– Creo junto con su padre. ¡Lo extraño mucho, después de tantos meses de ausencia! Después de todo, mi hijo estaba al frente, luchando contra los enemigos. El corazón de madre exige su presencia.

Su interlocutor no parecía muy interesado en el tema, fingiendo darle más importancia a la comida.

– Querida Condesa, esperaba que usted también hablara así del regreso de su marido. Parece que sus preocupaciones son solo por su hijo.

La ironía hizo que el rostro de la mujer se sonrojara.

– Bueno señor, mi marido el conde sabe cuidarse solo, ¡es un soldado muy hábil en el arte de la guerra! Mi hijo es un niño inexperto y no está familiarizado con este tipo de batallas. Tengo mucho miedo que caiga muerto o herido en combate.

Fernando parecía sorprendido, con una sonrisa en la comisura de la boca.

– Imagínese si su digno marido expusiera al chico a tal peligro, enfrentándose al enemigo. Al estar al mando de las tropas, debe perdonar a su primogénito y heredero.

La condesa se levantó, incapaz de ocultar su irritación.

– Don Fernando, mi día fue muy agotador. Mañana comenzaré los preparativos para la llegada de mi hijo. Entonces disculpe. Debo retirarme a mis habitaciones.

El hombre se sentó frente a Augusto, quien permaneció en silencio, inmerso en sus propios pensamientos y en la comida de su plato.

– ¡No has dicho nada hasta ahora, parece que no tienes ningún interés en el tema, muchacho!

– Simplemente no me gusta hablar mientras como y no hay ningún motivo para que participe.

Colocándose el dedo índice en la comisura de la boca, el malvado Fernando habló en voz baja:

– Podría darte una bolsa de monedas de oro solo para que adivine lo que estás pensando.

– No estoy pensando en nada – el joven evitó mirarlo –. Solo trato de comer un poco.

Las risas con las que fue recibida su respuesta resonaron por todo el salón.

– Te garantizo que tus pensamientos están en una hermosa mujer llamada Raquel.

Augusto apartó el plato y se levantó. Don Fernando hizo lo mismo, agarrándolo por la túnica y escupiéndole en la cara.

– No acepto que un niño como tú me pierda el respeto. Si haces otro gesto grosero, te meteré en el calabozo. Invento una historia para contarle a tu padre cuando llegue. ¿No sabes el poder que tengo dentro de este castillo?

Extremadamente rojo, el niño murmuró algunas palabras ininteligibles, antes de decir claramente:

– ¡Lo siento, don Fernando! A veces pierdo la cabeza, pero le aseguro que con el tiempo aprenderé a gestionar mis impulsos.

– Los aceptaré por la consideración que tengo hacia tu padre. Creo que si desapareciera repentinamente causaría algún inconveniente. Después de todo, eres el hijo del conde; aunque no seas el favorito, por supuesto, sigues siendo un hijo.

Augusto se esforzó por mantener la calma.

– ¡Disculpe, don Fernando! Estoy cansado y también tengo intención de retirarme.

Al soltarse la ropa con un gesto repentino, el niño perdió el equilibrio y se golpeó la cabeza contra un mueble contra la pared.

– ¡Oh casi lo olvido! Aunque todavía no he encontrado a esos magos, estoy muy cerca, casi los atrapo. Ya puedes empezar a llorar por ellos. Cuando los encuentre no quedará nada. Otra cosa, muchacho: a tu padre no le alegrará saber de tu preocupación con el viejo Jacob y su hija. Si abro la boca para decírselo, ¡ya te puedes imaginar lo que pasará, con el temperamento agresivo y tan justo que tiene!

Augusto se pasó la mano por la frente de donde corría un hilillo de sangre.

– Discúlpeme señor. ¡Tenga una buena noche!

Se fue rápidamente, sin continuar la conversación. Caminó con pasos largos hasta sus habitaciones, entró y se arrojó en la cama, llorando convulsivamente.

Nunca había podido entender cómo Don Fernando mantenía bajo su control a su padre y a todos los habitantes del castillo. ¡Cuántas veces se había preguntado de dónde venía tanto poder! Naturalmente los sirvientes no tenían otra opción, pero su padre… ¿De dónde venía tanta dependencia? El conde había nacido con cuchara de plata, había heredado el título y toda la fortuna de su abuelo, y un hombre aparecido de la nada, sin origen, controlaba todo y a todos. Fue con estos pensamientos que el joven se quedó dormido.

El Sol asomaba por el horizonte, impactando con fuerza sus rayos en las ventanas del castillo, especialmente en el ala donde se encontraban los apartamentos de Augusto. Tenía la costumbre de levantarse de la cama al amanecer. Abrió las pesadas cortinas de terciopelo verde y unos rayos dorados invadieron toda la habitación, bañando al niño de mucha luz. Se miró al espejo y vio que parecía demacrado. Había pasado una noche difícil, sin dormir bien; dormía y lo despertaban pesadillas. Vio que todavía llevaba puesta la ropa del día anterior, que había quedado manchada de sangre. Abrió un mueble y sacó algunas piezas limpias; al desvestirse, tiró la ropa sucia al suelo. Notó la marca de los dedos de Fernando en su garganta. Le dolía la cabeza por el golpe. Se vistió rápidamente, intentando mejorar su apariencia. Se miró al espejo y las preguntas siguieron martilleando, sin respuesta. ¿De dónde viene tanto poder? ¿Por qué sus padres eran tan sumisos y todavía exigían que todos lo fueran?

En ese momento tomó una decisión: iba a investigar qué había detrás de ese hombre marchito pero tan poderoso y perverso. Ya no se sometería. Le preguntaría a su padre y, si no se lo decía, tendría que hacerlo su madre. Tal vez tendría que descubrirlo por su cuenta.

Luego, dispuesto a centrar su atención en sus estudios de Medicina, que quería mejorar, sacó un pergamino del cajón y pasó más de una hora tomando notas. Cada mañana intentaba recordar las experiencias y la información que Jacob le había transmitido; ellos lo ayudarían en el curso que pretendía tomar. Los recuerdos de su viejo amigo aliviaron un poco sus penas. Si no fuera por Don Fernando, todavía estaría disfrutando de su compañía y de la bella Raquel.

Su corazón le recordó que debía orar por ambos, dondequiera que estuvieran. Sintiéndose mejor, decidió bajar a tomar su primera comida. Encontró a su madre en la mesa, muy abatida. Su noche tampoco había sido buena. Él se sentó y la saludó. Ella correspondió y le pasó una taza.

– Querido, hoy tardaste un poco en bajar y te ves cansado.

El chico bajó los ojos y se quedó pensativo. Cuando miró a su madre, comentó muy serio:

– ¡Parece que no fui el único que durmió mal! También estás bastante desanimada.

– ¡Te equivocas, hijo mío! Estoy un poco mal esta mañana.

Augusto habló mirándola a los ojos:

– Esta indisposición tiene un nombre, se llama Don Fernando. Mira, madre, ¡me gustaría saber por qué tenemos que soportar la presencia, la arrogancia, la calumnia de este hombre en nuestro castillo, en nuestras vidas! ¿Qué hay detrás de toda esta sumisión tuya y de papá?

La condesa se sonrojó, alejándose bruscamente de la mesa, y respondió nerviosamente:

– ¡No hay nada, nada! Lo dije antes y lo repito: Don Fernando es un amigo al que su padre le debe muchos favores, sin mencionar su vida. Nada más justo que estar agradecido. Y terminamos nuestra conversación aquí.

El joven quedó perplejo por la actitud agresiva.

– Mamá, Don Fernando hace tiempo que superó sus límites. Solo porque salvó la vida de papá no le da derecho a dirigir nuestras vidas. Ya no estaré subordinado a este hombre. Parece loco, es extremadamente malo y egoísta. No somos sus sirvientes, somos los dueños de estas tierras. Somos nobles y no tratamos a nuestros sirvientes tan mal como él nos trata a nosotros. Quiero una respuesta convincente, de lo contrario ya no me someteré a ese trato.

Constancia no respondió. Le dio la espalda y se fue.

Desconcertado al principio, Augusto pronto se convenció que no sería fácil descubrir secretos con su madre. ¡Mucho menos con su padre! Estaba tan alterado que decidió regresar a sus aposentos; ni siquiera tenía ganas de caminar para respirar la brisa de la mañana. Quedaba la esperanza que su padre lo iluminaría, aunque con su temperamento difícil incluso podría ser capaz de atacar físicamente a su hijo. El muchacho pensó en cómo descubriría este pasado. ¿Quizás con los sirvientes o los aldeanos? Su amigo Jacob probablemente sabía algo, por eso hubo tanta persecución. Allí estaba la clave del secreto.

8.- Los Disfraces

EL DÍA ESTABA NUBLADO. En un carro tirado por dos caballos, Jacob y su hija viajaban tranquilos y somnolientos. Después de viajar casi todo el día, Raquel rompió el silencio:

– ¡Papá, estoy cansada! Paremos un rato, quizás podamos darnos un baño en el río que pasa por debajo.

El anciano permaneció en silencio, parecía no escuchar a su hija.

– ¡Paremos un momento! – ella insistió –. Don Fernando y sus hombres ya no están detrás de nosotros. Estoy exhausta y hambrienta.

Los ojos del anciano estaban quietos, no prestaba atención a las palabras de su hija. Ésta, acostumbrada a los usos de su padre, permaneció callada. De repente pareció volver a la realidad.

– Aun nos queda caminar un poco y estaremos a salvo. Será una región deshabitada, nadie notará nuestra presencia.

Después de otra media hora de viaje Raquel se desmayó. Cuando volvió en sí, Jacob le estaba frotando las muñecas y la nariz con un líquido verde.

– ¿Qué sucedió? De repente todo se oscureció... - Su padre le dio a beber agua a la joven.

– ¡No fue nada! Acabas de perder los sentidos. ¡Hay demasiadas emociones para este corazoncito tan sensible!

La muchacha se llevó la mano a la cabeza, mientras Jacob bajaba los ojos y continuó tristemente:

– Hija mía, tenemos un camino largo y difícil por delante y Don Fernando no nos dará paz ni respiro. Tengo la sensación que tendremos muchas más dificultades. Ya estoy viejo, no temo por mí. He pasado por muchas cosas en esta vida y me he vuelto calloso; Estoy preparado para morir. Temo por ti, que eres todavía muy joven, y por tu futuro. Esta persecución a un hombre que se alimenta del odio... ¡Cuántas veces me he preguntado por qué tengo un enemigo tan feroz! Solo Dios puede responder.

Raquel se dio cuenta de la gravedad de la situación que vivían. En verdad, a Don Fernando nunca le había gustado Jacob y siempre buscaba enemistarse con él ante los ojos del conde y de los aldeanos, instigando a la gente contra su familia. Ordenó a sus hombres que rompieran las pociones y los muebles de su casa. Sin embargo, fue porque sabía demasiado sobre el pasado del hombre que Jacob no quería que su hija se involucrara en asuntos que consideraba peligrosos.

Don Fernando era odiado en la región. Con la protección del conde y otros nobles, abusó del poder que tenía en sus manos y todos se vieron obligados a servirle. Causó verdadero terror en el pueblo. Raquel temblaba solo de pensar en su figura truculenta, con el rostro marcado por la viruela infantil, los ojos opacos y perversos. Mientras su padre hablaba, ella se dejó llevar por los recuerdos, hasta que no pudo contenerse:

– ¡Creo que estuvo bien salir del pueblo! Nuestra vida era muy complicada con Don Fernando merodeando por nuestra casita día y noche. Tengo miedo solo de pensar en la mirada en sus ojos. ¡Prefiero morir antes que soportar la maldad de ese hombre! La muerte debe ser mucho mejor.

Jacob levantó la cabeza con expresión preocupada.

– Por muy mala que sea la situación, debemos afrontarla; y sobre todo, tener fe en que vendrán días mejores. ¡Confiemos siempre en la divina providencia!

La niña parecía estar llorando debido a la reprimenda. Sin embargo, no tardó mucho en reconstruirse, recomponiendo su fisonomía. El padre tenía toda la razón. Ella abrió una hermosa sonrisa.

– Continuemos nuestro viaje. Tienes razón: tenemos un camino difícil por delante, pero no nos faltará la protección de Dios.

Jacob se lavó la cara y las manos y subió al carro.

– Hija, necesitamos cambiar nuestra apariencia. Don Fernando busca a un anciano de pelo y barba blancos vestido con ropas típicas judías y a una chica rubia de ojos azules. Busquemos un lugar escondido entre los árboles, donde podamos prepararnos para continuar nuestro viaje sin ser reconocidos.

Después de dos horas, vieron un lugar tranquilo en medio de unas rocas.

– Aquí podemos quedarnos dos días y salir con una nueva apariencia. Se cortó el pelo y la barba, mientras su hija, con una aguja e hilo, modificó las características de la ropa. Preparó una especie de tinte usando algunas hierbas para oscurecer el cabello de ambos. Le gustaron los primeros resultados.

– También necesitaremos cortarte el pelo. A partir de ahora serás un niño, tendrás que vestirte y comportarte como tal. En cuanto a mí, seré un comerciante procedente del Este. Tu nombre será Frederico y mi nombre será Jorge. Todos los rumores giran en torno a Raquel y Jacob, nuestra identificación será muy difícil y Don Fernando perderá la pista.

Con el pelo oscuro y sin barba, el judío parecía unos quince años más joven. Raquel, de cabello corto y oscuro y gorro de lana, a pesar de su tez suave, tenía la apariencia de un niño que aun no había llegado a la adolescencia; el atuendo masculino logró ocultar sus formas redondeadas.

Jacob se miró a sí mismo y luego a su hija y se sintió satisfecho con el trabajo que había realizado.

– Raquel, o mejor dicho, Frederico, hijo mío, podremos pedir comida y refugio en el pueblo de al lado sin tener que escondernos ni tener miedo que nos reconozcan.

A pesar del atuendo masculino y los mechones rubios caídos en el suelo, la niña suspiró aliviada. Se sintió libre de persecución y casi feliz con su nueva identidad.

El día ya estaba terminando; padre e hija comieron frugalmente y residían en su propio carro. Raquel no podía dormir; pensó en el pasado, en la vida del pueblo. Temía que nunca pudieran recuperar sus identidades, que nunca pudieran regresar al pueblo para ver a sus amigos. ¡Recordó a Augusto, siempre dedicado y amable, colmándola de delicias! ¡Cuántas veces recogió flores silvestres y se las llevó solo para verla sonreír! Era el hermano que no tenía. "¿Cómo estará? ¿Pensará en mí? ¡Cómo te extraño, mi querido y buen Augusto!" Incluso la condesa Constancia la trató con cariño maternal, especialmente después de la muerte de su madre. Y Carlos, ¡qué encanto infantil! Cuántas veces, en ausencia del conde, jugaron juntos en el jardín... ¡Se sentían parte de su familia!

La niña siguió mirando las estrellas y recordando los buenos momentos de su vida. Sin embargo, ese corazón dulce y gentil guardaba un secreto que solo las estrellas conocían. Golpeó más fuerte en presencia de Alejandro. El chico siempre había tenido un temperamento impulsivo, pero desde niño era él quien había capturado su corazón. La condesa nunca se había tomado en serio el brillo diferente que notaba en los ojos azules de Raquel en su presencia, ya que ambos eran solo unos niños. Sin embargo, a medida que crecieron, el amor entre ellos aumentó, y se alejaron de la vista del conde y su esposa. Para ellos, como era costumbre, el hijo heredero debía casarse con una joven de la nobleza. El corazón no mandaba nada, prevalecían los intereses. Siempre fueron los padres quienes eligieron a las esposas para sus hijos. Y el conde aun no había elegido novia para su hijo mayor, esperando una oportunidad y un buen matrimonio.

Cuántas veces Raquel se asomó al alféizar de la ventana de su casita, para ver pasar a su amado a caballo...

Alejandro no tenía la dulzura de corazón de su hermano Augusto. Sus modales eran más toscos, propios de su gran tamaño físico. Acostumbrada a los deportes rudos y a las guerras, lo que más le impresionaba de Raquel era su dulzura. La presencia de la chica hizo que su corazón latiera más rápido en su pecho masculino. Si necesitaba distanciarse por unos días, lo extrañaba inmensamente. Cuando era posible, caminaban por los campos de la mano, durante horas, sin intercambiar una sola palabra. En uno de esos paseos, tomó entre las suyas las delicadas manos de Raquel y le susurró al oído:

– Querida, nadie podrá jamás separarnos. Siempre te protegeré contra todo y todos. Si mi padre no consiente en nuestra boda, huiremos. Soy capaz de dejarlo todo, no me importan herencias ni títulos. No haré un matrimonio sin amor, mi corazón te pertenece para toda la vida. Mi padre no oficializó mi compromiso con nadie, ni permitiré que eso suceda; puedes estar segura de lo que te digo.

Ella se conmovió ante tales promesas y las lágrimas cayeron por su piel aterciopelada. El chico, en un gesto gentil, se la secó y luego besó su rostro con extremo cariño.

– Cariño, mi corazón insiste en decirme que no vamos a estar juntos – habló Raquel en voz baja –. Eres hijo de un conde y yo soy una pobre sirviente que vive de los favores de tu padre. Nunca nos permitirán casarnos y, si huimos, irán hasta el fin del mundo a separarnos. Y lo peor de todo es que mi corazón no puede vivir sin el tuyo.

Alejandro puso su dedo en sus labios, impidiéndole continuar.

– Mi amor, confía en mí. Mis padres eventualmente estarán de acuerdo. Sigamos juntos, incluso si tenemos que ir contra el mundo.

Compartieron un beso largo, apasionado, con muchos planes para el futuro, que imaginaban tan hermoso...

Allí en el carro mirando las estrellas, Raquel pareció sentir los labios de su amante sobre los suyos y las lágrimas mojaban su rostro, mientras sus pensamientos volaban. Si hubiera estado allí en la noche fatídica, Alejandro los habría defendido contra Don Fernando y hoy podrían estar juntos. Ella y su padre no pasarían por tantos problemas. "Alejandro, querido, ¿dónde estás ahora? – Se preguntó mentalmente –. Tengo miedo porque estás frente a los moros, podrías lastimarte o incluso morir. Mi corazón no soportaría tu ausencia."

Terminó quedándose dormida con la imagen de su amado en su memoria. El Sol ya estaba alto cuando despertó, con el carro en movimiento.

– ¡Hija, cómo dormiste! ¡Pensé que no te despertarías hoy! La niña se sentó, frotándose los ojos para quitarse el sueño.

– ¡Vaya, el Sol ya está alto en el horizonte! - El padre miró hacia atrás.

– ¿Estás bien? ¡Estaba preocupado! Nunca te había visto dormir tanto...

– Estoy un poco mareada y siento un poco de frío – intentó adaptarse mejor –. Debo estar agotada por el viaje.

Jacob detuvo sus caballos para poder alcanzarla y poner su mano en su frente.

– ¡Hija, estás ardiendo de fiebre! ¡Quizás debiera colocar el carro debajo de un árbol y prepararte una poción!

Durante aquel día y esa noche la joven estuvo ardiendo de fiebre. Jacob utilizó todos sus conocimientos tratando de expulsar la enfermedad del cuerpo de su hija. Permanecer a la intemperie era peligroso para su salud.

Si los días eran más calurosos, por las noches la temperatura bajaba y era imperativo buscar refugio.

El viejo judío tenía una prima, Ana, que vivía en un pueblo del norte; sería necesario desviarse del camino para llegar hasta allí. Intentó hacer más cómodo el carro y empezó a buscar tal vez una casa cerca del camino, o una posada, donde pudiera alojar a su hija enferma. Después de seguir el camino polvoriento y lleno de baches todo el día, vio un pequeño pueblo cerca de un arroyo.

– ¡Dios mío! Espero que mi prima Ana todavía viva en este pueblo; ya está oscureciendo, no sé qué será de mi pobre hija.

A medida que el carro se acercaba, niños de distintas edades se acercaban hacia él, haciendo mucho ruido. Rara vez veían a extraños. El niño mayor, que parecía tener unos diez años, iba al frente junto a Jacob.

– ¿Viniste a visitar a alguien? ¿Nos trajiste algo?

– Sí hijo mío, busco a mi prima Ana; no sé si todavía vive en este pueblo. Tengo a mi hijo enfermo y necesito que alguien nos albergue.

El niño miró hacia atrás y al ver a Raquel, respondió:

– Tenemos aquí una sanadora con ese nombre; no sé si será tu prima... Aunque dicen que es bruja, creo que puede ayudarlo. Doña Ana vive en la última casa de esta calle. Iremos contigo.

Jacob detuvo el carro frente a la pequeña casa y pronto apareció una señora de cabello blanco, muy delgada, con la piel castigada por el sol y el cuerpo marcado por el duro trabajo en el campo. Mirando a esa mujer desgastada por el tiempo, se agachó y se dirigió hacia ella. Dudaba de lo que veían sus ojos. A pesar de los años, logró reconocerla y salió corriendo emocionado.

- Ana, mi prima Ana, ¡cuánto tiempo ha pasado! No puedo creer que te encontré.

La mujer permaneció estática; lo miró fijamente, queriendo recordar dónde conocía a ese hombre. Cuando Jacob se acercó, ella finalmente lo identificó y lo abrazó, conmovida.

– ¡Primo! Mi visión es tan débil... Solo pude reconocerte de cerca. Mi querido primo, ¡qué alegría volverte a ver! ¿Qué te trae por estos lares?

– Mi hijo está muy enfermo; si no recibe el tratamiento adecuado, temo por su vida. No creo que pueda soportar pasar otra noche al aire libre.

El muchacho que lo había acompañado hasta la puerta exclamó:

– ¡Así que la vieja Ana es realmente tu prima! Menos mal que están relacionados. No nos gustan los extraños aquí.

En ese momento Ana intervino:

– Vete, Tadeo, ya lo sabes; es mi primo que vino desde muy lejos a visitarme, no es un extraño. Lleva la noticia a todos en el pueblo. Sabes que no me gusta el ruido en mi puerta.

Tadeo y los demás niños se marcharon; de hecho, tenían miedo de la vieja Ana, que suponían era una bruja.

Jacob y su prima sacaron a Raquel del carro con sumo cuidado. La fiebre no desaparecía y parecía muy débil. Ya consciente de su verdadera identidad, con la promesa de explicaciones más completas en el momento oportuno, Ana proporcionó una cama limpia y colocó compresas frías en la frente de la niña. Jacob siguió dándole sus pociones, pero su hija no reaccionaba.

Ana, a la cabeza, con una rama de hojas secas, cantaba y gesticulaba alrededor de la paciente. Al no ver solución en sus oraciones, habló agitadamente:

– Primo mío, a tu niña la acompaña un niño llamado José, parece que murió no hace mucho; tiene una herida abierta en el pecho y cree que Raquel puede ayudarlo. También quiere ayuda para su madre, que según él está enferma en casa.

Jacob inclinó la cabeza y dos lágrimas cayeron sobre su rostro.

– Ya había notado la presencia de un espíritu; solo que me costaba creer que fuera José, prima, la historia es larga... Sin embargo, sé que él y Teresa, su madre, perdieron la vida por nuestra culpa. José era un chico pobre y bueno que nos tenía en gran estima. En vida se encariñó demasiado con mi hija y ahora no puede comprender el daño que le está causando.

– Conozco una bendición que ahuyentará este espíritu.

Por un momento el anciano se quedó pensativo y luego declaró:

– Lo que quiero, primo, es ayudarte a encontrar el camino de paz y luz que tanto mereces. Le pediré ayuda al ángel que siempre me acompaña, y también a nuestra querida Teresa.

José captó la expresión afectuosa, y sintió que por fin estaba siendo visto. Jacob abrió los brazos, como si le diera la bienvenida en espíritu cerca de su pecho.

– Hijo mío, ahora puedo entender cuánto estás sufriendo. Sin embargo, ningún dolor es en vano. Raquel resiente tu presencia, su cuerpo sufre por tu sufrimiento. Quiero pedirte que dejes que el ángel del Señor cuide tu herida. Cuando estés mejor nos buscas a Raquel y a mí, luego hablamos. José, piensa en Jesús, nuestro querido Maestro. Recuerda las tardes en las que rezábamos y cantábamos hermosas canciones. Así vendrá el ángel a ayudarte.

José se iba tranquilizando y el recuerdo de las tardes felices parecía aclararle la mente.

Se hizo visible un espíritu amigo que le produjo gran alegría y se dejó conducir como un niño.

La vieja Ana, con una ramita de hierba seca que despedía un fuerte olor, bendijo a Raquel; los movimientos estaban asociados con un monólogo.

La anciana cantó y bailó alrededor de la niña. Cuando terminó, miró a su primo.

– ¡El espíritu infeliz abandonó a tu hija, que ahora mejorará!

Jacob parecía preocupado.

– Ana, el espíritu que estaba con Raquel era nuestro amigo; simplemente no era consciente que nos estaba causando daño. Mi querida prima, meterse con espíritus oscuros es muy peligroso, siempre terminan en tu contra. ¿Has pensado alguna vez en las palabras de Jesús? Hacer daño a otros es ir en contra de las leyes de Dios; de hecho, lo está haciendo contra nosotros mismos.

Con la mirada baja, Ana argumentó en su defensa:

– No hago ningún daño; solo pago con la misma moneda, como en la ley de Moisés: ojo por ojo, diente por diente. Creo que puedo tener la conciencia tranquila.

Jacob intentó darle un tono muy serio a la conversación.

– La gente de este pueblo te considera una bruja, y creo que tienes una idea clara de lo que eso significa.

– Bueno, Jacob, conozco numerosos secretos, los espíritus me enseñaron a hacer mucha magia. Esta gente ignorante me tiene miedo; como creen que soy más fuerte, no tendrán el valor de hacerme ningún daño. Además, ¿cuántas veces soy yo quien tiene que ayudarlos en las enfermedades físicas y espirituales?

Luego de esta conversación, Ana y Jacob decidieron no volver a sacar el tema, al menos por un tiempo. No quería meterse en problemas con su prima. Explicó todos los problemas que había tenido con Don Fernando, aclarando así el motivo del cambio de identidades.

Raquel ya no tenía fiebre y cesaron los dolores abdominales que la consumían. A los pocos días empezó a comer de nuevo, siempre bajo el cuidado de su padre y de Ana, quienes se turnaban a su lado. No pasó mucho tiempo para que la bella joven recuperase la salud y belleza que la caracterizaba.

El pueblo era pequeño y sus residentes tenían muchas curiosidades sobre el hombre y el niño con el que vivían. Con su disfraz, Raquel no parecía tener más de doce años. La enfermedad la había dejado aun más delgada.

Como todos los chicos querían conocer a Frederico, el chico de rasgos delicados, la chica se exponía lo menos posible, decía poco, decía que estaba enferma y débil. Pronto la desconfianza disminuyó y los aldeanos se acostumbraron a la amigable figura de Jacob, ahora Don Jorge, y a la gentileza de Frederico.

El judío se dio cuenta que podía moverse sin ser reconocido. Se dedicó a pequeños servicios y mantuvo algún comercio con los pueblos vecinos; con esto pudo ganar suficiente dinero para cubrir sus necesidades y pagar la hospitalidad de su prima. La casa de Ana fue el punto de descanso.

Una mañana, mientras vendía fruta en el mercado de un pueblo cercano, le sorprendió un alboroto diferente. En un grupo de personas, alguien hablaba de un viejo mago y su hija. Para su alivio, se dio cuenta que nadie sabía cómo dar información sobre tales criaturas. Temeroso de ser reconocido por el vendedor Jorge, intentó esconderse. El hombre que preguntaba por los dos pasó, casi chocando con él, sin darse cuenta.

Jacob levantó los ojos al cielo, agradecido, en oración silenciosa. Finalmente parecía libre; su única duda era si el propio Don Fernando no lo reconocería. Aquel malvado tenía olor a perro de caza y su presencia difícilmente habría pasado desapercibida. Corrió de regreso a casa, ansioso por contarles a Ana y Raquel lo que pasó esa mañana.

La prima reaccionó a la noticia murmurando:

– Ya te lo dije, usa esas semillas que cosí en la bolsa, que te protegerán de Don Fernando. Haré preparaciones a base de hierbas para definitivamente alejarlo; podremos enviarlo al infierno antes de tiempo.

La respuesta fue muy seria:

– Querida Ana, ya te dije que cada uno tiene su propia forma de pensar y actuar. No quiero usar tus métodos; estoy seguro que tu hechicería también me quitaría el ángel del Señor que tanto nos ha protegido.

La vieja Ana era supersticiosa, pero a través de la mediumnidad aprendió muchas cosas de los espíritus buenos y malos con los que convivía. En cuanto a Jacob, que también tenía dones, estaba conectado a un espíritu protector al que respetaba y siempre pedía consejo. La prima, a pesar de su espíritu supersticioso, muchas veces sentía compasión por algún pobrecito y terminaba beneficiando a esa criatura con la mediumnidad.

9.- Regreso a Casa

DESPUÉS DE VARIOS MESES, Don Felipe regresó con su hijo mayor. Todos en el castillo los estaban esperando. Hubo allí una actividad excepcional en los días previos a su llegada.

Alejandro estaba al frente de la tropa, montando un elegante caballo. Cuando vio la propiedad con mayor claridad, su corazón latió más rápido. Para él, el período de ausencia había sido tan largo que el anhelo era muy fuerte. Su verdadero deseo era ir directo al pueblo, encontrar a Raquel, tomarla en sus brazos, besarla y hablarle de lo mucho que la extrañaba. Sabía que no podría hacerlo sin antes convencer a sus padres de su gran amor por la chica. Su corazón latía con tanta fuerza que temía exponer sus entrañas a los demás.

El hermoso y vigoroso muchacho tenía en sus ojos el orgullo de la posición social que tenía desde su nacimiento. Estaba orgulloso de los títulos y honores de ser noble y rico, pero todo perdió su valor ante el sentimiento que tenía por Raquel. Podría enfrentarse a sus padres y al mundo por ella; simplemente esperaría un tiempo para actuar.

Estaba casi convencido que después de una conversación franca su padre no pondría objeciones; después de todo, él era el hijo favorito. ¡Siempre le había dado tanta alegría! Cuando se enteró de su amor por la bella y dulce joven, no quiso discutir. En las pocas oportunidades en que tuvo contacto con Raquel, Don Felipe había quedado impresionado por su belleza, su ternura y su dulce voz al cantar y tocar la cítara. En todas las fiestas del castillo siempre había insistido en la presencia de la joven para entretener a sus invitados. Los elogios fueron tan efusivos que agradaron mucho al castellano. En el fondo, el conde sentía cierta simpatía por Raquel.

Alejandro confió en que su padre no pondría objeciones; ¡Él también se rendiría a sus encantos! Su mayor oponente sería su madre. Las varias veces que intentó entrar en el tema, insinuando el interés que Raquel le inspiraba, la condesa perdió el buen humor; nunca admitió haber hablado de ello, o a lo sumo reaccionó secamente:

– Hijo mío, Raquel es una gran niña, a pesar de ser aldeana. Crecieron juntos y como ella es una chica hermosa, estás confundido. ¡Tu sentimiento debe ser el de hermano a hermana! Tu padre quiere un buen matrimonio para su heredero. ¡No olvides nuestra posición social, hijo mío!

Constancia se dio cuenta que sus dos hijos estaban enamorados de la joven y esto le provocó profunda preocupación.

La tropa llegó al castillo. Se bajó el puente levadizo para que los caballos pudieran pasar a un gran patio interior. Era principios de invierno del año 1336. Los hombres desmontaron, frotándose las manos, con la intención de calentarse. Otro puente cayó, lo que permitió entrar a otra zona. Caminaron unos metros más hasta una gran puerta en la que estaba tallado el escudo de la familia; la puerta estaba abierta a un gran salón.

Los hombres del castellano llevaron los animales a los establos; estaban cansados, algunos estaban heridos y todos, hombres y bestias, tenían hambre. Los sirvientes de los soldados, apostados en la cochera, pronto les proporcionaron vino y comida. El intenso frío castigó a todos.

Por la puerta principal, los dueños del castillo entraron al salón. Al fondo había una escalera y, en la pared, un trozo de tapiz con el escudo de la familia bordado en azul y rojo. Las paredes exhibían algunas espadas de ilustres antepasados, nobles caballeros condecorados por reyes. Una vez superado el primer arco, otro salón, en el que había una extensa mesa y sillas de alto respaldo revestidas de terciopelo verde, recibía a los castellanos con abundante comida y bebida; los sirvientes abatidos esperaron pacientemente a que entraran sus amos.

La condesa y sus otros dos hijos ya los habían acompañado desde el primer salón. Al llegar, Alejandro se había anticipado, ansioso por ver a su madre. Corrió a abrazarla y luego abrazó a sus hermanos. El conde se abstuvo de hacer demostraciones cálidas y se limitó a sacudir la cabeza ante su esposa e hijos. Augusto, que dio dos pasos hacia su padre con los brazos extendidos, recibió un frío apretón de manos. Los más jóvenes, al observar esta indiferencia, permanecieron pasivos, sin actitud alguna.

El conde miró severamente el vestíbulo, luego entró en el comedor, se sentó a la mesa y gritó:

– ¡Alejandro, me muero de hambre por perder el tiempo con abrazos y besos!

El muchachito soltó a su madre de sus fuertes brazos y se sentó a la mesa junto a él.

Entonces don Felipe fijó los ojos en su mujer y dijo:

– Vamos, señora, y ustedes, hijos míos, siéntense y coman. Después de todo, hace mucho tiempo que no comíamos juntos.

Dicho esto, les ordenó que comenzaran a servirles.

Tímidamente, la mujer intentó posicionarse en el otro extremo de la mesa, distanciándose así de su marido. Cuando les sirvieron, quedó tan angustiada que apenas podía tocar los manjares; la mera presencia del conde la hacía temblar de pies a cabeza. Su rostro estaba pálido, sus labios blancos, sus ojos parecían haber perdido su brillo. Ni siquiera un momento el castellano mantuvo la vista fija en su mujer, que permaneció en silencio durante toda la comida.

Alejandro, el más animado, narraba aventuras de la guerra y Janeira comentaba exageradamente las acciones de valentía de su padre y las suyas propias. El conde se rio mucho después de la tercera copa de vino. Después de mucho comer y beber, acabó durmiendo recostado sobre la mesa.

Constancia se levantó y se dirigió a sus habitaciones. Había hecho un enorme esfuerzo para parecer tranquila delante de su marido, lo que había agotado su energía. La noche estaba helada. Se puso ropa más abrigada y trató de acostarse. Se podía escuchar la ligera lluvia que caía afuera golpeando la ventana.

Los muchachos continuaron conversando animadamente junto a la chimenea hasta bien entrada la noche. Alejandro, aprovechando la ausencia de sus padres, preguntó por Jacob y Raquel.

Cuando respondió, Augusto miró a su hermano con una mirada pensativa y triste.

– Pasaron tantas cosas en tu ausencia que tendríamos que hablar toda la noche para que estés al tanto de todos los hechos, y te puedo decir que las noticias no son buenas.

Alejandro al ver su mirada de preocupación comprendió que el asunto iba en serio.

– Vamos luego. ¡Dilo, escúpelo!

El chico se acomodó más cerca del fuego, mientras su hermano acercaba la silla.

– Hubo un incendio que destruyó la mayor parte del pueblo – comenzó Augusto –. Y lo más extraño es que solo la casa de Raquel y Jacob salió ilesa, escapando de las llamas. Ante de estos hechos, Don Fernando tuvo un desacuerdo con el viejo judío y nadie sabe por qué. Estos son secretos que debemos esforzarnos por descubrir.

Don Fernando estaba muy enojado y difundió rumores sobre los dos con sus hombres.

– ¿Qué tipo de rumores? – Quiso saber el hermano, muy aprensivo.

– Supersticiones tontas. Dijeron que Raquel y su padre practicaban brujería, lo que llaman magia negra, y que son hijos del diablo.

A Alejandro se le puso la piel de gallina y Augusto continuó con su investigación en un tono más confidencial:

– Debido a las acciones de los hombres de Don Fernando, se difundieron de boca en boca noticias sobre la práctica de rituales en la casa de Jacob; incluso afirmaron haber visto allí espíritus malignos.

El joven quedó tan impresionado que no notó la presencia de la sirvienta María. La mujer interrumpió el relato en tono enérgico:

– Todo esto fue una intriga para quemarlos en la hoguera y que ese maldito se deshaga de los dos.

Pálido, Alejandro se levantó bruscamente y dejó caer su silla.

– ¿Entonces los quemaron en la hoguera? ¡Dios mío! Todo esto no pudo haber pasado porque yo no estaba aquí...

– Quédate tranquilo, hijo mío, no hagas ruido, que podrías despertar a tu padre. No, los dos se dieron cuenta de toda la trampa y huyeron; hasta el momento el maldito no los ha encontrado.

El muchacho levantó la silla y se sentó. Le dolía el cuerpo y tenía la cara bañada en sudor. Habló con más calma:

– ¿Cómo puede la gente creer semejantes mentiras? Jacob siempre ayudó a todos y Raquel es simplemente dulce.

Augusto tomó la palabra:

– Sabes lo supersticiosos que son los lugareños y conoces muy bien a Don Fernando. Después del incendio, se difundió el rumor que el diablo había ordenado al viejo Jacob que prendiera fuego a las casas. Algunas personas murieron. Sucedió en plena noche, todos dormían y nadie vio cómo empezó. El caso es que perdieron todo lo que tenían y fue fácil incriminar a Jacob y Raquel.

Alejandro intentó seguir el razonamiento de su hermano. Su cuerpo, a pesar del frío, sudaba y temblaba; el cerebro parecía hervir con tantas emociones.

– ¿Y dónde están? ¿Les ayudaste? - Fue María quien respondió:

– No sabemos dónde están. Desaparecieron como el viento. Los acontecimientos sucedieron tan rápido que no tuvimos tiempo de tomar ninguna medida para ayudarlos. Salieron durante la tarde de violenta lluvia; ni siquiera Don Fernando imaginó que huirían bajo la tormenta. Ahora deben enfrentar muchas dificultades. Don Fernando comentó que pasaron por una taberna y allí les robaron todo, hasta el caballo. El tabernero que les consiguió otro animal difundió la noticia que Raquel lo había embrujado y entonces ambos desaparecieron como humo.

– A pesar de todo, creo que están bajo la protección de Jesús – intervino Augusto –. Los ha apoyado. Mamá y yo rezamos todas las noches para liberarlos de las garras de Don Fernando y gracias a Dios parece que estamos siendo respondidos. Bueno, creo que ya es suficiente charla; me acostaré.

Su hermano lo jaló del brazo queriendo saber más novedades.

– Eso es todo, no tenemos más noticias. Mañana volveremos al tema. Tu viaje fue agotador, y después de tantas emociones es mejor descansar.

Alejandro asintió y subió a sus habitaciones, mientras María intentaba despertar al conde, quien estaba tan borracho que no podía levantarse de su silla.

10.- El Espía

TEMPRANO UNA SOMBRA se deslizó desde el ala de servicio y entró silenciosamente en la habitación donde Don Felipe dormía profundamente. La noche era avanzada y pronto saldría el Sol; el frío era más intenso en esos momentos. Una mano delgada tocó el hombro del conde y luego su rostro. Una figura femenina se acercó al cuerpo dormido, le puso la boca en la oreja y le susurró:

– Amor mío, me alegro que hayas vuelto... Te extrañé mucho. Tengo mucho frío...

Ella comenzó a besarlo apasionadamente. Continuó durmiendo inclinado sobre la mesa. Joana giró su cuerpo para quedar debajo de su brazo izquierdo. El castellano, somnoliento, intentó comprender lo que sucedía. Joana bajó la cabeza y le besó la boca con furia. El hombre se despertó sobresaltado, cuando la niña volvió a susurrar:

– Soy yo, mi amor, me estoy muriendo de frío.

– Joana, mi flor – finalmente despierto, la subió a su regazo –. No podía esperar a tenerla. He estado pensando mucho en ti.

La besó apasionadamente y se levantó, llevándola en sus brazos a una habitación vacía en la parte trasera del ala donde dormían los sirvientes del castillo.

Joana era una joven alta y esbelta, que no aparentaba más de 25 años. El cabello lacio y negro enmarcaba su rostro con piel muy blanca; sus grandes ojos negros le daban un aire de orgullo. Su boca bien formada, de labios carnosos y los gestos de su cuerpo le daban mucha sensualidad.

Orgullosa, se sabía hermosa y atractiva y no dudó en aprovechar sus atributos físicos. El conde, que no pudo resistirse a una bella mujer, llevaba saliendo con Joana desde que ésta apenas tenía catorce años. Mantuvo el romance sin discreción alguna y todos en el castillo sabían dónde pasaba la mayor parte de sus noches. Al principio, la condesa se sintió conmocionada, considerando imposible permitir la traición dentro de su hogar; luego trató de acomodarse, fingiendo no saber nada. Joana sacó a su marido de sus habitaciones, lo que le dio más libertad.

El día amaneció nublado, una llovizna helada cubrió toda la región. Muy temprano Alejandro se dirigió a la habitación de Augusto, con la intención de continuar la conversación que había sido interrumpida el día anterior. El hermano permaneció acostado, muerto de frío. Alejandro se sentó en la cama a su lado y habló en voz baja:

– Augusto, hay que continuar con el tema que recién empezamos ayer; por tu culpa me quedé despierto toda la noche.

El otro también se sentó, luciendo cansado.

– Te dije todo lo que sabía. No sé dónde están Jacob y Raquel, no tenemos forma de ayudarlos.

Apartó la mirada, temeroso de revelarle a su hermano, a través de él, el anhelo y el amor que sentía.

– Pero debe haber una manera de encontrarlos. Quizás juntos, tú, yo y mamá, que tanto quiere a Raquel, podamos encontrar una solución.

– Si Don Fernando, que es tan astuto y persistente, no ha obtenido ningún resultado en esta búsqueda, ¿qué podemos decir de nosotros, que ni siquiera podemos alejarnos del castillo para no despertar sospechas?

– Quizás papá estará dispuesto a ayudarnos, teniendo en cuenta los innumerables favores que ya le ha hecho el viejo Jacob...

¿Cuántas medicinas preparó para aliviar los dolores de cabeza que le provoca la bebida...?

Augusto lo miró pensativo y respondió:

– Hermano, nuestro padre no hace nada que no favorezca a don Fernando, que no tardará en llenarse la cabeza de acusaciones contra los pobres Jacob y Raquel. De hecho, este es otro tema que quiero discutir contigo; tenemos que descubrir por qué este hombre controla nuestras vidas. ¿Qué secreto tienen nuestros padres con él? ¿Por qué todos deberíamos obediencia a él si somos los dueños de las tierras y del castillo?

Alejandro escuchó pacientemente y compartió su preocupación:

– ¿Sabes que yo también he reflexionado mucho sobre esto? Y por mucho que me lo pregunte, no puedo entender por qué papá se inclina ante este hombre que no es más que un extraño, alguien cuyo pasado es un misterio.

– Y, hermano mío – dijo Augusto –, debe ser un secreto muy grave que los involucra a los tres. Este hombre debe saber algo que compromete a nuestros padres, y ese secreto le da mucho poder.

– ¿Será? Papá tiene un temperamento violento y no tolera la humillación. No se dejaría dominar.

– Estoy seguro de lo que digo. Debe ser algo gravísimo, que el viejo Jacob también sabe, participó o descubrió... Por eso Don Fernando está tan interesado en matarlo.

– Mi querido hermano – argumentó Alejandro –, creo que estás imaginando demasiado... No hay ningún secreto; esto debe ser una creación de tu cabeza. Si realmente hubiera algo grave, Don Fernando ya habría hecho algo... Ya sabes, papá.

El tono de la respuesta se volvió más confidencial.

– Entonces dime ¿por qué mamá se enoja cada vez que saco el tema? Me gustaría que empezaras a notar tus actitudes. Ella se ve pálida frente a él, parece coaccionada, insegura. Hace días él me golpeó y pude ver todo el odio en la expresión de nuestra madre.

Y, como si estuviera encadenada, no tuvo ninguna reacción, ni siquiera verbal, en mi defensa.

Los chicos escucharon pasos ligeros. Fue Constancia quien entró en la habitación casi sin hacer ruido.

– ¡Madre! ¡Qué susto nos diste! – Dijo Alejandro.

– No fue mi intención. Escuché a los dos susurrar y sentí la necesidad de participar. Después de todo, extrañé a mi hijo y quiero saber las novedades.

Augusto hizo un espacio en la cama.

– ¡No es por eso, mi dama favorita! Bienvenida a nuestra conversación íntima, ven aquí y extraña a tu hijo favorito.

Una sonrisa apareció en su rostro, siempre triste, y se arrojó en la cama entre sus hijos, abrazándolos.

– En realidad, es imposible decir cuál de los tres hijos es el más querido.

Los jóvenes se rieron mucho de la actitud exagerada de su madre. Alejandro levantó la manta y los tres quedaron muy juntos.

– ¡Mamá, te extraño mucho! ¡Qué bueno estar de vuelta en casa!

Alejandro besó la mejilla de Constancia y ella se puso a llorar. Augusto volvió la cabeza fingiendo celos.

– Con un hermano tan dulce, hasta yo puedo llorar... - La condesa se secó las lágrimas.

– Bueno, madre, no entiendo – dijo Augusto –. La alegría es para reír, no para llorar. ¡Parece que es lo único que sabes hacer en la vida! Lloras incluso cuando estás feliz.

– Está bien, no hablemos de mí. Volvamos a lo que decías cuando llegué; debe ser algo interesante.

Augusto, más astuto, se adelantó:

– Le estaba contando a mi hermano los hechos que llevaron a nuestros amigos Raquel y Jacob a abandonar el pueblo.

– Los he extrañado mucho a ambos, especialmente a Raquel; pobre huérfana a la que me encariñé como a una hija... Esa niña nació y creció con nosotros. Y ahora, lo único que nos queda es orar.

– Mamá – dijo Alejandro –, ¿no crees que deberíamos buscarlos? Quizás tengamos más suerte y podamos encontrarlos antes que Don Fernando.

Constancia se llevó el dedo índice a los labios.

– Habla en voz baja, hijo mío, las paredes tienen oídos. Ni siquiera podemos pensar en hacer eso. Pronto estará allí Don Fernando llenando la cabeza de tu padre, y si descubre algún movimiento por nuestra parte para ayudar a nuestros amigos las consecuencias serán muy tristes, especialmente para Raquel y Jacob.

Se levantó y se acercó a un espejo que estaba casi frente a la cama. Cuando notó un pequeño movimiento en la cortina de la ventana trasera, fingió arreglarse el vestido y se acercó a la cama; continuó hablando animadamente con sus hijos y, en un gesto repentino, corrió la cortina.

Joana se escondió allí para escucharlos. Al verse sorprendida, se puso muy pálida y se apoyó contra la pared para no caer. Severamente reprochada por haber escuchado a escondidas, la muchacha no pudo responder; permaneció muda e inmóvil.

– ¿Qué pasó, alguien te cortó la lengua? Además de escuchar historias deplorables sobre ella, ¿todavía tengo que soportarla en nuestras habitaciones, compartiendo mi intimidad con mis hijos? ¡Habla, estoy esperando algunas palabras a tu favor!

Cada vez más irritada por la joven que permanecía silenciosa y estática, la condesa se acercó y la abofeteó dos veces.

Sus bofetadas fueron tan fuertes que la hicieron perder el equilibrio y caer al suelo.

Alejandro intervino rápidamente impidiendo que la madre continuara con la agresión.

– ¡No madre! Busquemos un castigo justo que no te lastime las manos.

Joana no tomó ninguna medida para defenderse. Permaneció en el suelo con la cara en la alfombra; un hilo de sangre corrió por la comisura de su boca.

– Cuéntanos cómo entraste y quién te envió aquí para espiarnos. Cuanto más te niegues a hablar, peor será; quiero saber toda la verdad.

La falta de reacción hizo que Alejandro perdiera la compostura. La agarró por la ropa a la altura del cuello, la levantó del suelo con sus fuertes brazos y la sacudió ordenando:

– ¡Vamos, desgraciada, responde las preguntas de mi madre!

Joana parecía no tener lengua, no decía ni pío. La soltó en el aire y la niña cayó sin soltar un gemido.

El chico se arrodilló, colocando su rostro contra el de ella.

– ¿Eso significa que no querrás decirnos quién te envió y por qué estaba escondido en nuestra habitación? ¿Alguna vez has oído hablar de nuestras mazmorras subterráneas, oscuras y llenas de ratas y cucarachas? ¡Ahí es donde pasarás el resto de tus días tristes, si no abres la maldita boca!

La niña gimió y empezó a llorar suavemente.

– Augusto, ve con nuestro criado Joaquim y coge las llaves del subterráneo. Y no hagas ningún ruido; no quiero que papá sepa lo que pasó.

Joana se estremeció. Si el conde no lo supiera, no podría ayudarla; de lo contrario, estaba segura que él no la dejaría atrapada. De cualquier manera, su situación era complicada.

– Don Alejandro, por favor no me lleve al calabozo. No estaba haciendo nada. Solo entré para limpiar y ordenar las habitaciones, cuando me di cuenta que Don Augusto todavía dormía. Poco después entraron usted y su madre. Solo me escondí por miedo a ser castigada. ¡Lo juro por todo que no estaba espiando!

– ¡Es una mentira! – Constancia se irritó aun más –. Se le prohibió la entrada a nuestras habitaciones; le di una orden expresa a María. Estaba espiando por orden de alguien. ¡Y Dios sabe cuánto tiempo lleva quitándonos nuestra intimidad de este castillo...!

– ¡Lo juro por todo lo más sagrado! Como Júlia está enferma, la reemplazo en la limpieza. Por favor pregúntale a María.

La condesa repitió casi gritando:

– ¡Es una mentira! Envié a María al pueblo esta mañana y si hubiera algún cambio, ella me lo habría hecho saber. Te prohibí frecuentar esta ala del castillo y María lo sabe perfectamente. ¿Quién te encargó espiarnos?

Augusto regresó con las llaves en las manos y Joana sintió que el suelo desaparecía bajo sus pies.

El chico, el más sensato de los tres, intentó calmar la situación.

– Mamá, ¿por qué no esperamos a que vuelva María y descubrimos si lo que dijo Joana es cierto? Entonces tomaremos medidas más meditadas. No debemos hacer nada para llegar a un acuerdo.

Joana se sintió más tranquila al notar que el joven intentaba defenderla; tal vez podría ganar tiempo.

Alejandro; sin embargo, la agarró del brazo y la sacó de la habitación.

– Es una buena idea. Mientras María no venga, se quedará en el calabozo. Pasando unas horas allí, quién sabe, tal vez su memoria mejore y decida contarnos una historia más interesante y convincente. Esforzándose por pensar rápidamente, Joana ya no pudo encontrar ningún argumento. Aun así, jugó su última carta.

– Don Alejandro, no sea injusto. Cuando su padre se entere de su comportamiento, se enojará mucho. Él es un hombre justo y no permitirá esto...

– ¿Mi padre, un hombre justo? – El primogénito no pudo contener su risa irónica –. ¿Qué más le importará saber dónde terminaste? Al conde nunca le importa ningún sirviente del castillo.

Con estas palabras, agarró a la niña por el cabello y la empujó hasta el final del pasillo, donde una puerta conducía a una escalera. La condesa, al frente, alumbró el camino con una vela. Augusto intentó impedirlo, pero fue una pérdida de tiempo; su hermano y su madre no lo escucharon.

Tanto la condesa como sus hijos sabían que Joana frecuentaba la cama de Don Felipe. Eso por sí solo sería motivo suficiente para castigarla, y el hecho que estuviera espiando empeoraba mucho la situación. Para ellos, no había duda que lo hizo por orden del propio castellano, y su lealtad a su principal era lo que más les repugnaba.

Después de bajar varios escalones y pasar por varios compartimentos, abriendo y cerrando puertas al pasar, llegaron a un lugar húmedo y muy sucio. Había más o menos diez cubículos cuyas puertas eran de hierro, cada una con una pequeña abertura. La bella sirvienta se desesperó ante la perspectiva de quedarse allí sola. La condesa la miró con desdén.

– ¿Vas a soltar la lengua o crees que vale la pena perder tu belleza y juventud en este lugar infectado? Todavía hay tiempo para salir de aquí.

La mirada de Joana estaba vacía. No respondió en absoluto, incluso ante la posibilidad de tanto sufrimiento.

Alejandro, con el juego de llaves en la mano, abrió una de las celdas y la arrojó dentro. Ella permaneció en silencio, simplemente llorando suavemente. El muchacho cerró la celda y, abrazándose, madre e hijo regresaron a sus habitaciones. Augusto esperaba en el pasillo, pálido y tembloroso, retorciéndose las manos. Cuando los vio, corrió para ayudar a su madre a cruzar la puerta.

– ¿Dónde está Joana? No me digas que la dejaron en ese lugar asqueroso.

– ¿Por qué lo sientes tanto, hijo mío? – El aire de Constancia era desdeñoso –. Es lo que esa mujer se merece, al menos por unas horas. Solo hasta que me acuerde para los que estaban espiando...

- Si papá se entera, estaremos en muchos problemas.

– No te preocupes. Tu padre no extrañará a la niña. Debemos llevarla a algún pueblo lejano.

– Mamá, no te ensucies las manos con esta criatura; Déjala sola. Cuéntale a papá sobre el descubrimiento y exígele que abandone el castillo. Estás en tus derechos, eres su esposa y también la dueña de este lugar.

– Tu padre es capaz de castigarme a mí y no a ella. Incluso es probable que me humille delante de los sirvientes. Prefiero que se quede como está. Esa mujer merecía un castigo por ser tan frívola y atrevida. Imagínese: ¡entrar en nuestras habitaciones personales para espiarnos!

Cuando la puerta de hierro se cerró detrás de Joana y la oscuridad invadió toda la celda, un terror enorme hizo que su cuerpo se congelara de pies a cabeza. De repente abandonó el estado de inercia en el que se encontraba; se levantó rápidamente, corrió hacia la puerta y gritó desesperada. Primero blasfemó, maldijo a la condesa y a sus hijos; luego, cansada, pidió ayuda, rogando la presencia del conde o de cualquiera que pudiera oírla. Nada cambió en el sombrío ambiente. Agotada, se dio cuenta que no había salida. Rogó a Dios, lloró y maldijo en voz baja su mala suerte.

Joana llevaba mucho tiempo escuchando tras puertas, incluso durante los largos viajes del conde. De esa manera, pensó, siempre podría contarle las novedades y ganarse su simpatía. Cuando no podía oír nada, lo inventaba, arrojando muchas veces a Felipe en una maraña de intrigas, no solo contra su familia, sino también contra amigos y otros sirvientes. Le divirtió cuando su señor tomó represalias contra esas personas. Envidiosa, tenía sed de poder y riqueza; extremadamente sensual, sus relaciones con el castellano, impulsadas únicamente por intereses personales, eran una mezcla de odio y pasión. A pesar de sus servicios, no la libró de la mala educación y, cuando estaba borracho, incluso la golpeaba. Su pensamiento, en ese momento, era de inconformismo. "Después de tantos años, por descuido, notaron mi presencia. Había tantas novedades para el conde... ¡Ahora, Dios sabe cuánto tiempo me pudriré aquí en este infierno!" Palpó el suelo con la esperanza de tumbarse, pero era invierno y el frío le atravesaba la piel. Se sentó en un rincón, tratando de mantenerse abrigada con la ropa que llevaba puesta.

Don Felipe se despertó tarde debido al exceso de vino. Cuando despertó vio que no estaba en sus habitaciones, sino en el ala de servicio. Buscó a Joana a su lado en la cama.

– Diablita hermosa, ¿dónde estás? Ven aquí y dale un beso a tu amo. ¡Ven, Mariquita! Al no recibir respuesta, se levantó frío y se vistió. Fue hacia la ventana y abrió las cortinas. Una fina capa de nieve cubría el campo, como si todo hubiera sido pintado de blanco. Abrió la puerta que daba al pasillo, comprobó que no había nadie y salió lentamente, evitando hacer ruido. Llegó al vestíbulo y luego al vestíbulo de las escaleras que conducían a las habitaciones de la familia; subió rápidamente y llegó al pasillo. Incluso con las puertas cerradas se podían escuchar voces alteradas en la habitación de Augusto. Entró en la siguiente habitación y se detuvo por un momento, tratando de escuchar lo que decían; luego abrió la puerta de la habitación donde la condesa y sus hijos conversaban acaloradamente. Los tres guardaron silencio. Entró, mirando a su esposa.

– ¿Interrumpo algo? Me encantaría que continuaran una conversación tan animada.

Alejandro, más acostumbrado al trato directo de su padre, fue quien respondió:

– Padre mío, ya sabes lo preocupadas que están las madres. Estaba informando sobre las batallas que libramos con los sarracenos y mi madre, impresionada, gritó fuerte que no me dejaría volver a las batallas; teme por mi vida.

El padre soltó una risa que resonó por toda la habitación.

– Eso es todo lo que necesitaba: una mujer que quiera tener a sus hijos bajo sus faldas. Dos mariquitas ya no son suficientes, ¿te gustaría que fueran tres? Deberías estar agradecido por tu fuerte hijo que empuña armas como nadie, un motivo de orgullo para nuestra familia y el reino. Nuestro rey sabe muy bien del valiente joven que tenemos en casa, que llenará de gloria a nuestra noble familia.

Augusto retrocedió ante las palabras de su padre. No era un cobarde, simplemente no tenía predilección por las armas y la lucha. Sin embargo, a los ojos del castellano y de la sociedad de su tiempo, la fuerza bruta superó a la inteligencia y la sensibilidad humanitaria. Aunque era más noble en sus sentimientos que su hermano y mucho más inteligente, sus valores no destacaban ante los ojos de su padre.

Constancia guardó silencio y el conde, convencido por los argumentos de su hijo, cerró el asunto.

– Me muero de hambre, voy a bajar a comer algo. ¿Alguien me acompañará?

Todos estaban agotados por los últimos acontecimientos y necesitaban un descanso. Por eso decidieron seguirlo.

La criada Matilde se apresuró a poner la mesa para servir la comida a sus amos. Don Felipe bajó las escaleras gritando, como era su costumbre. Se sentó a la mesa deseoso de saciar su hambre con la brutalidad de un animal. Constancia ocupó su lugar, pero no tocó ningún alimento. El hijo mayor preguntó:

– Mamá, ¿no vas a comer nada?

– No tengo apetito – dijo con la mirada baja.

Augusto se limitó a comer un trozo de pan. Carlos miró a su padre asustado y tampoco quiso comer. La condesa le pidió a Matilde que pusiera leche caliente y miel en una taza para dársela; Además de nutrirse, también sería bueno para su salud. Cuando la criada la atendió y se acercó a la mesa, el castellano, en un gesto inesperado, golpeó con la mano la taza, derribándola y derramando la leche sobre la mesa. Luego gritó:

– Quiero ver a la pequeña de esta mami comer sola, sin ayuda. Vamos, inútil, deja de temblar y come. Quiero que te levantes y tomes tu taza y tu leche.

Pálida, Constancia reaccionó:

– ¡Por favor, señor! Es solo un niño y tiene problemas de salud.

El conde se levantó y se dirigió hacia su mujer con la mano en alto. En un ligero movimiento, Alejandro también se levantó colocándose entre los dos. El niño era más alto que su padre; desde arriba, sus tiernos ojos se encontraron con la mirada de odio del conde.

– Papá, sé cuánto te gustaría ver a Carlos comportarse como un hombre, y yo tengo la misma postura. Pero mamá, como toda mujer, tiene sentimientos encontrados y en estos casos nos corresponde a nosotros, los hombres, usar el sentido común, muchas veces más que la fuerza bruta.

Alejandro tenía un físico más vigoroso y era más inteligente que su padre, lo que le daba cierto ascendiente sobre él. A menudo, en enfrentamientos con enemigos, las ideas del joven fueron aceptadas con éxito.

Percibiendo su intromisión, el conde se desarmó y volvió a sentarse a la cabecera de la mesa. A pesar de ello, habló con dureza:

– Condesa, no quiero ver a este niño llorando por los rincones del castillo, ni a la señora mimándolo. Después de todo, es un hombre y como tal debe ser tratado. Estoy seguro que su salud mejorará de esa manera.

Matilde, rápidamente, llenó una jarra de vino y se la llevó a su amo.

– Eres una sirviente muy competente, pareces adivinar mis pensamientos; también quiero un trozo de pan.

Mientras el conde comía, el resto de la familia miraba. Todos habían perdido el apetito.

11.- Calumnias

DON FELIPE ORDENÓ al criado que trajera dos caballos al patio. Él y Alejandro iban a dar un paseo por el terreno. El chico, a pesar del frío, no estaba en desacuerdo con su padre; se abrigó bien y lo acompañó.

Los puentes cayeron y los dos hombres cabalgaron lentamente hacia el pueblo. El conde notó que las casas eran nuevas. Todo parecía desierto; el intenso frío obligó a los aldeanos a permanecer en sus casas. Frente a la casa de Jacob, detuvo su caballo y desmontó.

– ¡Alejandro, bájate! Debo hablar con el viejo judío; Esta mañana no me desperté bien.

El chico palideció, pero cumplió la orden como si no supiera nada. Cruzó el pequeño jardín, castigado por el frío y el abandono, llamando a la puerta.

– Vamos, hijo, entra rápido. Hace mucho frío, no sé por qué tanta amabilidad.

Alejandro forzó la puerta para abrirla. El olor a humedad estaba por todas partes. Curioso, el conde examinó cada habitación, comprobando que nada se hubiera movido.

– ¡Que raro! – Exclamó –. Aunque los muebles están todos en su sitio y las camas hechas, la casa parece llevar meses deshabitada. ¿Dónde están estos dos?

– Papá, hace mucho frío. ¡Volvamos al castillo! Quizás mamá pueda decírnoslo.

La mención de su esposa hizo sonrojar de ira a Don Felipe, al recordar lo sucedido esa mañana.

– Esa mosca muerta nunca sabe nada. De hecho, siempre me oculta todo. Vayamos a la casa de Don Fernando; él nos informará lo que pasó aquí.

– Será mejor que volvamos – insistió el chico, cada vez más pálido –. El camino debe ser muy difícil, la nieve hace que el camino esté resbaladizo. Tendremos que cabalgar durante más de una hora.

– ¡Deja de ser delicado! ¿Desde cuándo le temo al frío, a la nieve o a la lluvia? Todavía hoy quiero saber qué pasó. Huelo algo muy malo en el aire.

Montaron y tomaron el rumbo determinado por el conde. El camino era empinado. La casa fue construida en lo alto del cerro, en el acceso más difícil, y el último tramo fue aun más peligroso, por la lluvia y la nieve que se acumulaban desde hacía varios días. La subida requirió una habilidad especial por parte del jinete para guiar al animal.

– No entiendo por qué estamos aquí enfrentando este camino; sería más fácil llamar a Don Fernando.

El padre permaneció callado, concentrado en el viaje. Finalmente se acercaron a una gran puerta de hierro. El vigilante que estaba encima del muro pronto los reconoció. Abrió la puerta con la ayuda de dos hombres y llegó al castellano; lo saludó con un gesto respetuoso, dirigiéndose a él.

– Señor conde, Don Fernando estará muy contento con su visita. Uno de mis hombres ya le ha avisado de su presencia. Venga. Deténgase junto a la chimenea, mientras mi señor se prepara para recibirlos.

Una joven sirvienta corrió y abrió una puerta más pequeña, llevándolos a una acogedora habitación. La chimenea encendida calentaba la habitación y la mesa puesta con algo de comida esparcía un agradable aroma en el aire.

Padre e hijo estaban sentados junto al fuego. Alejandro intentó poner su zapato sobre las brasas para calentarse un poco. El sonido de una puerta abriéndose les hizo girar la cabeza. Se acercó don Fernando. Parecía enfermo, tenía la nariz roja y las mejillas hinchadas.

– Buenos días, mi querido conde. ¡Qué grata sorpresa recibir en mi casa a tan ilustre persona! No sabía que había regresado, de lo contrario habría ido a visitarlo en persona, ahorrándole todos los problemas del arduo viaje.

El otro respondió con buen humor.

– Mi querido Don Fernando, no parece gozar de buena salud; lamentablemente vinimos a sacarlo de la cama. Sin embargo, como tengo algunos asuntos urgentes que nos interesan, mi llegada era imperativa.

Mientras le comentaba, Fernando estornudaba a menudo, secándose la nariz con la manga de su túnica.

– No tengo nada grave que no mejore con un buen té caliente. El fuerte frío suele traer estos inconvenientes, pero hoy pude levantarme de la cama. Por mi estado, mi amigo puede juzgar lo difícil que sería estar en su castillo... Bueno, sentémonos a la mesa; comeremos mientras hablamos, ya que deben tener hambre.

A pesar de su indisposición física en ese momento, aquel hombre supo conducir sus acciones con el objetivo de impresionar a Don Felipe. Él conocía exactamente sus puntos débiles y era experto en introducir veneno en su espíritu. Estaba seguro que el castellano estaba allí para enterarse de los hechos ocurridos en el pueblo y, antes de preguntar, abordó el tema.

Contó una larga historia, con detalles absurdos e irreales, frutos de su mente demente; y los dos espíritus vengativos que siempre lo acompañaban se acercaron para influir mejor en él. El hombre describió situaciones que involucraban a Augusto, Constancia y Jacob en prácticas demoníacas que jamás pasarían por la mente de ningún residente de la región.

Don Felipe, con los ojos muy abiertos, muchas veces llegó a dudar del inverosímil informe, pero con la sagacidad y elocuencia del buen orador, los hechos relatados parecían ciertos. Pálido, no dijo una sola palabra; Apenas podía negar con la cabeza, en un gesto que lo hacía similar a criaturas cuyas facultades mentales sufren.

Alejandro, a su vez, buscó pasar la narración por el tamiz de la razón. Esa historia ya la había escuchado de su hermano y era muy diferente. Además, conocía lo suficiente a los involucrados como para saber que todo era un gran engaño contra sus familiares y su amigo Jacob.

El chico se levantó. Con el rostro sonrojado y un gesto de indignación, se dirigió a Fernando:

– Señor, perdóneme por mi intromisión, pero esta historia de prácticas demoníacas, de magia atribuida al señor Jacob y a mi familia, me parece resultado de la imaginación de gente ignorante. Conocemos muy bien a los acusados y sabemos que tal conducta por su parte es imposible. No quiero decir que mientes, sino que alguien, inventando tanta calumnia, pretendía engañarte incluso a ti.

El dueño de la casa también se levantó de su silla, furioso, levantando su brazo hacia el muchacho de manera agresiva. El conde apoyó sus movimientos, reteniéndolo para evitar la locura.

– Don Fernando, mi hijo solo defiende a su madre y a su hermano. Su actitud es muy comprensible dadas las circunstancias y los hechos. Nos gustaría evitar enfrentamientos innecesarios, por respeto a nuestra amistad. Sería bueno continuar la conversación. Quiero saberlo todo para poder juzgar y tomar las medidas adecuadas. Sus acusaciones son muy graves y si una vez establecida la verdad se confirman tendremos que tomar medidas fuertes, aunque afecten a mi esposa y a mi hijo.

Habiendo dicho las últimas palabras, Alejandro se volvió hacia Don Felipe, con los ojos muy abiertos y enrojecidos.

– ¡Papá, todo esto es una tontería! – Protestó –. No necesitamos seguir escuchando. Esto es una afrenta, una falta de respeto al honor de nuestra familia.

– ¡Alejandro, o te callas o te mando lejos para que no participes en nuestra conversación! – Fue la dura amenaza paterna.

El joven se dio cuenta que si no se controlaba, intentando utilizar el razonamiento con argumentos convincentes, su madre y su hermano estarían completamente perdidos. Aquel hombre tenía el don de hechizar a su padre y su palabra tenía gran peso en las decisiones del conde. Y no era la primera vez que difamaba a su familia.

Fernando miró al muchacho con su mirada de odio, pensando: "Que espere su turno, no pasará mucho tiempo. Todos los que se atrevan a cruzarse en mi camino seguramente serán destruidos."

Alejandro se estremeció; parecía haber sentido todo el peso de ese odio. Se quedó allí sentado, como si estuviera enterrado, completamente confundido por el comportamiento de su padre. Ya no argumentó contra las absurdas calumnias. Finalmente, con expresión febril, Fernando contó el incendio y la sorprendente fuga de Jacob y Raquel, así como sus vanos intentos de encontrarlos, como si los dos se hubieran convertido en humo.

Don Felipe daba la clara impresión de haber olvidado todos los beneficios que había recibido de aquel buen hombre. Con la mano apretada, golpeó la mesa varias veces.

– ¡Vamos a buscar a estos desgraciados y veremos si el fuego no es capaz de consumirlos! Uniremos nuestras fuerzas a las de otros nobles de la región y los encontraremos, aunque estén en el infierno.

El intrigante sonrió, sintiéndose victorioso. Acababa de ganar un poderoso aliado y quién sabe, incluso obtendría el apoyo del propio rey.

– Hijo mío, toma tu abrigo y volvamos – la ansiedad del castellano era evidente –. Don Fernando necesita descansar y nos queda un largo camino por recorrer.

– Quédese un poco más, señor conde. Después de todo, ni siquiera han tocado la comida y probablemente tengan hambre.

Ante la negativa de los visitantes, se levantó y caminó con ellos hasta la puerta. Los dos se despidieron, tomaron los caballos y se fueron.

Durante la primera media hora, Alejandro no se atrevió a tocar el tema, ni siquiera pronunció una sola palabra. Sabía que las consecuencias serían nefastas. En el fondo, luchaba por calmarse. Quizás el padre estaba dispuesto a considerar todo lo que había oído.

En el castillo, tras los episodios de la mañana, la condesa intentó distraerse con su pequeño telar en una habitación anexa a su dormitorio. Los dos hijos más pequeños le hacían compañía.

Augusto intentó hablar de la situación de la sirviente preso.

– Mamá, ¿no crees que fue suficiente el castigo de Joana? ¡La pobre debe estar muerta de miedo, de frío y de hambre!

El rostro de Constancia se irritó al oír ese nombre.

– Ya le pedí a Francisco que le diera comida y ropa de abrigo. Cuando tu padre duerma, ordenaré que la lleven lejos. Creo que la duquesa Lydia, mi amiga, la aceptará como sirvienta. Si la dejo quedarse, el conde no soportará su dolor y se volverá contra nosotros. No puedo permitir que permanezca en nuestro castillo después de una falta tan grave. En realidad, no recibió órdenes de María de limpiar su habitación; por lo tanto, estaba espiando.

– ¡Piensa cuidadosamente! ¿Qué pasa si papá la extraña? Tendremos que explicarlo. Lo mejor sería decirle la verdad. No podrá soportar el dolor de Joana. Exígele que él mismo la despida.

– Augusto, lo pensaré – el aire de la condesa estaba preocupado –. Creo que en cierta medida tienes razón. Cuando llegue tu padre, le informaré del problema. No quiero sentirme culpable por cualquier daño que le pase a esa chica. El castigo que le dimos fue suficiente.

El chico niño le besó las manos con cariño.

– Así es como puedo reconocerte. Pensativa, humana, gentil: ésta es mi querida madre.

Constancia quedó conmovida por estas palabras.

– Solo puedo vivir para ustedes, mis amados hijos, los tres tesoros que Dios me dio. Eres mi vida y mi alegría.

Carlos se acurrucó en el regazo de su madre y, con ojos brillantes, la besó en la cara. Con voz todavía infantil, dijo:

– Mamá, nunca viviré lejos de ti y de Augusto. Seguiré fortaleciéndome y les daré muchas satisfacciones.

– Lo sé, querido – dijo con los ojos llorosos –. No hay duda, eres un gran chico. Es tan bueno como Augusto y Alejandro. ¡Aun estaremos muy orgullosos de ti, hijo mío...! Y ahora debemos bajar a almorzar. María nos está esperando.

Augusto se levantó y le tendió la mano para ayudarla.

– Y papá, ¿dónde está? No lo vi en toda la mañana.

– Se fue con Alejandro, justo después de nuestra primera comida. Dado el tiempo que están tardando, debió haber ido tras Don Fernando para enterarse de las últimas novedades. No sé cómo tu padre pudo escuchar a alguien tan malicioso. Por eso sigue hablando y haciendo tonterías.

Con expresión preocupada, el joven expresó su opinión:

– Creo que deberíamos acercarnos a él, amarlo más y darle la certeza que lo amamos. El Evangelio de Jesús nos advierte que no hay mérito en amar solo a quienes nos aman, y aconseja: "*Amad a vuestros enemigos, haced el bien a quienes os odian.*"[1] Creo que si intentáramos comprender a papá y aceptarlo, podría suavizar su difícil genio. Debajo de ese encubrimiento tosco debe haber un buen hombre.

Constancia hizo un gesto de impaciencia y su voz se salió de control.

– A veces lo odio, no soy capaz de complacerlo de ninguna manera. Ya es bastante difícil permanecer en la misma habitación; soportar su presencia es como vivir en el infierno. Este es mi Calvario, donde pago por todos mis pecados. Sus ausencias son como un bálsamo, un respiro para mi alma cansada. Estoy segura que algún día encontraré la paz que merezco. Confieso que muchas veces, en las oraciones, pido que Don Felipe sucumba en alguna batalla, a manos del enemigo. Solo entonces alcanzaría la paz y la felicidad.

Al exponer sus sentimientos a sus hijos, estallaron en un llanto convulsivo. Augusto se había acostumbrado a los arrebatos de su madre. Sabía que sería casi imposible revertir la situación de animosidad en la que vivían. Sin embargo, intentó paliarlo.

Ya era de noche y padre e hijo aun estaban muy lejos. No podían ver el castillo y la temperatura había bajado bruscamente; ambos demostraron cansancio físico y emocional.

---

[1] Mateo, 5:20

Alejandro, que era plenamente consciente de la naturaleza de su padre, sabía que no tenía intención de investigar los hechos; solo seguiría sus impulsos. Y eso le hizo temblar.

Empezó a nevar, lo que hizo imposible cruzar la llanura. Los caballeros decidieron entonces pasar la noche en la casa más cercana, la de un campesino.

– ¡Papá, por favor, hablemos! – Insistió el chico en sacar a relucir el tema del día –. Es nuestro deber investigar todos los hechos; necesitamos escuchar a mamá y a Augusto, y también a la gente del pueblo. No es aconsejable tomar acciones que tendrán consecuencias nefastas...

– ¡Vamos, hijo mío! El frío aquí aprieta. Será mejor que paremos en casa de Sebastián. Tiene chimenea y podremos calentarnos antes de morir congelados.

El día terminó. La condesa, en el castillo, notó que nevaba y la temperatura bajaba en picada.

– Me sorprende que tu padre y Alejandro no hayan regresado hasta ahora. Si todavía deciden venir hoy sería una locura, con este frío.

Augusto se acercó a la ventana, como su madre, observando el patio nevado.

– Creo que fueron a casa de Don Fernando y no pudieron regresar; está nevando mucho.

– Tienes razón. Están en casa de Don Fernando o en casa de algún aldeano, antes del llano. Comamos, será inútil esperarlos.

Ella y sus dos hijos bajaron abrazados, cantando una vieja canción, sonrientes y felices. En el comedor María los esperaba con mucha comida caliente y suculenta.

12.- Un Amor Imposible

RAQUEL EXTRAÑABA MUCHO a Alejandro. No pasaba un día sin pensar en el guapo chico. Cuántos planes, cuántos sueños... De repente todo parecía tan lejano, incluso inalcanzable. Ya había perdido la esperanza de estar juntos, de ser una familia feliz. Todo había terminado. Sin embargo, cómo esta certeza hizo que le doliera el corazón...

La muchacha era consciente que nunca debería haberse hecho ilusiones; el conde nunca permitiría esa unión, y la propia condesa, que decía amarla como a una hija, se enojó cuando alguien le dijo en broma que ella sería su nuera. Por estas razones, Raquel había mantenido su amor escondido en su corazón. Muchas veces, su anhelo era tan fuerte que se quedaba en un rincón llorando suavemente, recordando la sonrisa franca y la atractiva figura de su amado. Jacob, consciente de esta tristeza, del amor retraído y contenido que tanto sufrimiento le causaba, reprendió y trató de consolar a su hija:

– ¡Raquel, no te pongas así! Tu unión con el joven Alejandro siempre fue imposible. Desde el principio hubo muchos impedimentos, querida, y otros irían surgiendo con el tiempo. Pero aun así aparecerá un chico que te hará muy feliz.

– Lo sé, papá – se secó sus lágrimas furtivas –. Lo peor es que nadie gobierna el corazón. Hoy tengo la sensación que Alejandro ha regresado al castillo. ¡Parece que me llama y el anhelo ha aumentado mucho!

– Cambia la dirección de tus pensamientos – le aconsejó –. No dejes que este amor te consuma. Eres demasiado joven para tanto sufrimiento.

El recuerdo de Alejandro parecía fijo en la mente de Raquel y no hizo nada para olvidarlo.

El viejo judío, guiado por sus amigos espirituales, decidió volver al camino para escapar de Don Fernando.

– Hija, tendremos que salir en unos diez días. Tenemos que darle a nuestra vida un rumbo diferente, buscando una ciudad próspera y lejos de la vista de Don Fernando. Nos iremos a Barcelona y si no es suficiente nos alejaremos más. Logré ahorrar algo de dinero; podremos montar una pequeña empresa y tal vez recuperar nuestras identidades.

– Pero papá, ¿vamos a dejar a Ana y a nuestros amigos, después de tantos favores?

– Querida, nuestra prima sabe que estamos de paso. Y en cuanto a amigos, podemos hacer otros. Aquí corremos peligro de ser descubiertos. Vuelvo a tener la sensación que algo muy malo está pasando y que las búsquedas aumentarán. Es bueno estar preparado para la partida. Todo debe estar listo, el carro y nuestras pertenencias.

Ana, que estaba en casa, lo escuchó y entró en la habitación con la mirada baja.

– Te extrañaré mucho, pero mi corazón también está apesadumbrado, sintiendo la proximidad de un gran peligro. Es como si un grupo de murciélagos sobrevolara el pueblo buscándote, aunque la luz que siempre les acompaña no les permite verlos. En realidad Jacob tiene razón, es muy peligroso. Deben refugiarse en un lugar más lejano.

Raquel, entristecida, estaba sentada en un rincón rasgueando una canción judía en su cítara. La música era un lamento, que hizo llorar a Jacob y Ana, haciéndoles recordar a sus antepasados.

– Papá, ¿cuándo vamos a dejar de huir? ¿Cuándo dejaremos de tener miedo? Vivo con la impresión que Don Fernando cruzará la puerta en cualquier momento. Por favor díganme el verdadero motivo de esta persecución. ¿Qué tiene contra nosotros?

– Don Fernando es un enemigo implacable – La voz de Jacob era ronca y emotiva.

– ¿Has descubierto algún secreto? ¿Y ese es el precio que tenemos que pagar?

– La vida a veces nos enreda con determinadas criaturas sin que podamos entender por qué. Conozco secretos que me gustaría ignorar; llegó a mis oídos por casualidad. Podría haberlos usado para beneficiarme, pero terminaron causándonos daño a ambos. Son tan serios que prefiero que no los sepas. Involucran a otras personas. Pero nada sucede por casualidad.

Lejos de donde Raquel y Jacob conversaban, Alejandro intentaba calentarse junto a la chimenea. Mirando concentrado en el fuego, pareció no notar nada a su alrededor. Don Felipe durmió a su lado después de beber mucho vino. Habían desistido de aventurarse en el valle, ya que nevaba mucho y corrían el riesgo de morir congelados. Entonces, se alojaban en la casa de un aldeano en el camino hacia el castillo de Don Fernando. Era la mejor casa del barrio, a pesar de su sencillez.

El chico no podía dormir. El anhelo fue mayor esa noche, sentía que le dolía el pecho. Lo que más quería era estar con Raquel, poder abrazarla. Con los ojos fijos en las llamas, le pareció ver a la niña allí.

De repente su imagen ganó claridad. Cuando Alejandro extendió la mano para tocarla, desapareció.

Raquel, que dormía lejos, se despertó asustada.

– Papá, soñé con Alejandro. Me habló de Don Fernando y nos pidió que nos escondiéramos. Estoy muy asustada.

– Bueno hija, te quedaste dormida pensando en el chico. Quizás eso fue lo que la hizo soñar con él.

– Estoy segura que lo vi – comentó, recostándose nuevamente –. Estaba frente a una chimenea, me miró con los ojos llenos de lágrimas y dijo que su padre había creído en la infamia de Don Fernando.

Jacob se levantó de un salto.

– Por eso el ángel del Señor nos pidió que nos fuéramos. La persecución volverá más violenta. Dios nos proteja. Tan pronto como el tiempo empiece a mejorar deberíamos volver a la carretera.

13.- Unión Familiar

EL DÍA TARDO MUCHO EN ILUMINARSE. Hacía frío, las nubes oscuras amenazaban con otra tormenta. Alejandro y su padre bebieron una jarra de vino y comieron un trozo de pan. El aldeano ya había enjaezado los caballos. Don Felipe miró al cielo, preocupado.

– Vámonos rápido, hijo, o no podremos cruzar el llano.

Los jinetes se dirigieron hacia el valle, cabalgando lo más rápido que pudieron. El chico niño intentó sondear lo que estaba pasando dentro de su padre.

– Padre, sabes cuánto te amo y cuánto podría hacer en la vida para hacerte feliz. En nombre de esta amistad que nos tenemos, te pido: no te apresures con mi madre y mi hermano. La información que tengo es diferente a la que recibiste; realmente me gustaría que me escucharas.

El conde no dijo nada y eso hizo temblar a Alejandro. Consciente de su temperamento violento, temió por la vida de su madre y su hermano.

– ¿Has oído hablar alguna vez de la implicación de mi madre con la magia?

– ¡No! – Exclamó sacudiendo la cabeza.

– Ya habrás notado que mamá no es muy religiosa. Solo va a misa y nunca pasa horas arrodillada frente a una imagen. Se asusta cuando habla de muertos y demonios. ¿Cómo se vincularía la brujería? - Sin recibir respuesta, continuó:

– ¿Recuerdas ese juego que inventamos Augusto y yo, de hacer ruidos por las noches moviendo las cortinas de sus habitaciones?

– Y por supuesto que sí. Casi muere de miedo. Tuvimos que llamar a un médico; Constancia se desmayó durante horas.

– Pues bien, papá. Ella está realmente aterrorizada por lo sobrenatural. ¿Cómo podría participar en rituales macabros?

El conde se acarició la barba y asintió con la cabeza.

– Papá, tal vez sea otra persona. Ya sabes que la gente habla demasiado, inventa historias. En la época que asustábamos a mi madre, se decía que el castillo estaba embrujado y que allí había muchos demonios.

– Es verdad. Recuerdo que les costó mucho parar los comentarios, y que muchos servidores ya no querían trabajar para nosotros.

– Eso es lo que intento decir: si no hubieras participado en los juegos y no hubieras escuchado casos así, incluso podrías creer en todas esas tonterías.

Don Felipe estaba pensativo. Quizás el joven tenía razón y Don Fernando exageró. Hubo demasiados comentarios. Sin embargo, una cosa era cierta: donde hay humo, hay fuego; y descubriría la verdad.

Después de una difícil travesía, finalmente vieron el castillo. Caía una lluvia fina y helada. El conde exhaló un suspiro de alivio.

– ¡Gracias a Dios, nuestro castillo! ¡Pensé que nunca llegaría!

El centinela vio a los dos caballeros a lo lejos y dio órdenes de que se abrieran las puertas. Llegaron jadeantes y mojados, con mucho frío.

María se apresuró a traer vino para calentarlos.

– ¡Mi buena María, siempre servicial y atenta para complacernos! – Alejandro tomó la taza de las manos de la criada.

– Mis amos, ropa seca y abrigada ya está en sus habitaciones. No queremos que se enfermen.

Ambos subieron a cambiarse de ropa.

Constancia, en la habitación contigua a la de su marido, esperaba que él hablara. Su intención, según el humor del conde, era ocuparse del problema de la criada Joana. Sabía lo doloroso que sería, pero era un asunto necesario.

En cuanto a Don Felipe, estaba agotado y decidió esperar otra oportunidad para hablar con su esposa. No se sentía en condiciones de sacar a relucir el tema del anciano judío, ni de acusarla de ser su cómplice.

En su cama, pensó en los acontecimientos del día anterior. Al principio, Don Fernando logró convencerlo; incluso había sentido repugnancia por la condesa y su hijo. Su intención era arrastrarlos al patio del castillo y quemarlos vivos. Después, las reflexiones de Alejandro habían refrescado su ánimo. Necesitaba descansar y reflexionar sobre el asunto para tomar una decisión. Ni siquiera bajó a comer con su familia.

La condesa buscó a su hijo para enterarse de los hechos ocurridos desde su salida el día anterior. Alejandro, ansioso, la esperaba en su habitación para hablar en privado. Se frotó las manos con nerviosismo.

– ¡Mamá, me alegro que hayas venido aquí! Tengo algo muy importante de qué hablar. Sería bueno que Augusto también estuviera presente.

– ¡Habla rápido hijo mío, me estoy poniendo nerviosa! ¿Qué es tan serio para decirme?

El chico se aseguró que nadie estuviera escuchando y, sin hacer ruido, cerró la puerta.

– Ayer, cuando salimos de aquí, a pesar del mal tiempo, papá quería visitar a Don Fernando. Antes pasábamos por el pueblo y no encontrábamos al viejo Jacob, a papá le pareció que había algo raro y traté de traerlo de regreso para explicarle todo. Sin embargo, prefirió escuchar la versión del hombre, quien solo planteó calumnias, acusando al judía de ser un brujo. Afirmó que había muchos rituales macabros, que describió con bárbaros detalles.

La condesa palidecía con cada palabra; sus manos temblaban mientras Alejandro relataba lo que había oído.

– Mamá, eso no es lo peor. Don Fernando te acusó y a Augusto de participar en tales rituales, como cómplices. Quiere incriminarlos hasta el punto de poder quemarlos.

La mujer se perdió las últimas palabras; ella cayó inconsciente sobre la alfombra. Alejandro, que había saltado a tiempo para amortiguar su caída, la colocó en la cama y buscó la ayuda de María. Cuando Constancia recuperó el sentido, sus hermosos ojos azules le parecieron extraños; poco a poco recobró el conocimiento y rápidamente se levantó de la cama. Se llevó la mano a la cara y habló entre sollozos:

– Dios mío, ¿qué será de mí y de mi hijo? Si esta historia sale a la luz, tendremos que enfrentarnos a la furia del conde y de todo el pueblo.

Su hijo, preocupado por su salud, intentó tranquilizarla.

– No debemos actuar apresuradamente. Primero tranquilicémonos y luego veremos cómo defenderlos de las acusaciones. Ese hombre es un verdadero demonio. Instigó a papá de tal manera que el viejo Jacob y Raquel serían cazados como animales incluso por los reinos vecinos. Respecto a ti y a Augusto, no creo que todavía no haya tomado ninguna decisión, porque está reflexionando sobre el asunto y les dará la oportunidad de defenderse. Si esta historia sale de nuestras habitaciones, crecerá tanto que papá perderá el control y terminará involucrado también. Le haremos ver que esto haría tambalear la moral de toda nuestra familia; que seríamos mal vistos en el reino y ante el rey.

Muy pálida, la condesa no podía mantenerse en pie.

– ¡Conoces a tu padre! Ya sabes lo irracional que puede ser; vive de emociones violentas y está influenciado por Don Fernando. Esta podría ser la forma que encontraron los dos para acabar con tu hermano y conmigo. Si Don Fernando decide difundir rumores entre los supersticiosos lugareños, la situación se volverá incontrolable. ¡Creo que lo mejor es que huyamos Augusto y yo!

Alejandro estaba tan conmocionado que no podía hablar sin tartamudear.

– ¡Mamá, no hagas esto bajo ninguna circunstancia! Afrontemos esta situación juntos y utilicemos todos nuestros argumentos para defenderte - María llamó suavemente y entró.

– Condesa, su marido tiene fiebre alta. Creo que el frío le hizo mucho daño. Si la fiebre no desaparece, tendremos que llamar a un médico.

Sin darse cuenta, Constancia suspiró aliviada.

– Eso es imposible; pasar por la llanura con este tiempo es casi suicida. Usaremos las medicinas y hierbas que tenemos aquí en el castillo e intentaremos reducir la fiebre.

Ayudada por su hijo, se levantó y caminó hasta la habitación del conde. El hombre tendido en la cama, bajo varias mantas, temblaba. Se acercó a la cama y colocó su mano derecha sobre su frente.

– ¡Dios mío, hace tanto calor! Tendremos que medicarlo lo más rápido posible.

María le había proporcionado una infusión de hierbas que la condesa, con gran sacrificio, le hizo beber.

– Mi señora – dijo la criada –, debemos darle la medicina cada hora y cambiarle las compresas de la cabeza cada minuto, para que le baje la fiebre.

– Lo sé, María. Ambas nos turnaremos para realizar la tarea, de día y de noche, si es necesario.

El conde, a pesar de sus delirios, captó el movimiento y olió el perfume de su esposa, que no lo abandonó ni un solo minuto. Fueron tres días y dos noches de fiebre alta. Al final del tercer día, con la temperatura casi normal, abrió los ojos. Constancia, al lado de la cama, estaba medio dormida. Visiblemente agotada, se levantó rápidamente cuando lo notó despierto.

– ¡Gracias a Dios bajó la fiebre! Creo que lo peor ya pasó.

Don Felipe entreabrió los ojos.

– ¿Qué sucedió? Me siento extremadamente cansado.

– Estuviste tres días enfermo, con fiebre muy alta, y no pudimos traer un médico; la llanura es intransitable. Por eso intentamos tratarte con los medicamentos que tenemos aquí y parece que los conocimientos de Augusto dieron sus frutos.

– Pero pareces agotada. Ahora que estoy mejor, deberías descansar; de lo contrario serás la próxima en enfermarte.

Constancia se acercó y le puso una delicada mano en la frente. La apariencia de su marido era tan frágil que le dio pena. Parecía haber perdido el brillo orgulloso que invariablemente tenía en sus ojos.

– ¿Sabes que aun vislumbro en tus rasgos la belleza de la joven que conocí y de la que me enamoré en aquel torneo? Los ojos siguen siendo muy bonitos, a pesar de toda la tristeza que puedo leer en ellos.

Ella se apartó, sintiendo que le ardía la cara.

– Señor, María regresa con una nueva infusión. Como has mejorado, creo que me puedo ir en paz.

– ¡Gracias a Dios el conde está bien! – Exultó María al entrar llevando un jarrón.

– Vete, descansa – dijo mirando a su mujer –. Tu descanso es merecido.

Ese hombre normalmente severo tenía un tono de voz suave y afectuoso que a la condesa le pareció extraño. Hacía muchos años que su marido no mostraba tanta amabilidad en sus tratos. Se sintió más tranquila. La temida conversación, postergada por la enfermedad, tal vez no sería tan difícil y su vida y la de su hijo no estarían en juego.

Salió a trompicones de la habitación, se arrojó en la cama y se quedó dormida inmediatamente.

Alejandro entró a las habitaciones de su padre y abrió una amplia sonrisa al verlo mejor. Augusto vino justo detrás.

– Mira Augusto, por fin papá ya no tiene fiebre. Parece que está empezando a recuperarse.

El conde se mostró contento con la presencia de sus hijos.

– Soy fuerte como un caballo salvaje, no cualquier fiebre puede acabar conmigo.

– Sí, es verdad, eres muy fuerte – dijo el mayor, ya cerca de la cama –. Pero fue la medicina de Augusto y la dedicación de María y de mamá que te curaron.

El padre evitó mirarlos y no respondió. Augusto se paró frente a su hermano y le puso la mano en la frente.

– Por eso quiero estudiar Medicina, aprender más de lo que me enseñó el viejo Jacob.

Don Felipe reaccionó como si hubiera visto al mismísimo diablo cuando su hijo pronunció el nombre del judío.

– ¡No vuelvas a repetir ese maldito nombre! No me dejes pensar que se cura con brujería.

El chico palideció ante la inesperada explosión, pero no se dejó intimidar.

– ¡Padre, fueron las hierbas las que te curaron! Cada vez que enfermabas, Jacob utilizaba el conocimiento que tenía sobre ellas. Nacen en el campo y fue Dios quien las creó para ayudarnos a curar nuestras enfermedades. Todo proviene de Él.

Con la impresión que su padre se había calmado, Alejandro se acercó a él intentando defender a su hermano.

– Padre, piensa en la hermosa elección que hizo Augusto. Salvar vidas es tan noble como ser un caballero. En los campos de batalla necesitamos médicos para aliviar el sufrimiento. Dios te dio un hijo guerrero y ahora te está dando un hijo que salvará muchas vidas. Es un gran regalo.

El conde se llenó de orgullo. Podría llevar a Augusto a los campos de batalla, con otras tareas que también le granjearían una gran admiración. Mirando a los chicos guapos y fuertes, sonrió abiertamente y estiró los brazos.

– Vengan aquí. Quiero darles un fuerte abrazo. Hoy me siento diferente y ambos son motivo de mucho orgullo para este padre.

La tierna escena conmovió a la sirvienta María. Después de todo, ese hombre tenía el corazón latiendo en su pecho. Por primera vez, padre e hijos se quedaron allí, hablando como tres amigos.

Don Felipe había pasado días dolorosos, en los que pensaba que la muerte acechaba alrededor de su cuerpo. La fiebre alta le provocaba visiones horribles. Los dos espíritus que acompañaban a Fernando lo exigieron, lo maldijeron, clamaron venganza y otros, con apariencia deforme, intentaron chuparle la energía. El paciente, apartado de su cuerpo físico, parecía asombrado, incapaz de comprender. Cuando se vio perseguido, se aferró a su cuerpo físico aterrorizado y gritó; a menudo encontraba la mano de su esposa o de uno de sus hijos que lo cuidaban con amor, devolviéndole la serenidad.

El conde era un hombre orgulloso de sus títulos nobiliarios y de su ascendencia de valientes caballeros. Su madre había reforzado su vanidad contándole historias de sus antepasados y sus actos de heroísmo. Proveniente de un linaje directamente vinculado al rey, desde muy joven había sido entrenado por excelentes entrenadores y había conseguido comandar un regimiento entero. En el frente de batalla tuvo liderazgo e ingenio como nadie en el grupo; su actuación le garantizó un lugar destacado ante el rey. Nunca se había preocupado por las cosas del espíritu, pensaba que la religión era para mujeres o para débiles. No tenía costumbre de cultivar buenos pensamientos, ni buena compañía material o espiritual. Abusó del alcohol y la comida. Ahora; sin embargo, con su cuerpo físico mejorando, sintió el beneficio del amor de sus hijos y del afecto de su esposa, y por primera vez reconoció que la salud era una bendición.

– Hijitos míos, tenía la impresión que me moría y criaturas infernales me torturaban en todos los sentidos; mi única salvación estuvo aquí, contigo y con tu madre.

Augusto, atento al estado emocional de su padre, creyó que era el momento de introducir en su mente algunos buenos pensamientos.

– Padre, debemos agradecer a Dios y a Jesús, que escucharon nuestras oraciones por tu salud. Esta es una señal que debemos orar más y buscar vivir en comunión con el divino Maestro.

El conde se secó dos lágrimas que no pudo ocultar.

– En los momentos de mayor angustia escuché a María y a tu madre orar. Fue como un bálsamo para mi alma. ¡Creo que tienes razón, hijo mío! La recuperación fue rápida.

A pesar de permanecer en cama unos días más, fue gentil y amable. La condesa entró en la habitación más relajada, tratando a su marido con cortesía, y no era solo por obligación.

– Señora, nunca te di el valor real a tus cualidades. Creo que nunca me di cuenta de lo hermosa y delicada que eres.

Constancia sintió que se sonrojaba.

– No creo que hayas tenido la oportunidad, nunca estuviste encamado, todo el tiempo estuviste fuera, defendiendo el reino y al rey.

Don Felipe se quedó pensativo y admitió:

– Tienes razón. Nunca pensé en mi familia como debería, ni siquiera observé el desarrollo de mis hijos. Pero Carlos es todavía un niño; entonces tendré tiempo de verlo crecer.

La condesa procuraba ser lo más breve posible en sus conversaciones; En su mayor parte, las tareas fueron realizadas por María.

A los pocos días el conde volvió a cenar en el salón principal.

14.- Problema Alejado

LA CONDESA ESPERÓ el momento oportuno para hablar de Joana. Debido a los acontecimientos que tomaron a todos por sorpresa, ella quedó atrapada en el calabozo.

Al principio la joven gritó hasta quedarse sin voz; entonces solo pudo gemir. Había perdido la noción del tiempo, no sabía cuando era de día o de noche. Si al principio no podía ver nada, poco a poco se fue adaptando a la oscuridad. Le dolía el vaso y el frío le cortaba la carne. Muchas veces se preguntaba dónde estaba el conde que no había venido a sacarla de ese horrible lugar. Las ratas recorrieron la celda y mordieron su cuerpo.

Sus dificultades no fueron mayores gracias a la amabilidad de Augusto, quien, preocupado, les proporcionó mantas y comida para cada día. El chico bajaba al calabozo diariamente para asegurarse que la comida llegara a la joven.

Joana notó su presencia y la llegada de ropa abrigada fue como una bendición. Por otro lado, esto aumentó su miedo, lo que significaba que no saldría de allí pronto.

Augusto no intercambió una sola palabra con ella, ni siquiera cuando fue interrogado.

– Señor, temo por mi vida, por mi salud. Sáquenme de aquí y les estaré eternamente agradecida.

El joven bajó la cabeza para no ver el horror de la escena. Él no respondió. La compasión de su corazón lo llevaría a sacar de allí a aquella infortunada mujer, pero si lo hacía tendría que soportar la furia de su madre y su hermano.

En cuanto al conde, no había notado la ausencia de su sirviente favorita a causa de todos los acontecimientos de los últimos tiempos.

Los días se volvieron cada vez más fríos. El invierno fue duro, la nieve tiñó de blanco todo el paisaje, dándole un aire de monotonía.

Constancia vivía encerrada en sus habitaciones, sin salir siquiera a comer; ella siempre afirmó estar muy cansada y enferma. Sintió una tristeza inmensa, extrañaba a Raquel y la incertidumbre sobre su paradero le dolía el pecho. ¿Dónde estaba la dulce niña? ¿Aun vivía? ¿Y el pobre judío?

La furia de Don Fernando aparentemente se había enfriado y las búsquedas habían disminuido; el duro invierno le impidió salir de casa. Con eso, el corazón de la condesa se calmó, ya que les había estado dando una tregua a todos. Quién sabe, tal vez incluso se olvidaría para siempre de Jacob y de su hija... El conde, por su parte, no había hablado del asunto y no había tenido ningún contacto con su hombre de confianza.

Augusto, temiendo por la vida de Joana, sintió a su madre más tranquila y se convenció que había llegado el momento de volver a un tema tan delicado.

– Mamá, tenemos algo muy importante que resolver – dijo, mientras comprobaba si las puertas estaban cerradas –. No podemos seguir manteniendo encerrada a esa desafortunada mujer ahí abajo, con este frío.

Constancia palideció.

– Pero si la liberamos, ella correrá hacia tu padre y seremos nosotros quienes acabaremos en el calabozo. Creo que lo mejor es dejarla donde está.

– ¡Mamá, esto es inhumano! La pobre está desesperada, temo por su salud mental. Y la situación empeorará mucho cuando papá se dé cuenta que ella ha desaparecido.

– Querido, tenemos que pensar en algo – dijo la madre, nerviosa, frotándose las manos.

Augusto, siempre reflexivo, buscó la solución más conveniente al problema.

– Permíteme sacarla de allí; le explicaremos a mi padre que fue un castigo por todo lo que hizo.

– Hijo, lo conoces bien. Cuando nos diga que estaba espiando por orden suya, nuestras vidas se convertirán en un infierno. Necesitamos otra solución. En mi opinión, deberíamos mantenerla donde está; de esta manera no nos causa ningún problema.

Augusto no aceptó esto. A pesar de estar subordinado a su madre, tenía una sensibilidad y una moral cristiana que no admitía tanta falta de respeto hacia la vida humana.

– Sepa que no estoy de acuerdo y no le ayudaré en ningún propósito desafortunado. No pensé que llegarías tan lejos con el castigo... No tenemos derecho a disponer de la vida de nadie.

Constancia evitó meditar sobre los conceptos de su hijo; solo pensaba en lo complicada que sería su vida si liberaba a Joana.

– Necesito hablar con Alejandro; juntos encontraremos una salida.

Al día siguiente, muy temprano, buscó a su hijo mayor; bajaron al calabozo y sacaron a Joana de la celda cuando todos los sirvientes aun dormían en sus habitaciones. Ellos personalmente enjaezaron dos caballos, uno para Joana y otro para el criado Antonio, y los dos siguieron en la oscuridad.

– Alejandro – le susurró su madre al oído –, ¿estamos tomando la mejor decisión?

– No tengas duda. Con la bolsa de dinero que lleva Joana podrá mantenerse por mucho tiempo. Digámosle a papá que se escapó con un guapo viajero. Él sabe mejor que nadie lo voluptuosa que es la chica...

– Pero puedes decidir ir tras ella, considerándose ofendido.

– Ya tengo todo planeado. Podré convencerlo que no haga semejantes tonterías, aunque seguro que ni siquiera me preguntará al respecto. Instruyamos a Antonio y María y todos de esta historia y encajará.

La condesa sintió que se sonrojaba.

– Mamá, aprovechemos el buen humor de papá. Parece que finalmente tendremos algo de paz.

La conversación con su hijo tuvo el don de calmar a Constancia. Subió a sus habitaciones y volvió a acostarse. El día era frío y María le trajo su comida.

15.- Nuevos Planes

RAQUEL Y JACOB se preparaban para un nuevo viaje. Sabían que el invierno interrumpiría la búsqueda, pero que Don Fernando volvería a perseguirlos tan pronto como mejorara el tiempo. Por tanto, era necesario acceder a la carretera, a pesar del frío.

Habían pasado tres días desde que dejó de llover; los dos prepararon ropa de abrigo, una funda para el carro y comida. Jacob examinó un mapa para localizar los caminos donde se refugiarían durante la noche.

Ana tenía algunos amigos en pueblos cercanos que podían acogerlos sin levantar sospechas. Con mucho coraje y un poco de suerte, los fugitivos encontrarían refugio en las noches más frías que estaban por llegar. De todos modos, la prima seguía insistiendo:

– Jacob, espera a que termine el invierno, entonces será más fácil. Eres mayor y Raquel es una mujer joven lo suficientemente frágil como para afrontar el invierno. Quédate aquí conmigo un poco más; es poco probable que los descubran, principalmente debido a sus disfraces.

– Querida – dijo el anciano después de unos momentos de reflexión –, tú no conoces a Don Fernando. Utilizará toda su influencia para encontrarnos. Debemos salir, distanciarnos y pedirle a Dios que tenga misericordia de nosotros. Raquel y yo nos iremos en dos días.

Como carecía de otros argumentos para cambiar su decisión, Ana comenzó a ayudar a Raquel con los preparativos del viaje.

El cielo naciente de la mañana era de un azul intenso, el Sol brillaba, pero el frío parecía congelar el alma. Los ancianos y niños del pueblo, al enterarse de la partida de sus amigos, vinieron a despedirse.

La vieja prima estaba más gruñona que de costumbre.

– Salgan todos por mi puerta, ¿qué quieren aquí tan temprano?

– Doña Ana, venimos a despedirnos de Jorge y Frederico. Aprendimos que nos gustaron mucho los dos y pensamos que se quedarían más tiempo. Estamos muy tristes de verlos partir.

Aun así, ella continuó despidiéndolos. Ella estaba tomando una escoba para espantarlos cuando Jacob la detuvo:

– Ana, que vean nuestra partida; están aquí porque son nuestros amigos.

Llamando al niño Tadeo, le dio un abrazo. Y luego abrazó, uno a uno, a todos los integrantes del grupo.

La vieja Margarita, preocupada, le tomó la mano con lágrimas en los ojos.

– Don Jorge, nos gustaría que no se fuera. Todos te queremos a ti y a Federico.

Jacob quedó sumamente conmovido al recibir las expresiones de estima de aquellas personas.

– Les agradezco, desde el fondo de mi corazón, tanta demostración de amistad.

Después de despedirse, el judío y su hija subieron al carro y se fueron.

Ana sintió un enorme vacío, acostumbrada como estaba a su grata compañía; ahora estaría sola otra vez.

Jacob y Raquel se fueron con lágrimas en los ojos. Pensativos, no tuvieron el valor de intercambiar palabras. ¿Cuánto tiempo tendrían que huir como criminales? ¿Hasta cuándo tendrían que vivir con miedo, desconfiando de todo y de todos?

El carro avanzaba lentamente por el camino. El día sería largo y frío y apenas comenzaba. Al igual que el rastro, los recuerdos también quedaron atrás. Aquellas dos almas que anhelaban una vida mejor lo siguieron tristemente.

Estaban tan absortos en sus pensamientos que ni siquiera parecían sentir el frío que los castigaba. Fue Jacob quien rompió el silencio:

– Hija, no te preocupes tanto por nuestros disfraces. No hay manera que puedan reconocernos; la gente del pueblo nos conoce como Frederico y Jorge. No quedaba ninguna pista que llevara a nadie a estar a la altura de la recompensa ofrecida por cualquier información sobre nosotros.

La joven dejó escapar de sus ojos dos lágrimas furtivas.

– ¿Y si encontramos a alguien que nos conoció de antes y que nos identifica detrás de los disfraces?

El anciano se ajustó el sombrero, tapándose las orejas.

– Debemos confiar en Dios, que nos ha dado innumerables pruebas de su protección, enviando su ángel.

Estas palabras trajeron mayor serenidad a Raquel. Llevaban unas horas de viaje cuando vieron una obra en construcción.

– Es la posada del señor Francisco, conocido de Ana. Se hace tarde, dentro de dos horas debería oscurecer. Por esta noche nos refugiaremos aquí.

Condujo el carro hasta atrás y salió para hablar con el dueño.

– ¿Don Francisco? – Preguntó.

– Sí, soy yo – confirmó el hombre bajo y gordo –. ¿En qué puedo ayudarlo?

Jacob se quitó la gorra y le tendió la mano.

– Mi nombre es Jorge; mi hijo Federico y yo quisiéramos pasar la noche en su posada.

– Tengo dos habitaciones libres arriba – informó el posadero –. Durante el invierno viene poca gente, incluso a tomar una taza de vino. ¿Qué te trae por estos lugares en el frío?

La expresión de Jacob era aprensiva cuando respondió:

– Escuché que mi hijo mayor había contraído una enfermedad grave y nos llamaba a mí y a su hermano. Temiendo por su vida, tengo que arriesgarme y cruzar los campos con este frío, porque quiero encontrarlo vivo.

El otro lo miró a los ojos.

– Realmente es un buen motivo para salir de casa, lo que no disminuye mi admiración por tu valentía. Si deseas alojar a tu hijo, la habitación está limpia y dispone de mantas. Mi esposa preparará un caldo caliente que los revivirá. Cobro cinco monedas por adelantado por la estancia de la noche.

Jacob le dio las gracias, se acercó al carro y sacó sus cosas, que Raquel ayudó a cargar. El señor Francisco también los ayudó, llevándolos a la habitación que ocuparían.

– Empacamos tus pertenencias y luego llevaremos el caballo al establo.

La mujer del posadero, una señora de piel muy blanca, regordeta y simpática, quedó impresionada con Raquel.

– Don Jorge, ¡qué chico tan guapo es tu hijo! Cuando crezca más y gane cuerpo...

Jacob le agradeció con una sonrisa y un gesto de asentimiento.

– Es muy parecido a mi esposa, que era una mujer de extrema belleza.

María Dolores - así se llamaba - también sonrió.

– Chico, no te enojes con mi broma. Es solo que tiene la fisonomía y la piel delicada de una niña. Espero que Dios te envíe una linda barba!

Inquieto por tales comentarios, Jacob se apresuró a justificarse:

– Señora, Frederico es apenas un niño de doce años; hay mucho tiempo para crecer y dejarse crecer la barba.

Jacob y Francisco condujeron el caballo y el carro hasta la cochera. Mientras tanto, Dolores ayudó a Raquel a colocar sus pertenencias en la habitación, sin dejar de hacer preguntas. La niña parecía avergonzada y repitió las mismas respuestas varias veces. Finalmente la mujer sirvió la sopa caliente y los dos, agotados, pudieron retirarse.

– Francisco, ¿no es muy raro ese chico? – Ella permaneció intrigada.

– Bueno, sigues encontrando todo y a todos extraños... ¿Qué le pasa?

La mujer se acercó al oído de su marido y le susurró:

- No es un niño, es una niña.

– ¡Esto es muy bueno! – Se rio el hombre.

– Es una niña vestida de niño. Todavía voy a comprobarlo, o ya no me llamo Dolores - como era su costumbre dijo entrecerrando sus pequeños ojos.

Jacob y Raquel estaban tan cansados que durmieron toda la noche. El padre fue el primero en despertarse, con el Sol entrando por la ventana.

– Despierta hija, tenemos que continuar nuestro viaje; Parece que el tiempo mejorará.

La niña se levantó frotándose los ojos.

– Todavía tengo mucho frío. En ese momento alguien llamó a la puerta.

– Señor Jorge, soy yo, Dolores. Tengo pan calentito esperándote.

Los dos rápidamente empacaron sus pertenencias y bajaron las escaleras. La mesa ya estaba puesta para el desayuno. Los invitados comieron con gran entusiasmo.

– Doña Dolores, le agradecemos su amabilidad. Ahora tenemos que irnos. Tengo miedo de no encontrar vivo a mi hijo Alberto.

Una vez más la mujer les lanzó a ambos preguntas, que intentaron responder con estricto criterio.

– ¿Por qué no te quedas unos días más? El tiempo debería mejorar.

– Es imposible – respondió Jacob – La distancia es larga y tenemos que darnos prisa. ¡Adiós señora!

Cuando el carro desapareció en el camino, Francisco se volvió hacia su esposa.

– ¿Estás satisfecho? Todo su interrogatorio ha sido respondido.

– No, lo que escuché no me satisfizo – su aire era irónico –. Sigo pensando que algo anda mal con ese chico, y terminaré averiguándolo.

Aunque iban lentamente, Raquel y Jacob lograron alejarse cada vez más de Medina y Don Fernando. El camino fue difícil, hubo muchos hoyos y resbalones provocados por la lluvia. El Sol solo brilló hasta el mediodía. Pronto una lluvia fina y fría cortó el camino y golpeó de frente a nuestros fugitivos. A pesar de su apariencia frágil, Raquel ayudó a su padre a conducir el carro.

Un profundo silencio se instaló entre los dos viajeros; debido a la tristeza y la incertidumbre sobre el futuro, ni uno ni otro se atrevieron a romperlo. Después de muchas horas, Jacob detuvo el caballo y evaluó el terreno a los lados del camino.

– Hija mía, estoy cansado y hambriento. Creo que es bueno parar a comer algo.

La niña le dio la mano al anciano y bajaron.

– Estamos mojados, la lluvia no para. ¡Tengo frío, papá!

Jacob volvió sus ojos tristes al suelo.

– Querida, creo que deberíamos buscar una casa al costado del camino o algún pueblo cercano para refugiarnos.

Raquel tomó un trozo de pan, lo partió por la mitad y le dio una parte a su padre.

– ¿Estamos en riesgo de ser reconocidos?

– No lo creo, querida. La mujer de la posada solo sospechó que eras una niña, y no que fuéramos el judío y su hija.

– Estoy cansada, no creo que lo logremos.

Raquel comió el pan entre lágrimas, mientras su padre se secaba las lágrimas que corrían por su piel arrugada.

– Necesitamos tener fe. Confiemos en Jesús y su misericordia, así como en los ángeles que nos han guiado y consolado hasta ahora. Si no podemos llegar a Barcelona, será nuestro fin; iremos al fuego como magos.

En ese momento la niña lloraba profusamente.

– Como señaló la prima Ana, tú ya eres mayor y yo solo soy una niña. Somos frágiles, papá, y parece que el mundo está en nuestra contra.

– Recuerda, hija: si Dios está con nosotros y nosotros con él, ¿quién contra nosotros? Eso es lo más importante. Todo será posible para nosotros, siempre y cuando mantengamos la confianza y ofrezcamos a la vida lo mejor de nosotros. Dios espera que hagamos nuestra parte. ¡Vamos a rezar!

Se arrodillaron sobre el suelo mojado y con las manos juntas, en una oración que salía del corazón, Jacob oró.

- "Padre de bondad infinita, Señor, que enviaste a tu hijo Jesús al pueblo elegido, ten piedad de estos pobres servidores. Alivia nuestros sufrimientos, si somos dignos de esta gracia. Suaviza nuestros corazones, dándonos la fe y la esperanza necesarias para días mejores. Que el amado Jesús, que dio su vida por nosotros, ilumine nuestros caminos. Misericordia, divino Padre, a nuestros enemigos, y que sus corazones se ablanden ante tu luz.

Ten piedad, Señor, también de nosotros, pobres pecadores, para que aceptemos tus designios sin rebelarnos, procurando tener ojos benignos y caritativos. Hágase tu voluntad, Padre de la vida. Somos tus servidores ahora y siempre. Que así sea."

En el plano espiritual, una luz muy clara se derramó sobre las frentes de los dos peregrinos. Raquel se sintió revitalizada y su padre lloró suavemente, con el corazón agradecido.

– Vamos hija mía, tendremos que caminar otras dos horas más hasta encontrar refugio para la noche siguiente.

Caminaron el resto del camino en silencio. Jacob en oración y la joven pensando en amigos que se estaban volviendo cada vez más distantes y a quienes temía no volver a ver. Después de aproximadamente una hora, apareció una casa blanca a lo lejos.

– ¡Papá, mira ahí al costado del camino! – Exclamó Raquel –. Es una casa y parece estar vacía.

Se acercaron hasta detenerse frente a la puerta y bajaron a investigar.

– Está realmente abandonada – dijo Jacob – Los residentes deben haberse ido a toda prisa; los platos están sucios sobre la mesa, hay mantas polvorientas sobre las camas y cenizas en la chimenea.

– Tengo miedo. No creo que debamos quedarnos, hay algo extraño aquí.

Jacob examinó todo a su alrededor, asegurándose que la casa estuviera deshabitada.

– Parece que han pasado meses desde que alguien entró aquí. Y estamos de paso... Necesitamos descansar al menos dos días, hasta que deje de llover.

Mientras Raquel quitaba el polvo, Jacob fue a buscar leña seca para defenderse del frío. Una vez que se encendió el fuego y la habitación quedó limpia, el ambiente se volvió acogedor.

- Papá, tengo el presentimiento que después de todo vamos a tener una noche tranquila.

Se sentaron y comieron lo que habían traído. Después de terminar la sencilla comida, Jacob tomó una manta para mantenerse abrigado.

– Estoy cansado, hija mía, pero mañana me sentiré mucho mejor.

Afuera, en la noche oscura, caía una llovizna ligera e ininterrumpida.

El día amaneció oscuro y amenazaba con seguir lloviendo. La joven tomó algo de comer y se dirigió a la cama donde dormía Jacob.

– Papá, el día ya es tarde y aun no ha salido el Sol. Hice un poco de té caliente

No abrió los ojos. Ya preocupada, la hija se acercó.

– Despierta, ya has dormido mucho.

El anciano permaneció inmóvil, sin dar señal alguna de haberla oído. Raquel, asustada, empezó a sacudirlo.

– Por favor, papá, abre los ojos. ¡Responde! Fue entonces cuando notó que ardía de fiebre.

– Estás enfermo. ¿Qué hago ahora?

Jacob, con esfuerzo, abrió los ojos, pero deliraba, pronunciando palabras inconexas. La joven sabía manejar las medicinas de su padre, quien nunca dejaba de traer consigo las hierbas milagrosas, como él las llamaba. Añadió más leña al fuego, manteniendo la habitación caliente. Separó algunos preparados que empezó a darle cada hora; la chimenea estuvo encendida todo el tiempo. Fueron tres días y tres noches de fiebre alta y delirio. Al cuarto día, el anciano abrió los ojos y vio a Raquel, que, exhausta, había dormido apoyada en el borde de la cama.

– Hija mía, ¿estás bien?

Se despertó asustada y pronto llegó el alivio.

– ¡Padre! Dios escuchó mis oraciones. Parece que la fiebre ha bajado.

– No me siento bien. El cuerpo está dolorido y muy cansado.

– Por eso vas a beber un poco de caldo que preparé – dijo arrodillándose junto a la cama –. ¿Qué haría en este mundo sin ti? Si Dios te llevara, yo también tendría que morir.

Con gran esfuerzo, Jacob superó la dificultad de sentarse.

– ¡No digas eso, querida! Dios, en su infinita misericordia, nunca nos abandona.

– Sí, estoy segura de eso. Bueno, ahora voy por tu caldo.

Cuando la vio regresar trayendo la comida caliente, el viejo judío exhortó:

– Agradezcamos al Padre por todo lo bueno que nos ha pasado en los últimos días.

Durante unos minutos los dos estuvieron abrazados y emocionados. Luego bebió el caldo y se sintió más fuerte.

Pasaron los días. Raquel arregló la casita, que acabó adquiriendo un aspecto más agradable. En una conversación con su padre, que permanecía postrado en cama, le preguntó una vez:

– Me pregunto quiénes vivían aquí y por qué se fueron con tanta prisa...

– No tengo idea – dijo, sentándose en la cama –, pero creo que es una razón seria. Nadie sale de casa así de repente... ¡Y debes saber que esto es inquietante para mí!

La hija llegó a la puerta del dormitorio.

– Parece que lleva tanto tiempo abandonada... – consideró –. Y estamos tan lejos de todo y de todos que durante mucho tiempo, con este frío, nadie debería notar nuestra presencia.

Jacob se acostó nuevamente.

– Tienes razón, mis temores son exagerados. Además, todavía me siento demasiado débil para continuar nuestro viaje. Si nos vuelve a llover, no sé si llegaremos a nuestro destino. Lo más seguro es esperar a que termine el invierno.

– Nuestros suministros se están acabando. Necesitaremos conseguir suministros de un pueblo cercano.

– Si querida. Según mi mapa hay un pueblo más al norte, como a media hora a caballo. Simplemente no quiero que vayas sola.

– No hay otra manera. Estás tan débil que no podrás levantarte de la cama durante varios días. Seguro que saliendo temprano volveré antes de la hora de comer. Estaré bien vestido y nadie me reconocerá.

Ella estaba decidida y Jacob sabía que no podía actuar de otra manera. Era necesario correr el riesgo.

Al día siguiente, su padre aun dormía cuando Raquel ensilló al animal y se dirigió al pueblo. El Sol iluminó la fría mañana. Unos cuarenta minutos después vio el lugar. Solo unos pocos niños estaban emocionados jugando fuera de casa. Su llegada despertó cierta curiosidad.

– Niño – la niña saludó a un niño de unos once años –. Necesito hablar con tu madre.

Corrió a llamar a alguien y pronto apareció una mujer delgada y con mirada aprensiva. Posó sus ojos en el supuesto chico, sonriendo.

– ¡Hola, dime! ¿Quieres hablar conmigo?

– Sí, señora. Soy Frederico. Mi papá y yo viajamos de regreso a casa y nos quedamos sin suministros. ¿Hay alguien en este pueblo que pueda venderme algo?

– Joven, en la última casa vive Don Hernandes. Tiene la costumbre de hacer buenas provisiones para el invierno. Debe tener algo que venderte. Él es quien siempre nos arregla las cosas cuando nos falta.

Raquel caminó hasta allí; era la casa más grande del pueblo. Llamó y esperó a que apareciera alguien. Una joven que debía tener catorce años, con mirada triste, apareció por la ventana.

– Espera un momento, mi padre vendrá a ayudarte.

Un hombre de unos 35 años, vestido con ropa gruesa de invierno, abrió la puerta; se frotó las manos para calentarlas.

– Dime chico. ¿Buscando a alguien? ¿En qué puedo ayudarte?

– Don Hernandes – dijo Raquel –, quisiera que me vendiera algo de comida.

– Has venido al lugar indicado – respondió con una sonrisa –. Tengo la costumbre de vender todo el excedente de lo que almaceno en los pueblos vecinos, y hoy decidí quedarme. Entra y veamos lo que quieres.

Entró con su pequeño bolso de monedas. Eligió los productos que necesitaba, colocándolos en una bolsa.

– ¿Cómo te llamas, muchacho? – Preguntó Hernández.

– Frederico – informó puntualmente.

– Eres tan joven para salir solo a estos campos infestados de malhechores...

– Mi padre está enfermo y se nos acabaron las provisiones. Me obligaron a venir, pero tengo que volver lo antes posible.

– Si necesitas más y no estoy, mi hija Amélia puede ayudarte – dijo el hombre con una sonrisa.

– Se lo agradezco mucho, señor. Ahora que conozco el lugar, es más fácil.

Raquel subió al caballo y se fue inmediatamente; tembló de miedo al pensar que pudiera despertar alguna sospecha. Lo peor fue que tuvo dificultades para regresar. Ya eran las tres de la tarde cuando encontró el camino a casa. Cuando finalmente llegó, encontró a Jacob angustiado, más abatido que por la mañana.

– Papá, ¿por qué te levantaste de la cama? ¿No te pedí que te acostaras y te taparas para protegerte del frío?

Jacob se acostó nuevamente con la ayuda de su hija.

– Fue ansiedad. Tardaste demasiado, querida.

– El pueblo no está lejos. En el camino de regreso estuve un poco confundida, pero logré comprar comida para unos días.

Con un poco de esfuerzo entró la bolsa en la casa.

– Hija mía, ¿notaste algún movimiento extraño, escuchaste alguna pregunta o comentario preocupante?

– No, papá. La gente estaba encerrada en sus casas y el hombre que me vendía la comida no mostraba ningún signo de desconfianza.

Jacob levantó ambas manos.

– ¡Oh, gracias a Dios! ¡Gracias a Dios!

– Vamos, necesitas comer para fortalecerte; ¡apuesto a que aun no has comido nada! En cuanto mejores, continuaremos nuestro viaje. Encontraremos el rumbo de nuestras vidas y seremos felices, tú y yo, siempre juntos hasta el final.

Se acercó y le dio un beso en la frente.

– Eres mi tesoro, así que tienes que recuperarte pronto. Eres el mejor padre del mundo. Para mí no hay nadie más importante ni más querido.

Jacob no pudo contener las lágrimas que corrían por su rostro.

– Yo también te amo mucho, y le he pedido a Dios que no me deje morir antes de resguardarte en un lugar seguro, libre de las garras de ese monstruo. Eres lo mejor que la vida nos dio a mí y a tu madre.

Se abrazaron sintiendo la felicidad de estar uno al lado del otro en un momento de tantas pruebas. Mientras afuera el viento golpeaba sin piedad, esos dos corazones latían al suave ritmo del amor fraternal, que sostiene y consuela a las criaturas en los momentos más difíciles de la vida.

La joven preparó la comida y sirvió a su padre, que parecía más emocionado. Hablaron mucho, hicieron planes para el futuro y soñaron con una vida mejor. Antes de irse a dormir, Jacob hizo sus oraciones, como de costumbre. En un ambiente que parecía iluminarse, nuestros amigos buscaron descanso y renovación de energías.

16.- Secretos

FERNANDO NO RENUNCIÓ a llegar a la condesa y a su hijo, y se comprometió a buscar la mejor manera de hacerlo. Incluso consideró la posibilidad de una emboscada, si no había otra salida.

Tras lanzar las calumnias, era urgente saber si habían surtido algún efecto. Como el frío le había hecho perder contacto con el castillo, se preguntó cómo estaría la cabeza del conde. No pudo contener la ansiedad de saborear los resultados de lo que le había dicho en su último encuentro. Vio a la condesa sufrir todo tipo de malos tratos, lo que le produjo gran satisfacción. Probó la venganza de antemano.

Pensó en esa mujer obstinada a la que nunca podría manipular, ni siquiera con su sórdido chantaje. Cuántas veces había pensado que la tenía en sus manos y se le había escapado entre los dedos... Y ese maldito judío siempre estaba tratando de protegerla, siempre interponiéndose en sus planes. Se reía solo de pensar en el precio que Jacob estaba pagando y seguiría pagando por ir a donde no fue llamado.

El frío lo había dejado más delgado y pálido, debido a la fuerte gripe, pero no había alterado sus intenciones. Tenía intención de intensificar las búsquedas de Jacob y Raquel, creyendo que al mismo tiempo que capturaba al anciano también llevaría a la condesa y a su hijo a un solo fuego.

Alimentándose del odio, día y noche planeó una terrible venganza. Todos en la casa oyeron su risa y sus sirvientes pensaron que el hombre se estaba volviendo loco.

El tiempo empezó a mejorar, el frío perdió intensidad; con la llegada de la primavera ya era posible cruzar la llanura sin problemas.

El conde estuvo ocupado en reuniones con otros nobles y el rey, ocupándose de organizar una nueva cruzada. Un día llegó emocionado y con noticias fue a buscar a su hijo mayor.

- Alejandro, debemos prepararnos. Creo que en un mes como máximo deberíamos presentarnos ante el rey. Don Alfonso aun no ha conseguido hacer las paces con el sultán Mohamed y, si no hay acuerdo, volveremos al campo de batalla.

El chico estaba emocionado.

- Toda la razón, papá. No podemos permitir que esos herejes permanezcan en nuestras tierras. Debemos llevar nuestra bandera cristiana a los cuatro rincones de la península.

- ¡Así es, hijo mío! – El conde lo abrazó, conmovido –. Tenemos el deber de luchar por nuestros principios e ideales; no podemos permitir que los herejes sigan viviendo bajo nuestras barbas.

Constancia escuchó el diálogo, muy preocupada. Siempre había sido consciente de las sangrientas luchas que desde hacía tiempo sostenían los cristianos con los moros para reconquistar la Península Ibérica. Los musulmanes, que cada vez perdían más espacio, se encontraban ahora al sur, en la pequeña franja de tierra de Granada.

En las sangrientas disputas, ambos bandos se dejaban llevar por el fanatismo religioso, que impulsaba a los soldados a llevar la guerra a consecuencias finales. Incontables vidas, en la flor de su juventud, habían sido arrebatadas a lo largo de muchos siglos.

Temerosa por la suerte de su pequeño hijo, la condesa se atrevió a entrar en la habitación e interferir en la conversación.

– Don Felipe, mi marido, con tantas cosas importantes que resolver en nuestras propiedades, ¿por qué ir a la guerra a tierras lejanas? Que los moros vivan su vida y nosotros cuidemos la nuestra. Tenemos tierra para todos. Mi propio hermano perdió la vida en esa loca pelea.

– No te pedimos tu opinión – respondió el conde con disgusto ante la inoportuna intrusión de su esposa –. El tema es de hombres, no queremos tu presencia. Doña Constancia, vete ahora; ¡no me obligues a tomar medidas drásticas!

Alejandro intentó calmar a su padre:

– Mamá solo habla con el corazón herido por haber perdido a su hermano. Tratar de entender; su mayor preocupación es que nosotros también caigamos en el campo de batalla.

La mujer palideció, a punto de desmayarse. Sintió que le faltaba el aire y todo daba vueltas. Augusto, que bajaba las escaleras, se dio cuenta y corrió a apoyarla.

Al ver a su esposa inconsciente, Don Felipe se irritó aun más.

– Odio a las mujeres débiles. Cada vez que me enojo ella se desmaya; puede arruinar toda la alegría de una buena conversación con mi hijo.

Augusto frotó las muñecas de su madre para reanimarla. Alejandro y María vinieron con aromas, pero Constancia todavía estaba pálida y fría. El primogénito se puso inquieto.

– Creo que deberíamos llamar a un médico; no vuelve en sí, lleva mucho tiempo inconsciente.

Después de muchos masajes con hierbas, la condesa recuperó el conocimiento, pero no se sentía bien. En su pecho, su corazón latía rápido.

Augusto la colocó en la cama.

– Mamá, estás muy agitada; eso daña tu salud.

– ¿Cómo puedo mantener la calma – dijo llorando –, si mi hijo va a volver a esta maldita guerra? Temo por su vida, mi corazón está todo en sufrimiento.

– Madre, debemos pedir la protección de Dios. Este es el camino elegido por Alejandro.

– No, Augusto, fue tu padre quien lo impuso. Siempre lo animó a desarrollarse en las peleas y las armas; incluso le consiguió un entrenador especial.

El hijo ajustó la almohada e hizo que la condesa se recostara.

– Mi hermano tiene espíritu militar. Papá lo intentó conmigo y no pudo. ¡Ya sabes el orgullo que te trae Alejandro! Para él es muy importante tener al menos un hijo guerrero. El rey valora a sus hombres por su valentía, es gracias a ellos que los moros ya no avanzan; por el contrario, están retrocediendo cada vez más. Si no hubiésemos impuesto nuestra fuerza nos hubieran masacrado y hubieran conquistado toda la península. Aunque las guerras solo nos traen tristeza, en el mundo en el que vivimos gana el más fuerte, y quien huye de la lucha se verá obligado a vivir sometido. No choques con papá; es inevitable acabar en agotamiento físico y emocional por ambas partes.

Después de una breve pausa en la que su madre reflexionó sobre sus consideraciones, Augusto habló animadamente:

– ¡Ahora la mujer más bella del mundo sonreirá y calmará su corazón, dándole un abrazo a su hijo que promete nunca dejarla para ir a la guerra! ¡Vamos, quiero verte feliz y saludable! Carlos y yo te necesitamos mucho. Y necesitas acostumbrarte a ver a Alejandro ir a la guerra, lo cual es motivo de orgullo para muchas madres.

Constancia se secó las lágrimas y lo abrazó; el color pareció regresar a su rostro. Hablar con Augusto le hacía bien, él sabía cómo calmarla.

– ¡Lo sé, hijo mío! Ya no hablaré más de este tema con tu padre y prometo hacer todo lo que pueda para controlarme hasta que tu hermano se vaya.

En este punto de la conversación, el conde entró en los aposentos de su esposa. Mostrando que todavía estaba muy enojado, utilizó la ironía:

– ¡Parece que ha revivido! Pensé que se había desmayado para siempre.

Tragó saliva y trató de darle a su voz un tono tranquilo.

– Ya estoy bien, marido mío. Puedo, a partir de mañana, prepararme para tu partida y la de mi hijo. Mi deseo es verte feliz, quiero que salgas de este castillo con un ambiente festivo. ¿Cuántas esposas y madres pueden tener héroes en su hogar?

Don Felipe se sintió avergonzado. No esperaba una respuesta tan entusiasta después de tanto desacuerdo.

– Bueno, veo que tu desmayo ha puesto las cosas en su sitio. Finalmente, estamos hablando el mismo idioma. La posición que tomaste me hace feliz. Pasaremos un rato tranquilo hasta la salida. Será dentro de mes y medio, cuando uniremos nuestras tropas al ejército real.

Aunque sintió que la cama daba vueltas, Constancia intentó mantenerse firme. Decidió no perturbar más la vida de su hijo y no quería volver a estar en desacuerdo con su marido. Hay muchas cuestiones pendientes y será fundamental evitar el enfrentamiento.

La condesa sabía que Don Fernando sacaría a relucir la cuestión del judío y era imperativo combinar cautela y buenos argumentos para su defensa. Posiblemente tendría que encontrar testigos para librarse de acusaciones injustas. Ese hombre, sí, debía haber estado aliado con el diablo, pensó.

La conversación infantil acabó por relajar al castellano. Incluso Carlos, siempre muy retraído, aprovechó la cordialidad reinante y se sentó en el regazo de su padre.

– Papá – dijo tímidamente – Te voy a extrañar mucho a ti y a Alejandro. El castillo estará vacío sin ti.

Ese hombre que nunca se había acostumbrado a prestarle atención a su hijo detuvo su mirada en el niño menudo que hablaba con tanta sinceridad. Le pasó la mano por el pelo rubio.

– Lo sé, hijo mío, veo la verdad en tus ojos. Creo que los extrañaré mucho también; después de todo, ustedes son mi familia. El ambiente en los campos de guerra es muy tenso y extremadamente incómodo.

Constancia sintió compasión al ver a su hijo en brazos de su padre. Carlos siempre había sido muy necesitado. Ella quedó asombrada por la ternura que el niño reveló tener por el conde.

– ¡Ya basta de hablar! – Se levantó, bajando al niño –. Vamos Alejandro, tenemos muchas cosas que poner en orden.

Una vez en sus habitaciones, Carlos acurrucó a su madre en la cama y le dio un beso en la frente.

– Madre, me gustaría ser fuerte como Alejandro, para luchar contra los moros también. Pero si todos fueran a la guerra, nadie se quedaría para protegerte a ti y a nuestro castillo.

– ¡Sí, mi tesoro! – la condesa sonrió ante estas palabras –. Necesito que tú y Augusto me protejan. Y pronto tu hermano irá a Toledo a estudiar Medicina, así que tú y yo estaremos juntos todo el tiempo.

Abrazándola, el niño le preguntó:

– ¿Puedo dormir aquí en tu cama de vez en cuando?

– Sí, querido, sobre todo cuando tengas miedo.

– ¡Papá no puede saber que le tengo mucho miedo a la oscuridad! – Carlos hizo la advertencia hablando en voz baja.

– Es claro que no. Ya prometí que nunca lo diré. Es nuestro secreto.

– Madre, ¿qué secreto guarda Don Fernando sobre ti?

– ¡Ninguno! No hay secretos entre Don Fernando y yo.

– Pero los vi hablando en el balcón y dijo que le iba a contar tus secretos a papá; después de eso te pusiste a llorar.

Constancia se sonrojó, muy nerviosa. Intentó asegurarse que no hubiera nadie cerca.

– Carlos, escuchaste mal y no deberías decírselo a nadie, especialmente a tu padre. ¿Entendiste?

– Sí, mamá, ese es nuestro secreto. Pero si me dijeras todo tal vez podría ayudarte. No tendríamos que aguantar a ese hombre en nuestro castillo.

– No viene aquí por mí y por mis secretos, sino porque está protegido por tu padre.

– ¿Tú también conoces los secretos de papá?

– Tu padre le debe muchos favores a Don Fernando y se lo agradece. Ahora cambiemos de tema y prometamos que nunca hablaremos de esto con nadie; los sirvientes pueden espiar y crear sospechas irrazonables. Bueno, es hora de ver qué se está preparando para nuestro almuerzo.

– Solo quiero preguntar una cosa más.

– Vamos, pregunta.

– ¿Dónde están el señor Jacob y Raquel? Los he extrañado mucho y me gustaría saber qué secretos conocía Don Fernando para despedirlos.

– No hay ningún secreto, solo un lío en el que no deberías meterte. Es un tema muy delicado que hasta tu madre tiene prohibido comentar. Por favor, Carlos, no más preguntas por hoy.

– ¡Sabes cuánto me gusta Raquel! Ella es la hermana que no tengo.

– ¡Carlos, no voy a hablar más de este tema! – ya no pudo ocultar su irritación –. Tienes edad suficiente para saber que ciertas cosas no se deben decir. Esto puede causar mucha confusión.

El niño detuvo su interrogatorio y decidió dirigirse al salón, junto a la chimenea. Constancia, en un intento de calmarse, caminó hacia su telar y contempló la hermosa alfombra que estaba tejiendo.

En ese momento Augusto entró eufórico en la habitación, con una carta en la mano.

– Está ahí el mensajero del tío Juan, me trajo noticias de Toledo.

Acercó una silla y se sentó al lado de su madre. La condesa dejó el telar para hablar con su hijo.

– ¿Tu tío respondió a tu carta?

– Sí, dice que conseguí plaza en la facultad de Medicina de Toledo, y que podré presentarme en treinta días. Ofreció su residencia para acogerme. Él y la tía Sofía están muy solos con la muerte de su primo Clemente y estarán felices si lo acepto.

El anuncio fue recibido con una sonrisa de satisfacción.

– Mi hermano es una gran persona. Él arregló todo para ti, desde que supo de tu intención de estudiar Medicina. ¡Él siempre creyó en tu vocación para esto, porque estaba muy dedicado a todos!

– ¡Debo prepararme para el viaje! ¿Mi padre será feliz?

Constancia bajó la cabeza, como si solo entonces se diera cuenta que su hijo ya no estaría.

– Todos se irán y me dejarán en paz. No sé si puedo soportar estar sin mis hijos.

Augusto le tomó la mano, que besó con mucho cariño.

– Querida madre, te quedarás con Carlos. Prometo que escribiré, vendré siempre que pueda... Y ya sabes lo feliz que estoy de poder hacer lo que siempre soñé. Es más, ¡la tía Sofía y el tío Juan son criaturas maravillosas!

– Sí, querido, y me alegro mucho por ti. ¿Qué madre se siente mal cuando sus hijos están bien? Siempre estaré en oración, pidiéndole a Dios por la felicidad de mis hijos, lo que no impide que me sienta muy sola sin ustedes. Ya perdí a Raquel, ahora tú y Alejandro se van. Él, al menos, volverá al final de la guerra y acabará casándose y quedándose aquí.

El joven se levantó y comprobó si había alguien en la puerta antes de decir:

– Alejandro, ¿casarse con quien papá decida? ¡Va a ser difícil! Malgeniado como es, intenta convencerlo que no elija a nadie sin su consentimiento. En el fondo, creo que alguna chica ya se ha ganado el corazón de nuestro valiente guerrero.

– ¡No bromees sobre cosas serias! – la madre se sonrojó –. Sabes que no habrá salida una vez que tu padre firme un acuerdo matrimonial - Augusto se paró frente a la condesa.

– Parece que papá ya tiene novia y a Alejandro no le gusta nada. Ésa fue la impresión que tuve anoche, por las voces alteradas.

– Tu padre no me dijo nada. De hecho, las mujeres solo nos enteramos después de la firma de los acuerdos. ¿Y quién sería la chica? – Preguntó con aire de confianza.

Augusto respondió en el mismo tono:

– Parece que es Fátima, la hija del barón Ribeiro.

– ¿Cómo? ¡Ella es una niña! Debe tener unos diez o como máximo doce años. Es muy pequeña y siempre está enferma.

Escuché que la pobre tiene serios problemas de salud. No creo que tu padre haya hecho una buena elección. ¿Realmente escuchaste bien?

Augusto asintió.

— Por supuesto, a papá no le importa si ella es hermosa y fuerte, sino que tenga una hermosa dote. Fátima es la única hija del barón, quien es un aliado político. Este matrimonio hará que nuestro dominio sea mucho mayor, ya que a través de su esposa será Alejandro quien heredará todo lo que ahora es suyo.

— ¡Pobre hijo! ¿De qué sirve tener mucho si no puedes formar una familia? Parece que la pobre tiene la costumbre de ver cosas y hablar sola. El conde necesitaría tener un mínimo de sentido común. En cuanto a Alejandro, debería aprovechar el viaje para hacer cambiar de opinión a su padre antes que éste se comprometa irreversiblemente con el barón.

El rostro de Augusto se puso serio y habló en voz baja:

— Supongo que papá se ocupará de este asunto cuando regrese de la próxima campaña contra los moros. Quién sabe, tal vez Alejandro consiga hacerlo cambiar de opinión. Lo que es seguro es que no podemos interferir; papá es muy voluntarioso y no aceptará nuestra opinión. Espero que en el futuro tampoco quieran involucrarme en sus alianzas políticas y que consideren mi posición.

— Lo dudo. Tu padre nunca toma en consideración lo que sentimos o pensamos.

En ese momento el conde entró en la habitación acompañado de Alejandro.

— ¿De qué están susurrando ustedes dos? - Con una sonrisa Augusto mostró la carta.

— El tío Juan me envió por mensajero. Conseguí una plaza en la facultad de Medicina de Toledo y él me ofreció su residencia para acogerme.

Felipe abrió los brazos para abrazar fuerte a su hijo.

– ¡Después de todo, tendremos un médico en la familia! Efectivamente, Augusto, tienes vocación. Y como no puedo tener dos guerreros, tendré un médico. Necesitamos organizar una cena de celebración.

Augusto estaba tan feliz que no podía borrar la sonrisa de su rostro. Sensible y preocupado por todos, siempre estaba pensando en sus sirvientes y su familia, y desde pequeño pensó que practicar la Medicina le ayudaría a aliviar el dolor de los demás. No se dejó dominar por el orgullo por la nobleza de su nombre ni por el nacimiento privilegiado que tuvo. Solo quería dedicarse a las causas nobles de la vida. Su madre conocía muy bien sus cualidades y por eso le dedicó un enorme cariño. Ese hijo fue su retaguardia, su protección física y espiritual, fue su apoyo.

Constancia, satisfecha de saber que Augusto haría realidad sus sueños, evitó anticiparse al anhelo de su hijo y lo ayudó con los preparativos del viaje que no tomaría mucho tiempo. La única razón por la que su felicidad no era completa era porque todos los días pensaba en la pobre Raquel y su anciano padre. Pensamientos así le quitaron la tranquilidad.

No muy lejos, Fernando también se preocupó por los dos y siguió buscando en su mente un plan infalible para capturarlos. Tenía la intención de reiniciar la búsqueda, ya que el tiempo había mejorado. Exploraría nuevas pistas, aumentaría el valor de la recompensa... Estaba casi seguro que el conde lo ayudaría, si no personalmente, al menos con los hombres. En cualquier caso, nada le quitaría su convicción: iría tras Raquel y su padre, sin medir esfuerzos personales ni económicos.

Comenzó a buscar hombres adecuados y disponibles para el trabajo. Si el conde no le ayudaba, recurriría al cardenal; sin duda la Iglesia estaría muy interesada en el caso. Lo único que temía era involucrar a otras personas y no poder sacar a Raquel de la situación. En realidad, tenía otros planes para la joven.

Cuando el día amaneció con Sol, se vistió con ropa de montar y mandó enjaezar el mejor caballo. El criado que trajo el animal preguntó:

– ¿Volverá a almorzar, Don Fernando? ¿Puedo pedir que le preparen su comida?

Frunciendo el ceño como siempre, no respondió; él simplemente negó con la cabeza. Azotando al animal, éste descendió la colina hacia la llanura. Después de hablar y reclutar algunos hombres en el pueblo cercano, tomó el camino hacia el castillo.

Los jefes de la guardia, tan pronto como lo vieron, dieron orden que se abriera la puerta. El encargado del servicio lo saludó en tono respetuoso.

– Don Fernando, ¡bienvenido! Mi señor está comiendo con su familia en el salón más grande. Lo anunciaré.

– No es necesario, conozco el camino – respondió con dureza. El guardia empezó a decir algo, pero la mirada de enfado en los ojos del visitante le hizo desistir.

Fernando entró con largas zancadas, llegando rápidamente al salón donde estaba reunida la familia. Se detuvo frente a la mesa.

– ¡Pues llegué en buen momento! Se ven tan felices que parecen estar celebrando algo. ¿Podré participar?

El conde se levantó.

– ¡Qué honor, Don Fernando! Acerca una silla y cena con nosotros. De hecho, hoy recibimos una buena noticia y estamos de celebración.

– ¡Que bueno! No siempre tenemos buenas noticias... – dijo y se sentó, empezando a servirse –. Vamos con ellos, me está entrando curiosidad.

El conde levantó una copa de vino.

– La primera es que mi hijo Augusto se va a Toledo, ya que fue aceptado en el curso de Medicina. Y la otra es que nuestro glorioso rey está formando un nuevo ejército para luchar contra nuestros enemigos y nos ha invitado a ser parte de él. Alejandro será condecorado con el título de caballero del reino de Castilla por sus hazañas heroicas en el último enfrentamiento.

Fernando se acarició la barba, evaluando a todos en la mesa. Quería capturar la reacción de cada uno, pero se dio cuenta que compartían el mismo sentimiento.

– Parece que todo el mundo está contento, ¡y con razón! No es frecuente que recibamos tantas buenas noticias a la vez. Sin embargo, los motivos que me traen son otros y después del almuerzo me gustaría tener una conversación privada con el conde.

Don Felipe ya había bebido tanto vino que estaba borracho.

– Por supuesto, amigo mío. Solo espero que sea una conversación alentadora. Hoy no estoy de humor para escuchar nada que no me traiga alegría. Si es un tema desagradable, es mejor dejarlo para otro día.

La irritación del visitante llegó a tal punto que ni siquiera quiso terminar su comida.

– Lo siento, señor conde, pero el asunto no es nada agradable. Como no quiero arruinarte el día, volveré mañana.

Se fue dando un portazo con los pies y la puerta, acción a la que el dueño del castillo reaccionó con una carcajada.

– ¡Era tarde y espero que no vuelvas mañana! Debo favores a este hombre impertinente, que si hoy vino a molestarme, debe ser para pedirme un favor. Bueno, voy a tomar una siesta en mi habitación.

La condesa sabía cuál era el problema, por eso estaba muy inquieta desde la llegada de Fernando. La actitud de su marido y la marcha del hombre sirvieron para calmarla un poco. Después que su marido se fue, llamó a sus hijos.

– Queridos míos, tenemos que hablar – dijo con aire aprensivo –. Tenemos que encontrar a Raquel y al señor Jacob antes que Don Fernando. Hasta hoy hemos estado acobardados, asustados... Ahora es fundamental que tomemos la iniciativa para descubrir dónde están.

– ¿Y cómo seremos más exitosos que sus perseguidores? – Preguntó Alejandro.

– No lo sé... Es urgente que consideremos dónde podrían estar los familiares que podrían ayudarlos... Y necesitamos encontrar un lugar seguro para refugiarlos cuando los encontremos.

– Mamá, he pensado mucho – dijo Augusto –. Si los encontramos, será mejor que los traigamos aquí.

– ¡¿Enloqueciste?! – Gritó el hermano.

– No, al contrario: Don Fernando nunca los buscaría aquí en este castillo tan grande y con tantas habitaciones desocupadas. Nuestro problema es localizarlos.

Alejandro se sentó al lado de su madre.

– En nuestra guardia tenemos a un hombre de mucha confianza, cercano y con mucha experiencia. Si le damos un buen dinero podrá ir a todas partes sin que lo noten; es experto en seguir pistas y extraer información. Quizás Don Fernando no sea tan inteligente como pensamos; si no fuera así, ya tendría alguna pista del paradero de Jacob y Raquel.

- Podría ser – admitió Augusto –. No había pensado en eso.

– Hoy hablaré con Álvaro. A pesar de ser el jefe de la guardia, si le das una misión especial, papá no notará su ausencia momentánea; designaré a otro para que dirija a los hombres. Él tiene buena apariencia y una conversación fácil, pronto alguien le soltará la lengua. Nadie puede desaparecer sin dejar rastro. Le enviaremos algo de dinero; estoy segura que puede localizarlos. Este chico parece un zorro.

Constancia era tan optimista que no pudo contenerse. Por suerte para ella, el conde relacionó esta euforia con las noticias de la mañana. La condesa esperaba recuperar algo de paz cuando pudiera ayudar a Raquel y a Jacob, se sentía culpable por lo que les estaba pasando a sus amigos; sintió que les había negado protección, que si se hubiera enfrentado a Don Fernando a favor de ambos la situación habría sido diferente. Sin embargo, ¿cómo ser fuerte ante ese hombre sin medida?

17.- La Ayuda

JACOB Y RAQUEL SE LEVANTARON temprano. La joven preparó una comida rápida. Jacob se levantó, tomando el plato de las manos de la joven.

– Hija, es hora que nos vayamos; el tiempo se ha vuelto firme y las temperaturas son más altas.

– Aun estás muy pálido, no has recuperado del todo tu salud. ¿Cómo vamos a salir de aquí?

– ¡Es necesario, hija mía! Don Fernando iniciará nuevas búsquedas y si flaqueamos, nos atrapará.

– ¿Cómo, si nadie sabe que estamos aquí? Podemos construir una granja, criar algunos animales para sustentarnos. De lo contrario, ¿a dónde iremos?

– Vayamos a una ciudad grande, donde Don Fernando no tenga tanta influencia y no podrá encontrarnos. Aquí donde estamos, la distancia desde ese monstruo aun es pequeña.

Raquel empacó todo lo que pudo. Luego pusieron sus pertenencias en el carro, alimentaron a los caballos y se fueron.

Como le había advertido la muchacha, Jacob no había recuperado del todo su salud. Parecía cansado y demacrado, no se había librado de la tos y tenía fiebre todas las noches. Sin embargo, intentó simular buena disposición para no preocupar a su hija.

– Raquel, tenemos que buscar la hierba adecuada para curar mi tos; ¡te explicaré cómo es, hija mía!

– Desgraciadamente parece que aquí no nace, quizás porque el invierno fue muy duro.

– En general crece cerca de rápidos y arroyos.

El viaje continuó sin incidentes hasta que casi terminaba el día.

– Papá, ¿dónde pasaremos la noche?

– Salgamos del camino y detengamos el carro cerca de esos árboles; haremos un fuego para calentarnos y ahuyentar a los animales salvajes.

– Tengo miedo de las serpientes y de los ladrones – dijo asustada.

– Debemos orar pidiendo protección a Dios, y nada nos perturbará.

Por la noche la temperatura bajó y el viento frío atravesó el prado.

Jacob, expuesto a la intemperie, sintió frío y su tos se hizo más constante. Raquel notó que su padre tenía fiebre.

– Tendremos que buscar refugio todas las noches. Parece que estás empeorando.

– No te preocupes, hija mía. Estoy tomando medicamentos, sé que mejoraré; lo que necesitamos es encontrar un lugar seguro.

Raquel dejó que una expresión de tristeza invadiera su bello rostro.

– No hay lugar seguro en este mundo con Don Fernando detrás de nosotros. A veces siento su mirada penetrando en mi mente, tu mano agarrándome... No sé si estoy despierta o dormida...

A lo lejos, el perseguidor reunió un nuevo grupo de búsqueda. Sin esperar la ayuda del conde, eligió a los hombres más fiables y a las mejores monturas. Ofreció una cuantiosa recompensa por cualquier información que le llevara al paradero de los fugitivos. Lo buscaban todo: cada pueblo, cada terreno, cada taberna y posada... Nada escapaba a los ojos de aquellos hombres. El frío era tan intenso que Fernando estaba seguro que Raquel y Jacob, sin recursos, no podrían estar muy lejos.

El joven Álvaro, jefe de la guardia del castillo, también los buscaba, no con ostentación, pero sí con inteligencia. En lugar de simplemente preguntar sobre un anciano y una joven, trató de imaginar cómo podrían disfrazarse. Si no hubieran utilizado estos recursos, sin duda ya habrían sido capturados. Por información de la condesa llegó hasta la prima de Jacob, al entrar al pueblo los niños estaban jugando en la calle.

– ¡Buenos días niños! ¿Dónde vive Doña Ana?

Gabriel, el mayor, habló inmediatamente:

– Allí en la última casa de la calle, pero no creo que esté ahí. Después que su primo Jorge y el joven Federico se fueron, la vieja Ana parece extraña... Nunca se queda en casa, camina por el bosque todo el día.

– ¿Ha pasado mucho tiempo desde que se fueron Frederico y Don Jorge?

– No, creo que fue hace poco más de un mes; todavía hacía bastante frío.

– Gracias chico. Si no encuentro a la señora Ana la espero.

Álvaro había confirmado la sospecha que el judío y su hija habían cambiado de apariencia e identidad. Como Ana no estaba, pasó casi todo el día esperando su regreso. Finalmente escuchó un gruñido; fue la anciana la que llegó.

– ¿Qué diablos haces sentado en mi puerta? Cuando los chicos me dijeron no lo creí. ¿Alguien plantado tantas horas, como un árbol?

El enviado de Alejandro inclinó respetuosamente la cabeza.

– Doña Ana, le pido humildemente disculpas por haberme acomodado así en su puerta. Es que necesito tener una conversación privada extremadamente importante contigo.

– No quiero hablar con un extraño, ni dentro ni fuera de aquí. ¡Puedes regresar!

El joven fue aun más cortés.

– Señora, perdóneme por no haberme presentado todavía, pero el motivo que me trae es de su interés. Hay dos vidas en juego.

Ana intentó calmarse; al ver que eran Raquel y Jacob, lo invitó a entrar.

– No te fijes, la casa es muy pobre. Por favor, acerca una silla, siéntate y sé lo más rápido posible. Todavía tengo mucho que hacer.

Se sentó y fue directo al grano:

– Mi nombre es Álvaro y estoy al servicio de Don Alejandro, hijo del conde Don Felipe. En el dominio del conde vivían su primo Jacob y su hija Raquel. Usted debe saber que Don Fernando los persigue cruelmente y, si los alcanza, pretende llevarlos a la hoguera como brujos. La familia del conde los aprecia mucho y quiere descubrirlos primero para salvarles la vida. Y a mí se me ha encomendado la tarea de encontrarlos y protegerlos.

Ana se rio.

– Chico, ¿crees que creo en tu charla? ¿Quién puede garantizar que no fue Don Fernando quien te envió aquí?

Cuando Álvaro respondió, la miró, procurando mirarla a los ojos.

– Tengo aquí conmigo un anillo de la condesa Constancia y una carta autorizándome a buscar a sus amigos y protegerlos. Alejandro, su hijo mayor, no pudo venir personalmente porque eso despertaría sospechas en Don Fernando, que los vigila sin descanso. Además, debes saber que los hombres al servicio de Don Fernando están por todas partes, ofreciendo dinero a cambio de cualquier información.

Con eso, la resistencia de Ana comenzó a ceder.

- Es verdad, han estado aquí en el pueblo dos veces. Llegaron a caballo y eran como diez hombres. Estaba con ellos un tal Don Fernando, que parece ser una persona muy maliciosa.

- Señora, sé que Jacob y Raquel se quedaron aquí un tiempo disfrazados. Ahora se encuentran en un lugar desconocido, con sus vidas en peligro. Necesito encontrarlos para llevarlos a un lugar seguro, donde Don Alejandro pueda protegerlos.

– El problema es que no sé dónde están. Si estuvieran aquí sería más fácil. Se fueron hace más de un mes.

– Cualquier indicación, cualquier detalle es muy relevante. Debió trazar un camino, planear algunas paradas, o tal vez pretendía recurrir a otros familiares... ¿Qué dirección tomó?

Ana pensó mucho si debía compartir los detalles planeados por Jacob para el viaje. Álvaro parecía tan sincero e interesado en ayudarlos... Sabía que si su primo y Raquel no estaban protegidos terminarían en manos de su perseguidor. Sus vidas dependían de su decisión. Intuida fuertemente, finalmente respondió:

– Sí, conozco el camino recorrido por mis familiares. Espero en Dios estar actuando de la manera correcta.

Habló del plan de Jacob de ir a Barcelona, creyendo que a esa distancia no serían descubiertos. Mencionó las paradas, sus nombres ficticios, Frederico y Jorge, y la apariencia de cada uno.

Álvaro estaba eufórico. Conocía bien la ruta, lo que facilitó la tarea. Advirtió que nadie del pueblo sabría los motivos de su llegada. Le indicó a Ana que le dijera que era un pariente lejano que, de paso, había aprovechado para visitarla. Debes evitar cualquier sospecha. Don Fernando era inteligente y el más mínimo descuido le daría ventaja.

– Doña Ana, acabas de salvar la vida de tus familiares. Bendito fue el momento en que la condesa recordó algunos de los comentarios de Jacob sobre ella. Sin embargo, ¡ten mucho cuidado! Si Don Fernando tiene la misma idea, vendrá a buscarte; y si descubre que estuvieron aquí podrá matarte. Tiene una piedra por corazón. Ten mucho cuidado, tu vida podría correr peligro.

Dicho esto, se despidió y se fue. Necesitaba actuar con rapidez y sin levantar sospechas. Caminó hasta la posada de Francisco, recomendada por Ana.

– Señor, quiero una buena habitación para esta noche.

– Claro que sí; son cuatro monedas por adelantado - La señora simpática y habladora subió a arreglar el habitación.

– ¿Tiene intención de quedarse mucho tiempo?

- No - respondió cortésmente –. Solo quiero descansar una noche del largo viaje. Mañana debo irme.

– ¿A dónde va, señor?

– Me voy a Toledo, ya vuelvo.

– La gente siempre viene con prisa.

Álvaro lo mantuvo en marcha, tratando de recopilar información importante.

– ¿Se queda mucha gente aquí?

– La verdad no. En los últimos dos meses, debido al frío, hoy es la cuarta vez que tenemos invitados.

– Más gente interesante, seguro...

– La semana pasada vinieron Don Fernando y sus hombres. Se quedaron una noche, hicieron muchas preguntas y se fueron. ¡Buscan a dos magos, con historias espeluznantes!

– He oído hablar de esas historias.

– Ha estado en todas partes después del anciano judío llamado Jacob y su hermosa hija Raquel. Dará muchas monedas a cualquiera que le brinde información confiable.

– Y tú, ¿has visto alguna vez magos así? - La mujer se hizo la señal de la cruz.

– ¡Adivina, déjalos llegar lejos! ¡Es claro que no! Nunca los recibiría aquí, ni siquiera los dejaría entrar.

El joven se quedó en silencio por un momento, sin querer parecer demasiado curioso.

– ¿Y antes de Don Fernando, hubo otros invitados?

– Solo un hombre y su hijo, un niño. Iban a Toledo, donde su hijo mayor había caído enfermo. Solo se quedaron una noche. Tenían mucha prisa, pues el pobre tenía miedo de no volver a ver vivo a su hijo. Lo extraño es que siempre que hablo de ese chico sigo pensando...

– ¿Por qué, señora? ¿Tenía algún defecto físico?

– No, al revés; era muy hermoso, de una rara belleza. Debía tener unos doce años y era tan delicado y gentil como una niña. Cuando se fueron, rápidamente condujo el carro hacia su padre.

Álvaro se levantó temprano, quiso seguir el camino trazado por Jacob, comió su primera comida y se puso a montar. Consideró que aquellos días eran muy fríos y Jacob debió detenerse en varios lugares. Intuyó que encontrar a los fugitivos sería cuestión de poco tiempo.

Al cabo de unas horas se detuvo para darle agua y descansar al animal. Se sentó bajo un árbol, observando los alrededores, prestando atención a cada detalle. Notó una pequeña casa blanca a lo lejos, casi fuera de la vista. Muy cansado, decidió ir allí. Descubrió que la casa estaba vacía, pero parecía haber estado ocupada poco antes.

Usando su intuición, imaginó que tal vez Raquel y Jacob habían estado allí por unos días. Buscando pistas, identificó marcas recientes de carros detrás de la casa, así como la dirección que se había tomado, marcada por las ruedas. "Sí, creo que estuvieron aquí hace no más de dos días – pensó -. Espero en Dios encontrarlos."

Bebió un poco de agua y emprendió la marcha de nuevo, siguiendo las señales de los carros y el mapa.

En cuanto a los fugitivos, a Jacob no le iba bien. Raquel temía por su salud, que parecía muy débil; todavía estaba cansado y con fiebre. Durante el día caminaban lentamente y se veían obligados a dormir al aire libre, y por la noche la temperatura solía bajar. La joven, exhausta, conducía el carro mientras su padre se acostaba. El miedo a caminar hacia lo desconocido y el sentimiento de impotencia ante lo ignorado. La posibilidad de ser atrapados en cualquier momento hizo que esas criaturas permanecieran en silencio todo el tiempo.

Raquel escuchó el sonido de cascos de caballos; detuvo el carro, tratando de advertir a Jacob.

– ¡Papá, despierta! Alguien viene hacia nosotros.

El anciano, muy débil, decidió que debían salirse del camino.

– Hija, mantengamos la calma. Quizás ni siquiera sea Don Fernando; es un cobarde, nunca camina solo. ¡Salgamos del camino y escondámonos detrás de esos árboles!

El ruido se hizo más fuerte. Los dos vieron el caballo que seguía las huellas de las ruedas del carro en la curva. Álvaro se detuvo cuando desaparecieron al darse cuenta que los dos se habían salido del camino.

Raquel y Jacob temblaron de terror al descubrir que los estaban siguiendo. El muchacho se acercó explorando todo el terreno.

– Padre, estamos perdidos. Creo que esta vez nos encontrarán.

– ¡Hija, coraje! Dios y su hijo Jesús nunca abandonan a nadie. Confiemos y oremos.

A veces acercándose, a veces alejándose, Álvaro no se dio por vencido, hasta que vio dos figuras detrás de un árbol más lejano. Se acercó lentamente a ellos.

Padre e hija, arrodillados, oraron con tanto fervor que no notaron su presencia. Álvaro se paró al frente, no queriendo asustarlos. Raquel abrió los ojos y vio su figura.

– ¡Álvaro! – Exclamó asombrada –. ¿Qué haces aquí?

– Vine a buscarlos por orden de Don Alejandro, y gracias a Dios logré encontrarlos antes que Don Fernando.

La joven palideció y casi se desmayó, siendo sostenida por su padre. El muchacho se acercó y la tomó de la mano.

– Vine a ayudarte. Tengo órdenes de llevarte a un lugar seguro. Don Fernando dispersó hombres por todas partes.

– ¡Qué bueno habernos encontrado! – Dijo Raquel emocionada –. Mi padre no goza de buena salud; si seguimos durmiendo a la intemperie no sé cuánto durará.

– Señorita Raquel, don Alejandro quisiera estar personalmente ayudándolos, pero don Fernando lo ha estado observando sin cesar; no podía arriesgarse a que el hombre que los perseguía lo persiguiera. Es por eso que me entregó la tarea de llevarlos a un lugar seguro.

Hubo una breve pausa, tras la cual el joven prosiguió su explicación:

– Conozco un convento muy al sur; mi hermana es parte de esta hermandad. Son muy buenas monjas y no tengo ninguna duda que serán apoyados. Don Fernando no podrá descubrirlos detrás de esos muros. Don Alejandro y su hermano querían que los llevara al castillo, pensando que allí nunca los necesitarían; ésto; sin embargo, no nos salvaría del peligro de encontrarnos con él. Podemos tomar el camino opuesto para llegar al convento, tengo algunos amigos que estarían dispuestos a recibirnos. Aprovecharemos el día para viajar rápidamente y por la noche buscaremos refugio. Tendremos cuatro o cinco días más de viaje.

– Álvaro, mi padre necesita descansar – recordó la joven.

– La cuestión es que tenemos que irnos pronto. No es seguro quedarse en casa de alguien durante muchos días.

Jacob se levantó.

– Él tiene razón. Aunque no estoy bien de salud, puedo soportar ir al convento. En verdad, será nuestro único refugio seguro.

Álvaro lo ayudó a subir al carro, ató su caballo a la parte trasera y continuaron su camino.

El muchacho conocía las consecuencias de ser atrapado con los dos fugitivos; esto podría poner en peligro su vida. Sin embargo, fue fiel a su compromiso con Alejandro. Había aprendido a valorar a quien tantos favores había hecho a la gente del pueblo. Sabía estar agradecido. Por otro lado, estaba convencido que las acusaciones que pesaban sobre las cabezas de Jacob y Raquel eran calumnias. Por estas razones, hizo lo mejor que pudo para ayudarlos, con la convicción que era la protección de Dios lo que le había hecho encontrarlos antes que Don Fernando.

Álvaro fuera alto y bien parecido, con cabello castaño ondulado y ojos igualmente castaños. Tenía 26 años; casado, tuvo dos hijos pequeños. Leal jefe de la guardia del castillo, merecía la total confianza del conde. Se había criado muy cerca de Alejandro y Augusto; Entre ellos, además de lealtad, existía un fuerte vínculo de amistad. El anciano judío y su hija confiaron en él y sabían que sin su ayuda no llegarían a ninguna parte.

18.- Refugio Seguro

EL VIAJE FUE LARGO y difícil. Jacob, muy débil, hizo todo el camino acostado en el carro. Finalmente, después de cuatro días, el grupo vio el convento.

Raquel logró sonreír de alegría, después de tanto tiempo de lágrimas y tristeza.

– Papá, mira hacia arriba. ¡Estamos llegando! ¡Mira, allá en la colina! - Álvaro conocía el camino.

– Siempre que estoy en la región paso por el convento a visitar a mi hermana. Se crio con mi abuela, pero nuestros vínculos afectivos son muy fuertes. Estoy seguro que allí los acogerán con inmenso cariño y les prestarán la asistencia necesaria para la salud de Jacob.

El acceso era estrecho, subiendo por la ladera del cerro. Había muros altos por todas partes. Una gran puerta de madera tenía la inscripción "Aquí vive la caridad", escrita en latín.

El joven conductor se bajó del carro y tocó la campana. Unos minutos más tarde, una hermana de unos cincuenta años vino a abrir la puerta.

– Capitán Álvaro, ¡qué placer verlo! ¡Vamos, entra! - Abrió la puerta para que pudiera pasar el carro.

Jacob se sentó y dijo emocionado:

– Hija, ¡cuánta luz envuelve este lugar... ¡Es una puerta abierta a la luz!

Álvaro vino a llamar a los dos para que pasaran. Cruzaron el jardín bien cuidado. Era primavera y todo empezaba a florecer; el perfume se esparció por todas partes.

Raquel y Jacob quedaron deslumbrados por la belleza y organización del lugar, e impresionados por el gran edificio del convento. Subieron unos escalones hasta llegar a un encantador balcón, lleno de plantas con flores que se iban abriendo. La puerta principal conducía a un gran salón. Una monja que parecía tener unos treinta años bajó las escaleras que terminaban allí.

– ¡Mi querido hermano, no esperaba una sorpresa tan agradable! - Él corrió y la abrazó.

– ¡Mi querida hermana Victoria! Vengo una vez más a pedirles ayuda para dos criaturas cuyas vidas están actualmente en riesgo. Pensé que este sería el único lugar para apoyarlos.

La monja miró a Raquel y luego a Jacob y su corazón se conmovió con un cariño especial. Caminó hacia los dos, tomando las manos del anciano.

– Has venido al lugar correcto. Aquí está la casa del Señor, y el Maestro dijo: *"Venid a mí, los débiles y oprimidos, y yo os haré descansar."* Bienvenidos a la casa de la caridad. Estamos aquí al servicio de Jesús, por eso en su nombre les damos la bienvenida en este momento.

Padre e hija, conmovidos por el recibimiento, lloraron y quisieron besar las manos de sor Victoria, quien rápidamente los detuvo.

– Hermano mío, acomodémonos. Luces enfermo; llamaré a sor Filomena, quien te tratará con esmero. Sus medicinas hacen milagros; un buen caldo caliente y unas horas de descanso los revitalizarán.

Jacob superó las dificultades de su estado y acompañó a Álvaro y Raquel. Fueron a una habitación grande con vista a las colinas. La habitación estaba limpia y bien ventilada. Había dos camas, una cómoda y, sobre ella, una jarra de agua con una palangana. Los jóvenes lo colocaron en una cama junto a la ventana.

Raquel llenó una taza con agua y se la entregó a su padre. Álvaro pidió permiso para salir; necesitaba hablar con su hermana.

– ¡Qué lugar tan encantador, papá! ¡Se siente como si estuviéramos en el cielo, me siento tan en paz!

Jacob estaba emocionado.

– Sí hija, creo que por fin tendremos un poco de paz.

Álvaro bajó. Sor Victoria se dio cuenta, por el rostro de su hermano, que el asunto era bastante serio y lo llevó a una habitación privada. Entraron y ella cerró la puerta.

– Hermana mía, lo que tengo que decirte es muy grave y no importa si otras personas toman conocimiento de los hechos. El viejo Jacob y su hija están siendo acusados injustamente de practicar brujería; su acusador es un hombre terrible e influyente, vinculado a personas de prestigio en la corte de Don Alfonso. Por eso nuestra participación es muy delicada; estamos arriesgando nuestras vidas para ayudarlos.

Le dio a la monja unos momentos para que asimilara la confianza y luego continuó:

– Don Fernando armó muchas intrigas y todos le creyeron. Ha utilizado influencia y dinero para perseguirlos. Los pobres no tienen a dónde ir. Pido perdón por traerte un problema tan grave, pero lo hago porque conozco la bondad de tu corazón. No podía dejar a estas criaturas a merced de un monstruo. Son personas sencillas y humildes, incapaces de hacerle daño a un perro; el viejo

Jacob dedicó su vida a beneficiar a la gente desagradecida del pueblo. Por supuesto, no estás obligada a acogerlos. Quiero que reflexiones sobre lo que te dije y analices los peligros a los que te enfrentarías.

Sor Victoria bajó la cabeza.

– Conozco tu corazón bondadoso y leal, hermano mío, y una vez más te digo que los trajiste al lugar indicado; aquí la ira de Don Fernando no los alcanzará. Déjalos, estarán en paz y los cuidaremos con mucho amor. Ahora necesitas descansar de tu viaje y comer. Debes estar exhausto. Y ten la seguridad que nuestro secreto muere aquí.

A la mañana siguiente Raquel se despertó de buen humor, hacía mucho tiempo que no dormía tan bien. El viejo Jacob tenía mejor aspecto; su fisonomía se había relajado, la palidez de su rostro había disminuido. Sor Filomena llamó y entró.

– ¡Buenos días, hijos míos! Señor Jacob, le traje medicinas, además de un buen trozo de pan, leche de cabra y miel. Y necesito que comas bien.

El estado de salud del judío todavía no le permitía levantarse de la cama. Entonces se sentó, agradecido de recibir los cuidados de la monja. Mientras tanto, la hija se disponía a bajar y despedirse de Álvaro, que se marchaba.

– Señorita Raquel, tengo que regresar al castillo, para evitar cualquier sospecha, y debo llevarle noticias a don Alejandro, quien estará muy feliz. ¿Quieres enviarle un mensaje?

La chica se sonrojó mientras respondía.

– Dile que mi padre y yo le agradecemos de todo corazón lo que hizo por nosotros. Me lleno de añoranza y tristeza por no poder ser parte de su vida en estos momentos. Si es la voluntad de Dios, nos volveremos a ver y quizás todavía seamos felices juntos.

— Adiós — el joven tomó su delicada mano —. Estoy seguro que ustedes dos estarán bien ahora. Les traeré novedades en cuanto pueda. O tal vez el propio Don Alejandro venga a visitarlos...

Álvaro le dejó una pequeña bolsa con monedas, aunque ella insistió en no aceptarla.

— Por favor, señorita, esto la ayudará en cualquier emergencia.

Raquel lloró al ver partir a su amigo, agradeciendo a Dios por ponerlo en su camino.

19.- Noticias

FERNANDO SE DESPERTÓ MÁS ENOJADO que de costumbre. A pesar de numerosos intentos y esfuerzos constantes, no había podido encontrar una pista consistente que lo acercara a aquellos a quienes perseguía. Se miró en el espejo y vio la imagen de Raquel y Jacob y se rio siniestramente; muchas veces creyó que se estaba volviendo loco.

A partir de esa mañana emprendería un nuevo viaje. Comenzó a buscar posibles familiares del judío que presumiblemente los albergarían, pero no conocía a nadie capaz de aportar información sobre su vida. Intentó recopilar información de los aldeanos con los que había vivido durante mucho tiempo.

Una tarde Fernando y sus hombres regresaron a la posada de Francisco. Estaban cansados y hambrientos.

– Señor Francisco, necesitamos habitaciones y comida.

– Déjame los caballos y yo los cuidaré. Mi esposa le proporcionará una buena comida.

Doña Dolores, siempre amable y conversadora, hizo todo lo posible por ser agradable con los invitados.

– Señores, siéntense. Sírvanse vino y yo traeré la comida.

Llevó pan, caldo caliente y aves asadas, que se sirvieron con gran avidez.

Fernando, con mirada perspicaz, no perdió ningún movimiento; consideró que cualquier cosa podría darle una pista.

– Doña Dolores, ¿está recibiendo muchos invitados últimamente?

– En invierno, casi nadie; ahora pasan por aquí muchos comerciantes, soldados y mensajeros.

– Me imagino que conoces a mucha gente y sabes todo lo que pasa por estos lares.

La mujer se sintió avergonzada y habló con cierta reserva:

– Un poco... ¡La gente siempre comenta algo! Como mi posada está en la ruta a ciudades importantes, viene mucha gente de paso. Tú mismo estás aquí por segunda vez esta temporada. ¿No pudiste encontrar a los magos?

– Todavía no. Busco y recompenso a quien tenga información que me lleve a su paradero.

– ¡Qué fugitivos tan inteligentes! Con tanta insistencia aun no los ha localizado...

Fernando se dio cuenta que el tema despertó la curiosidad de la mujer.

– Así es. Son un anciano bajito, de pelo y barba blancos, y su hija pequeña; Cometieron terribles actos de brujería y huyeron sin dejar rastro. Quién sabe, tal vez tengas una pista, o incluso conozcas a alguien que los esté albergando...

Dolores se preguntó si allí habrían estado personas con las características antes mencionadas. Si me das algún dato te pago en oro.

– No he visto a nadie que coincida con esa descripción. De hecho, últimamente ninguna chica ha estado aquí, señor Fernando.

Ella pensó por un momento y luego preguntó.

– ¿Qué pasaría si estos magos cambiaran sus disfraces para crear un disfraz?

Sus ojos brillaron extrañamente. Miró firmemente a Dolores, quien tenía una sensación de frío recorriéndole la espalda.

– ¡Nunca consideré tal posibilidad! ¡Realmente los magos deben haber cambiado su apariencia! Eres muy inteligente y observadora. ¿Y cómo podrían ser ahora?

Ella volvió a quedarse pensativa y luego sugirió la hipótesis:

– Quizás el anciano se afeitó la barba, se cortó el pelo y se escondió detrás de un sombrero, y la niña se hace pasar por un niño, que llama menos la atención.

Fernando se rascó la barba con las manos manchadas de comida, lo que le daba un aspecto aun más descuidado.

– Sí, señora Dolores, así el viejo parecería más joven; la chica es demasiado bonita para pasar por un chico. Tiene una tez muy delicada y un hermoso par de ojos azules, además de una apariencia muy femenina. Nadie creería que era un niño con modales tan suaves y gentiles.

– ¡Sospeché que esos dos no eran lo que parecían! – Los ojos de la mujer se abrieron como platos.

El perseguidor no pudo contenerse; después de tantos meses, todo indicaba que había encontrado una pista..

– ¡Doña Dolores, escúpelo pronto!

– Tranquilo, señor Fernando, déjeme explicarle. Hace como dos meses, estuvo aquí un señor bajito, de pelo corto y oscuro, con un niño que decía llamarse Frederico y tener doce años. Muy apurado, el invitado dijo que se dirigía a ver a su hijo mayor, quien presentaba problemas de salud; lo que me sorprendió fue el hecho que Frederico parecía una chica joven, como la que acabas de describir.

Aterrado, Fernando pensó en el tiempo que había perdido buscando a los fugitivos sin imaginar jamás que podrían haber cambiado de identidad. ¡Por eso había perdido todas las pistas! Sacó tres monedas y las puso en la mano de la mujer.

– Hay que recordar los más mínimos detalles. Sobre todo quiero saber hacia dónde iban y de dónde venían.

Dolores se sentó, tratando de recordar.

– Dijeron que se dirigían hacia el sur. No estoy muy seguro de eso, pero venían de un pueblo que debe estar como a cuatro horas a caballo, hacia el este. A mi marido le dijeron que tenían una familiar que se llamaba Ana; ella fue quien dibujó el mapa para llegar hasta aquí. Esta persona debe conocer la ruta que está tomando y hacia dónde pretende llegar.

Los ojos de Fernando brillaron como el fuego. Se levantó y se dispuso a partir.

– Finalmente tendré en mis manos a esos magos. También pagaron por eso: ¡consiguieron engañarme durante demasiado tiempo!

– ¡Don Fernando, espere! – la mujer lo tomó del brazo –. Pronto oscurecerá y el camino es largo; i sales mañana, antes del amanecer, con los caballos descansados, llegarás temprano y alcanzarás tu objetivo.

Controlando su ansiedad, Fernando volvió a sentarse.

– Es correcto. Y será mejor que esperemos hasta mañana. Unas pocas horas no harán la diferencia para quienes hemos estado buscando durante meses.

Esa fue una noche que Fernando pasó toda la noche sin dormir. La figura de Raquel nunca abandonó su mente. La espera había terminado; estaba a punto de vengarse.

Álvaro dio mucha velocidad a su caballo, tenía prisa por volver al castillo. Sabía que nada podía hacer más feliz a Alejandro que la noticia que llevaba. Después de tanto tiempo, por fin le daría una buena noticia... Tenía un largo camino por delante y necesitaba ser discreto; cualquier actitud apresurada o palabra inconveniente podría arruinarlo todo.

Pensó en desviarse de la ruta y pasar por casa de doña Ana para darle la noticia, pero una clara intuición lo convenció que debía ir directo a su destino y evitar sorpresas. Después de haber tomado solo un breve descanso para comer, solo dio un suspiro de alivio cuando vio el castillo. Estaba eufórico con la noticia que traía y extrañaba mucho a su esposa e hijos.

Se abrieron las puertas y él entró, entregándole el caballo al chico que custodiaba las murallas.

– ¡Buenas tardes, Capitán Álvaro! Me alegro de verte. Pareces cansado por el viaje.

– Señor, un poco... Lo principal es que me siento feliz de estar de regreso y dentro del plazo que le di a Don Alejandro. Necesito hablar con él. ¿Dónde puedo encontrarlo?

– Aun no lo he visto hoy, debe estar en el castillo.

Álvaro pasó por la parte de atrás, buscando a María en la dependencia de servicio; la encontró en la cocina.

– María – llamó en voz baja –, le traigo noticias a don Alejandro; pero es necesario que no sea visto, especialmente por Don Felipe.

– Entra y espera en mi habitación – respondió la criada en el mismo tono.

– Allí puedes hablar libremente.

Después de unos quince minutos, entró Alejandro; cerrando la puerta lentamente, corrió a abrazar a su amigo.

– Álvaro, ¿cómo estás? No esperaba verte tan rápido. ¿Me trajiste buenas noticias?

El otro sonrió y habló en voz baja:

– Sí, ¡buenas noticias! Encontré a Jacob y a su hija; Durmieron afuera y él estaba muy enfermo. Ya los dejé en un lugar seguro.

Alejandro no pudo contener su alegría y curiosidad.

– ¡Vamos, cuéntalo todo! Quiero saber los detalles. ¿Dónde están?

– En el convento donde mi hermana es la madre superiora. A Don Fernando le resultaría difícil descubrirlos allí.

Contó todo lo sucedido, desde su salida del castillo hasta su llegada al convento.

– Por eso confío en ti – sonrió el joven, satisfecho –. ¡Además de leal, eres muy inteligente! Hiciste lo correcto al no traerlos al castillo. Todos estaríamos en riesgo.

Alejandro preguntó por Raquel y Álvaro intentó expresar su opinión.

– Ella está bien, a pesar de estar muy demacrada y delgada. Maduró mucho, perdió su apariencia de niña; se volvió aun más hermosa. Está llena de anhelo y espera con ansias tu visita. Me di cuenta que todavía tienes esperanzas de encontrar la felicidad a tu lado.

Conmovido, Alejandro lo miró y le dijo:

– Eres testigo de cómo amo a esa chica y sabes que soy capaz de hacer cualquier cosa para hacerla feliz. Daría mi vida por ella. No sé si podremos estar juntos, porque nuestras vidas han tomado caminos muy diferentes. Sin embargo, nunca abandonará mi corazón, esté donde esté y por muchos años que hayan pasado.

Álvaro puso su mano sobre el hombro de su amigo.

– Este es el precio que se paga por la cuna de oro y los títulos heredados al nacer. Como soy pobre, me gustó Helena, que también es pobre, y así pudimos construir un hogar muy feliz, aunque sencillo. Y hablando de ella, la extraño mucho. Desde que completé mi tarea, no puedo esperar a volver a casa.

Alejandro le dirigió una mirada amorosa.

– Nada más justo, amigo. Mañana podrás descansar todo el día, para pasar tiempo con tu familia; Pero no olvides que ni siquiera Helena puede saber acerca de la tarea que acabas de realizar.

– Sé que mi vida y la de mi familia dependen de este secreto. Esta historia no se puede publicar.

Álvaro abrió la puerta y revisó el pasillo para asegurarse que no hubiera nadie. Todos los sirvientes estaban ocupados, lo que facilitó la salida.

Prudentemente, para evitar sospechas, Alejandro esperó a que su madre subiera a sus habitaciones para darle la noticia, mientras su padre se encontraba reunido con amigos en el salón principal.

Constancia vibró de alegría.

– ¡Hijo, qué buena noticia me traes! Creo que después de tantos meses tendré un sueño tranquilo. La Virgen María escuchó mis oraciones. Es muy bueno saber que nuestra Raquel y nuestro querido Jacob cuentan con el apoyo. ¡Cómo me gustaría verlos, darles un abrazo, matar las añoranzas!

Alejandro parecía un niño pequeño cuando le contó la noticia.

– Sí, mamá. Quién sabe, cuando papá no esté le pediré a Álvaro que nos lleve allí... Es un viaje agotador, el convento está en la frontera.

– Ahora, hijo mío, cambiemos de tema. Las paredes tienen oídos; Debemos tener mucho cuidado, si ese monstruo sospecha algo, todos estaremos comprometidos.

La condesa se vistió de punta en blanco para la cena. Su alegría era clara por el brillo en sus ojos. Todos se dieron cuenta, incluso los invitados del conde. Augusto, que en unos días partiría hacia Toledo, fue el primero en comentar, cuando bajaba las escaleras.

– Mamá, ven a ocupar tu lugar en la mesa. ¡Estás muy hermosa, hay algo diferente en tus ojos!

– Tu impresión, hijo – dijo bajando la mirada –. Es que estoy de muy buen humor.

Fueron tantos los elogios que hasta el propio conde empezó a notar el excelente espíritu de su esposa.

20.- Bajo Tortura

AL AMANECER, FERNANDO reunió a sus hombres y cabalgó hasta el pueblo donde vivía Ana. Sin dificultad localizó su modesta casa. La mujer no estaba allí; estaba en el campo buscando sus hierbas.

Se había levantado con un ligero malestar, una opresión en el corazón; no dejó de pensar ni un minuto en sus primos Jacob y Raquel. Pensaba también en el joven Álvaro, que le parecía una buena persona. A medida que pasaban las horas, la opresión en su pecho aumentaba. Decidió salir a recolectar algunas plantas para hacer té. Fuera de casa parecía sentirse mejor.

Cuando regresó, vio movimiento frente a su casa a lo lejos. Aprensiva, aminoró el paso tratando de reconocer a las personas. Identificó al hombre a caballo, era Don Fernando. El corazón se aceleró; la distancia era pequeña y si la veía se perdería. Evidentemente iban tras Jacob y Raquel, reflexionó.

Se giró y se alejó diez pasos cuando escuchó a los chicos gritar su nombre. Quería correr, pero ¿hacia dónde? Si decía que no sabía nada, tal vez se saldría con la suya. Después de todo, ya había pasado algún tiempo desde que Jacob y Raquel se fueron. ¿Cómo podría saber dónde estaban?

Con esa esperanza, caminó hacia el frente de la casa.

– ¡Señora Ana! – Gritó Fernando.

– ¡Sí!

– Estás arrestada por albergar a dos magos en tu casa.

La mujer se asustó y solo tuvo que amenazar con correr y los hombres la ataron con cuerdas como a un animal.

– ¡Yo no hice nada! – Protestó –. Ni siquiera sé de qué estás hablando. ¡Por Dios, no me hagas daño!

Fernando bajó del caballo para asegurarse que estuviera bien sujetada. Con aire sarcástico y voz irónica, dijo:

– Si cooperas, podrás salir ilesa, sin ningún rasguño; si por el contrario te niegas a decir la verdad, no me hago responsable de las consecuencias.

Luego, la colocaron en uno de los caballos, el cual condujeron hasta perder de vista el pequeño pueblo y llegar a una especie de claro.

– Hombres – gritó el jefe – ¡paremos aquí!

Ana estaba aterrorizada. Sabía lo brutal que era ese hombre y estaba segura que, aunque dijera todo lo que sabía, no saldría con vida. Tiraron a la pobre anciana al suelo. Se golpeó la cara, que empezó a sangrar.

– Doña Ana, ¿se nota que no estamos bromeando? – Preguntó Fernando gritando –. ¿Dónde está el viejo Jacob?

La prima del judío temblaba y hablaba en voz tan baja que no podía articular bien las palabras. La abofeteó dos veces, haciendo que la sangre que le corría por la nariz aumentara.

– Señor – dijo la mujer –. No sé si Jacob y su hija ya llegaron a donde pretendían. Salieron hacia Barcelona. Como la distancia es grande, no sé si llegaron a su destino.

La información fue recibida con fuertes carcajadas.

– Aunque no creo que se aventuren tan lejos, tengo un amigo que podrá localizarlos; ahora ya no hay lugar donde esconderse. Solo quiero saber sobre el mapa, el camino que ayudaste a trazar.

– No lo sé, no lo recuerdo – Ana quedó atónita. El implacable perseguidor la hizo sentarse.

– Miguel, trae un pergamino.

Una vez atendido, lo colocó en el regazo de la mujer, quien comenzó a dibujar algunas líneas tratando de explicar.

– ¿Cómo se disfrazan?

– Raquel era un niño, y la llamábamos Frederico, y mi primo era mucho más joven, habiendo adoptado el nombre de Jorge.

Dando la impresión de haber perdido la noción de lo que decía, empezó a inventar detalles, a mencionar a familiares que no existían... Supuso que hablando mucho se saldría con la suya.

– Señora – la sujetó por el pelo –, no puedo creer que hayan viajado solos. ¿Quién estaba con ambos?

Al principio Ana dijo que estaban solos, pero como la presionaron soltó la lengua.

– Hace unos días estuvo aquí un chico del castillo llamado Álvaro, siguiéndolos a los dos. Se produjo a instancias del hijo mayor del conde. Le di la misma información, no sé si los encontró. Prometió que si los encontraba traería noticias, pero nunca regresó. Dudo que los haya localizado... ¡Han pasado casi dos meses desde que Jacob y Raquel se fueron!

Los ojos de Fernando parecieron salirse de sus órbitas. La ira se apoderó del hombrecillo, que aulló como un animal herido.

– ¡Maldito, condenado para siempre! Los derribaré uno por uno con mi ira.

Subió al caballo y ordenó:

– Miguel, ata a ese árbol a esta infortunada mujer, muy bien atada para que no pueda soltarse y las fieras vengan a devorarla, o se muere de hambre y de sed. A esta distancia nadie lo descubrirá.

Estaba tocando al caballo cuando se detuvo y giró la cabeza con una nueva orden:

– ¡Primero, córtale la lengua! Esta mujer habla demasiado.

Todos montaron y se fueron. Ana yacía desmayada y sangrando. Pasaron horas y días hasta que murió la pobre mujer atada al árbol.

Fernando lo sabía: si Álvaro hubiera llegado hasta Raquel y Jacob, él mismo ya no podría capturarlos. El chico conocía la región como la palma de su mano y, sobre todo, era sumamente fiel a Don Alejandro.

Cabalgaron durante horas. Fernando exigió tanto a los animales y a los hombres que todos quedaron exhaustos. En un momento Malaquías rompió el silencio.

– Don Fernando, así perderemos los animales. ¡Están agotados! Mira, tu caballo necesita parar a descansar.

El otro no pareció escuchar. Con la mirada fija en el camino, impulsado por el odio, ni siquiera se sentía cansado. Continuó hasta que el caballo ya no obedeció su orden; luego se vio obligado a detenerse.

– Señor, pronto oscurecerá – fue Malaquías quien advirtió –. Deberíamos buscar refugio, donde puedas ver el mapa de la anciana y trazar una guía.

El jefe levantó la vista con los ojos muy abiertos.

– Es verdad. Necesito descansar y pensar en lo que vamos a hacer.

Con los animales ya atados a los árboles, uno de los hombres salió buscando palos para encender un fuego. Nadie comentó sobre los acontecimientos de las últimas horas. Todos temían a ese hombre bruto, impulsado por el odio. Se movían lentamente, haciendo el menor ruido posible para no disgustarlo.

La noche llegó apaciblemente. Había muchas estrellas en el cielo y la luna llena lo iluminaba todo. El silencio ambiental les permitió escuchar el chirrido de los animales nocturnos. A pesar de la calma que lo rodeaba, Fernando no lograba conciliar el sueño. Las emociones fuertes continuaban como latiendo en el pecho, los ojos permanecían abiertos sin ningún movimiento, fijos en un punto del cielo.

Apenas había amanecido cuando llamó a sus hombres.

– Los magos, gracias a la ayuda de Álvaro, deben estar muy lejos; ese hombre es muy inteligente. Pasemos nuevamente por la posada de Francisco. Según el mapa de la anciana, él debió haber estado allí. Según la información que obtengamos regresaremos al castillo. En lugar de buscar sin rumbo, acerquémonos a él y hagamos que suelte la lengua; tendremos la noticia exacta sin pasar días y días siguiendo pistas.

De hecho, el grupo regresó a la posada, sin que se agregara ninguna información a lo dicho antes. La esposa de Francisco no se acordaba de Álvaro.

Frustrado por un nuevo ataque, Fernando tomó el camino de regreso.

21.- Misión Caritativa

RAQUEL SE ADAPTÓ A la rutina del convento sin demora. Estaba dividida entre cuidar de su padre y cooperar con sus hermanas en las tareas diarias.

Al fondo del terreno había una huerta con muchos árboles frutales, una huerta bien formada y en un gran recinto donde se criaban animales como gallinas, cabras e incluso caballos.

Las monjas, además de asegurarse su propio sustento, ayudaron a las familias pobres de la región. Las puertas siempre estuvieron abiertas para ayudar a los más necesitados. Manejaban medicinas y preparaban tés. Muchos enfermos tocaron a sus puertas para pedir ayuda. Una parte del convento funcionaba como hospital, donde los pacientes gravemente enfermos recibían atención de las devotas hermanas de la caridad. Todos allí tenían tantas ocupaciones a lo largo del día que a veces apenas había tiempo por la noche para descansar el cuerpo.

Sor Victoria estuvo a cargo del convento apenas cinco años. Asumió el cargo porque la Madre Sacramento, debido a su avanzada edad, ya no tenía energía para llevar a cabo una tarea tan importante.

Cuando era madre superiora, la hermana Sacramento dirigió el convento de una manera diferente. Creía sobre todo en el poder del recogimiento y de la oración. Las puertas nunca se habían abierto para atender a los necesitados. Sor Victoria, espíritu más sensible a la miseria humana, abrió su corazón y las puertas del edificio cuando empezó a dirigir el lugar.

A pesar de ser joven, asumió el cargo porque Sor Sacramento reconoció en su persona la vocación que la capacitaba para tan difícil tarea. Al principio las hermanas mayores, acostumbradas al sistema anterior, no supieron comprender y adaptarse a los cambios; con el paso del tiempo, empezaron a comprender el verdadero significado que la nueva madre quería darle a sus vidas. Algunas lograron adaptarse y se involucraron en obras de caridad; algunas otras se limitaron a la oración. Sor Victoria no quiso imponer nada, dejándoles la libertad de elegir.

Así, el convento se convirtió en un punto de luz que brillaba en la inmensa oscuridad que parecía dominar todo a su alrededor. A pesar del duro trabajo de cada día, nadie se quejó de las dificultades porque todo se hizo con mucho amor. Solo chicas y damas quienes mostraban vocación por la caridad eran admitidas en el convento como novicias, para luego tomar el hábito.

Jacob, a su vez, se sentía como en casa. Aun con este consuelo, y a pesar de todos los cuidados, no pudo recuperar completamente su salud; se sentía mareado y muy débil. Sin embargo, cuando pudo levantarse de la cama trató de ayudar a las hermanas encargadas de preparar los medicamentos. Su rico conocimiento de las hierbas contribuyó a la preparación de las medicinas del convento. Sor Filomena, también joven y mano derecha de Sor Victoria, fue la más involucrada en esta obra, y pronto se encariñó con el judío y su hija.

– ¡Señor Jacob, qué feliz me da verlo levantarse de la cama! Pero asegúrate de tomar el medicamento que te preparé. Y es necesario disfrutar del Sol de la mañana y respirar el aire fresco que proviene de los cerros.

Logró esbozar una sonrisa.

– Por más que intento animarme, parece que mi viejo cuerpo no quiere reaccionar. Me gustaría recuperar la salud y ayudarte en tus tareas. Tengo muchos conocimientos, podría salir a investigar nuevas hierbas para hacer preparaciones.

Los dos hablaron largamente sobre las actividades que se llevaban a cabo en el convento y Jacob quedó muy impresionado con la dedicación de las hermanas a los pobres y necesitados. Al final, Sor Filomena comentó: Nuestro versículo favorito aquí es el de Pablo, en su carta a los Corintios:

"Si hablo lenguas humanas y de ángeles, y no tengo amor, seré como metal que resuena o como campanilla que tintinea. Y si tengo don de profecía, y conozco todos los misterios, y tanto como se puede conocer; y si tengo toda la fe, hasta mover montañas, y no tengo amor, nada seré."[2]

---

[2] I Corintios 23:1-7.

22.- Decisiones Necesarias

APENAS LLEGÓ, FERNANDO quedó tan agotado y decepcionado que se retiró a su casa por unos días, sin buscar a nadie. Mientras tanto, cavilaba sobre su idea fija y decidió que, tras descansar, regresaría al castillo para interrogar a Álvaro. Consideró que el muchacho no podría permanecer alejado por mucho tiempo y estaba seguro que les diría su paradero.

En cuanto a Álvaro, ya desempeñaba su papel en la guardia del conde. Don Felipe ni siquiera se había dado cuenta de su ausencia durante los días que estuvo fuera. Ocupado en reuniones, viajes y encuentros con el rey, ayudó a organizar planes de paz y negociaciones con el reino de Granada. Si los acuerdos funcionaban, no habría peleas ese verano.

La condesa no dejaba pasar una noche sin pedirle a Jesús que todo saliera bien, evitando un enfrentamiento con los musulmanes. ¡Cuántas vidas se salvarían...! Era muy difícil para ella saber que su hijo estaría al frente de la batalla.

Ya recuperado de su viaje, Fernando se dirigió al castillo, pero don Felipe no estaba. Con eso, se sintió más cómodo para actuar.

Constancia bordaba en el balcón, los pájaros volaban y el aroma de las flores era impactante. El Sol caía cálidamente sobre su rostro, dándole un tono saludable a su piel blanca. La condesa lució un vestido turquesa que resaltaba el azul de sus ojos.

Fernando se detuvo en el umbral del balcón, admirando la belleza de aquella mujer que aun conservaba huellas de juventud. Frente a ella, el desgraciado sintió que su corazón latía más rápido.

Entró sin que nadie se diera cuenta. Tenía la costumbre de llegar siempre silenciosamente, intentando sorprender. Cuando notó su presencia, se sobresaltó:

– Sr. Don Fernando, ¿cuántas veces le pedí que se anunciara? ¡No me gustan estas sorpresas! - El hombre soltó una risa irónica.

– Mi querida condesa, puedes aplicar reglas a otras personas, incluso a tu marido; simplemente no quiero actuar así conmigo. Vengo cuando quiero y entro cuando quiero.

El tono de su voz era fuerte y agresivo, lo que la asustó. Luego lo cambió inesperadamente:

– No quiero pelear con una dama tan encantadora y amable. Después de todo, he estado ausente tanto tiempo que debería alegrarse de mi visita.

Soltó una carcajada y de repente su rostro se cerró de nuevo.

– Necesito hablar urgentemente con Don Felipe. ¿Dónde está? - Constancia respondió con expresión preocupada:

– Mi marido no regresa ni debería regresar estos días. Está con nuestro rey, ocupándose de asuntos de interés para el reino.

– Señora, nuestro querido conde solo sabe ocuparse de sus propios intereses.

En ese momento apareció Alejandro en el balcón y se mostró muy incómodo con la presencia de ese hombre.

– Buenas tardes, Don Fernando. ¿A qué debemos el honor de su visita? - Otra risa precedió a la respuesta.

– ¡Sin honor! Nunca estamos felices de encontrarnos. Es la necesidad que me obliga a venir a tu castillo. Vine a ocuparme de los intereses de tu padre, asuntos que no se pueden posponer. Como no está, volveré otro día.

La ironía fue tanta que Alejandro se contuvo para no abofetearlo. Y aun viendo la irritación que le causaba su presencia, continuó en el mismo tono:

– De hecho, Don Alejandro, es un tema muy importante y de gran interés, ¡especialmente para usted! Creo que esta vez su digna madre y tú no escaparán a la ira del conde, cuando se dé cuenta de todos los hechos. Todo lo que se trama en secreto acaba apareciendo. La verdad siempre sale a flote.

Constancia sostuvo el brazo de su hijo, impidiéndole cualquier acción agresiva. Fernando caminó algunos pasos hacia la puerta, se volvió y esbozó una sonrisa mordaz, hablando entre dientes:

– Aun sentirán el peso de mi venganza, sobre todo por ponerte donde no te llaman.

Tras salir, con largas zancadas, Alejandro golpeó violentamente la barandilla del balcón.

– ¡Maldita sea! Otra vez este hombre para quitarnos la paz. ¡Maldito seas! Me gustaría saber qué los une a ti y a papá con alguien así. Si pudiera, acabaría con él.

Asustada, con la mirada fija en el suelo, la madre no dijo nada.

– Este hombre hace y deshace a su antojo, parece ser dueño de todo, incluso de nuestras vidas. Necesitamos terminar con esto.

– No quiero involucrarte, hijo mío – dijo tímidamente –, pero estoy segura que algún día nos desharemos de este monstruo.

Al salir, Fernando vio a Álvaro dando órdenes a unos hombres que cambiaban de guardia en las murallas. Se detuvo, miró fijamente y pensó: "todavía tengo mucho tiempo para atraparlo. Que vuelva el conde y ajustaremos cuentas."

Alejandro y su madre no tuvieron paz después de esa visita, no podían imaginar cuál sería la próxima calumnia. Siempre estaba buscando nuevas formas de incriminarlos, y el propio conde estaba tan apegado al hombre que se vio obligado a ceder.

La condesa nunca salió de la habitación por miedo a otra visita.

– Hijo mío – dijo un día –. Creo que será mejor que le contemos el viaje de Álvaro en cuanto regrese tu padre.

El chico se puso nervioso.

– ¡De ninguna manera! No quiero que papá sepa dónde están Raquel y Jacob, eso significaría el fin de ambos.

– No, Alejandro – intentó calmarlo la madre –, diremos que no los encontró, y que su misión era traer a los prófugos para llevarlos a un juicio digno, sin la intromisión de Don Fernando. Tu padre sabe lo obstinado e injusto que es este hombre. Hijo, deberíamos avisarte a ti y a Álvaro, para evitar sorpresas desagradables. Tengo el fuerte presentimiento que Don Fernando ya conoce la misión que le hemos dado al muchacho; solo tienes que ignorar que encontró a nuestros amigos.

– Creo que tienes razón. Si se lo contamos primero, y a nuestra manera, podremos contener la furia de papá. Y cuando Don Fernando venga con la historia se sorprenderá, porque ya lo sabrá y estará de nuestro lado. Ese hombre no logrará su objetivo.

A los pocos días el conde regresó, habiendo firmado acuerdos de paz que favorecían al reino de Castilla. Estaba satisfecho y de excelente humor. Además de ayudar con las negociaciones, recibiría muchos beneficios.

Alejandro escuchó pacientemente a su padre, esperando que todos sus súbditos se agotaran, y solo entonces, y de manera muy sutil, le presentó la tarea que le había encomendado a Álvaro. Al principio don Felipe se irritó; sin embargo, el hijo fue convincente al dar razones claras y objetivas para la búsqueda realizada. Habló emocionado:

– Padre, esos dos vivieron en nuestras tierras, somos los señores de todo. ¿Por qué no traerlos y emitir nuestro juicio, que buscaría ser justo? ¿Por qué delegar esta tarea a un hombre truculento y con oscuras intenciones? Como dueños de nuestros dominios, no podemos parecer dominados ante todos. Don Fernando asume el papel que le corresponde, comportándose mucho más como propietario que tú. ¡Es mucha petulancia! Es necesario recortarle los poderes.

Aceptando el argumento, Felipe habló poniendo su mano sobre el hombro de su hijo.

– Debo admitir que actuaste inteligentemente y enviaste a la persona adecuada. Es una pena que no los encontró. Le devolveríamos la venganza a ese bastardo. Me gustaría ver su decepción si lo encontrásemos primero. He estado pensando mucho y no entiendo por qué hay tanto odio hacia las dos pobres criaturas.

Era la primera vez que mostraba sus verdaderos sentimientos hacia Fernando. Al darse cuenta que su padre estaba efectivamente manipulado por aquel hombre, Alejandro se arriesgó a hablar claro:

– Papá, tengo muchas ganas de ayudarte. ¿Qué secreto guarda Don Fernando sobre nuestra familia? Unidos seremos más fuertes y encontraremos una salida.

Felipe se levantó; con la cara roja, parecía que iba a explotar. Aunque aterrorizado, temiendo ser atacado, el joven intentó mantener la calma.

– No pregunto por curiosidad, sino porque te amo y creo que debemos unirnos contra este hombre, que hasta hoy solo ha causado discordia entre nosotros. He notado que busca fomentar el odio para ponernos unos contra otros. Padre, en verdad él nos manipula a su gusto, crea intrigas, crea calumnias, haciendo de nuestra vida un infierno. Juega un juego terrible en el que siempre somos su objetivo; se alimenta de nuestros desacuerdos.

El conde se sentó con la cabeza entre las manos, sin decir una sola palabra. El hijo prosiguió, empeñado en dar coherencia a sus palabras y utilizando la razón para convencerle:

– No podemos seguir en manos de este señor, ya que creo que su objetivo es destruirnos. Necesitamos fortalecernos y pensar cómo ponerle fin antes que suceda lo contrario.

Sorprendentemente, el padre guardó silencio, sin explotar sobre el tema como en otras ocasiones. Sí, pensó, Alejandro tenía razón. Durante mucho tiempo había dejado que Fernando administrara su castillo y su vida y, sumiso a sus exigencias, cedió cada vez más. ¡Cuántas veces había maltratado a su mujer y a sus hijos, influido por las intrigas de aquel hombre! Nunca había dejado que la luz de la verdad aclarara su razonamiento; por miedo, él siempre había obedecido sus órdenes.

– Es correcto lo que dices, hijo mío – lo abrazó, emocionado –. Nunca escucho el lado de mi familia. Es hora que tengamos una conversación de hombre a hombre. Llama a tu hermano Augusto; vamos a reunirnos para decidir cómo sacar a Don Fernando de nuestras vidas, si es posible.

Don Felipe se encerró con sus hijos durante dos horas. Al final de la conversación, ambos chicos estaban pálidos. Alejandro, con expresión asustada, se retiró a sus habitaciones y ni siquiera bajó a cenar. La condesa, preocupada, quiso subir a ver si su hijo estaba enfermo, pero su marido se lo impidió.

– Déjalo, Constancia, nuestro hijo simplemente no se encuentra bien. Hablamos mucho de Don Fernando. Creo que es hora de cambiar el rumbo de nuestras vidas y darle un giro al juego. Es hora de empezar a jugar a nuestro favor.

Ella lo miró asombrada e incluso palideció.

- No debería quedar así – dijo el conde –. Unámonos y pensemos juntos cómo solucionar nuestros problemas con Don Fernando - Constancia bajó los ojos y habló con timidez.

– Me resulta difícil deshacerme de ese monstruo que nos domina. Parece querer chuparnos la sangre e incluso arrancarnos el alma para subyugarnos.

El conde tomó la mano temblorosa de su mujer.

– No debemos temer. Y eso es lo que hemos hecho hasta ahora. Se nos ocurrirán ideas que funcionarán.

– Pero ¿cómo? – Dijo en voz baja, temerosa de ser escuchada –. He pensado mucho a lo largo de los años y no veo salida.

El marido se levantó y caminó hacia la puerta.

– Dios nos ayudará, ya verás. Alejandro y Augusto son inteligentes y me abrieron los ojos a detalles que nunca antes había visto. Constancia, debemos esperar y creer que todo saldrá bien.

Esa tarde, solo cenaron la pareja y el menor. Carlos estaba feliz y de buen humor. A pesar de la actitud cerrada de su padre, a veces el niño lograba sacarle una sonrisa, haciendo que el ambiente fuera más relajado.

Fernando estaba descontento porque aun no había tenido la oportunidad de interrogar a Álvaro. Llevó el caso al conde, quien, para su sorpresa, no le hizo caso. Solo dijo que se había enterado de esa investigación, de la que habían hablado su hijo y su esposa apenas regresó, y que lamentablemente los prófugos no habían sido encontrados. Habló con mucha naturalidad:

– Don Fernando, creo que deberíamos poner piedra en este asunto. No sabemos si esos pobres siguen vivos después de tantas penurias, sin dinero y sin techo. Todo el mundo parece haberlos olvidado; por lo tanto, debemos hacer lo mismo. Tenemos cosas más importantes que resolver.

Al ver que no estaba dispuesto a extenderse sobre el tema, Fernando se mordió la comisura de la boca, lleno de ira.

– Me parece extraña tu falta de interés, ya que dentro de tus tierras ocurre la brujería. Estoy seguro que al obispo no le agradaría este desprecio por un problema tan grave. Esto podría comprometerte. ¡Tú sabes cómo actúa la Iglesia en tales asuntos!

El castellano intentó simular una calma que estaba lejos de sentir; habló sin revelar irritación en su tono de voz:

– Has dado en el lugar exacto. La caza de brujas es tarea de la Iglesia, no nuestra. ¿Por qué no pasarle esta responsabilidad a ella? Lo nuestro es mantener a los enemigos alejados de nuestras tierras.

El otro, acostumbrado a tener al conde siempre acorralado, tenía una posición a su favor, y lo que escuchó a continuación le molestó aun más.

– Don Fernando, ¿estaría dispuesto a hacer un poco de ejercicio? Estamos deforestando una zona al norte donde deberíamos plantar trigo. Voy allí para presenciar y guiar el trabajo. Me gustaría tener el honor de su compañía.

– No – respondió secamente, expresando todo su mal humor.

– Prefiero volver a mi casa, quiero descansar un poco. Parece que el día será muy caluroso.

Le dio la espalda y dio un paso fuerte. Se alejó murmurando enojado.

Don Felipe estaba pensativo, consciente que debía prepararse para el cambio. Ese hombre pronto estaría montando un barco.

23.- Revelaciones

El TIEMPO EN EL CONVENTO pasó rápidamente. Jacob hizo todo lo posible para ayudar en todo lo que pudo. Enseñó a sor Filomena todas sus técnicas con preparados a base de hierbas. Los dos trabajaron durante horas preparando tés y medicinas. Algunas monjas e incluso Raquel recogieron plantas en los campos y alrededores. Además, se creó un parterre en el patio trasero para cultivar las especies que más se necesitaban. Los resultados fueron cada vez más positivos y aumentó el número de pacientes curados. Además de la ayuda material, siempre estuvo la presencia de mentores espirituales, en un ambiente propicio, que apoyaban a los dedicados servidores encarnados. Sin embargo, la salud de Jacob volvió a empeorar. A menudo, por la noche, tenía fiebre y se sentía extremadamente cansado, por lo que se veía obligado a retirarse a la cama. A pesar de todos los cuidados que recibió, su estado de salud empeoró, con tos constante.

Una tarde, sor Filomena notó que el judío estaba aun más debilitado. Le pidió que se acostara más temprano de lo habitual, obligándolo a tomar su medicina, y llamó a Raquel para hablar.

– Hija, creo que tu padre tiene debilidad pulmonar. Tenemos que alimentarlo muy bien y darle medicamentos a una hora programada; si no logra superar este estado, su salud estará muy comprometida; y es una enfermedad mortal.

Los ojos azules de la niña se llenaron de lágrimas, su corazón se sentía apretado.

– Hermana, haz todo por mi padre. Es la única persona que tengo en esta vida y sin él no sé vivir.

– Mi querida niña – la abrazó la monja cariñosamente –, vamos a curar a nuestro Jacob, y no lo olvides, eres nuestra pequeña hija. Sor Victoria te ama mucho y nunca permitirá que nadie te haga daño. Nosotros también somos tu familia.

– Conozco el cariño que todos me tienen, y se lo agradezco. Amo tanto a mi padre y verlo morir sería como perder una parte de mí.

Todos notaron la tristeza de Raquel luego de ese diálogo. Claramente Jacob estaba empeorando. Tenía ataques de tos cada vez más continuos y comenzó a expulsar sangre por la boca. Estaba perdiendo mucho peso y ya casi no se levantaba de la cama.

Un día llamó a la joven y le pidió que cerrara la puerta del dormitorio. Se arrodilló junto a la cama, apoyando la cabeza en el pecho de su padre, quien habló con dificultad:

– Hija, me estoy muriendo. Pronto Jesús me llamará a salir de este mundo. Debo entregar mi cuerpo cansado, por eso necesito hablar de un asunto muy serio.

– ¡No papá, no te vas a morir! – La interrupción fue inevitable –. No hables así.

– Mi hora está llegando. No quiero que estes triste; la muerte existe solo para el cuerpo, es liberación para el alma. Dondequiera que estés, te cuidaré. Ahora; sin embargo, tengo que contarte un secreto que guardo desde hace mucho tiempo; no podía irme llevándolo conmigo.

Ella no dejó de llorar. Jacob le pasó las manos por el cabello.

– El gran sueño de Sara era tener hijos, muchos hijos. Por razones que desconocemos, Dios no lo quiso. Raquel, no eres nuestra hija de sangre.

La niña levantó la cabeza y lo miró a los ojos.

- ¡No entiendo lo que dices, papá!

Siguió hablando en voz baja:

– Sara, mi esposa, nunca pudo tener hijos. Eres nuestra hija del corazón, muy querida. Observa cómo nos diferenciamos físicamente. Yo soy de piel oscura y ella también, mientras que tú eres rubia y tienes ojos azules.

Raquel abrazó a su padre con inmensa ternura.

– Eso es lo que menos importa. Tú y mi madre Sara son realmente mis padres. Creo que ahora puedo amarlos aun más. No importa quién me trajo al mundo, ¡tú me criaste con mucho amor!

El anciano quedó conmovido por las amorosas palabras y gestos de su amada hija.

– Necesito revelarte todo sobre tu nacimiento y decirte quién es tu verdadera madre.

La niña le tapó la boca con su delicada mano.

– No quiero saber nada más. Solo conocí a un padre y a una madre que me querían mucho, y eso es lo esencial.

– Tu madre todavía hoy sufre porque se vio obligada a separarse de ti. Las circunstancias le impusieron esta actitud. Temía por su vida, querida, así que nos la entregó a Sara y a mí para que la criáramos. Pero nunca te perdió de vista. Hija, toma ese anillo que te regaló Sara en el momento de su muerte.

Raquel se puso de pie, cogió una pequeña caja que estaba al borde de la cama y se lo trajo.

– Cariño, levanta la piedra y mira lo que tienes.

– Es un escudo de familia – observó – Lo he visto en el castillo. La condesa lo utiliza para sellar su correspondencia.

Jacob intentó hablar con calma.

– Sí hija mía, este anillo es de tu familia. Fue colocado en tu dedo por la condesa Constancia, el día de tu nacimiento. Esta valiosa joya pertenece a la familia desde hace muchos siglos.

Cayó de rodillas, sin palabras, como si fuera a perder el conocimiento.

– Raquel, la condesa es tu madre

.Fue como si el suelo se derrumbara, todo a su alrededor se derrumbara y un enorme agujero se abriera para tragársela.

El viejo judío buscaba mantener el equilibrio.

– Aunque juré llevarme mi secreto a la tumba, no puedo evitar decírtelo en este momento. Porque sé de tus sueños de niña, necesito decirte que Alejandro, Augusto y Carlos son tus hermanos. El amor entre ustedes debe ser fraternal.

– ¿Cómo puede ser eso, papá? Si es así, no puedo entender por qué no me criaron juntos en el castillo. ¿Por qué la vida tiene que ser tan dura para mí? A Alejandro lo amo con todo mi corazón desde que éramos niños; juramos que algún día nos casaríamos.

Se sentó en el suelo y lloró convulsivamente. Jacob levantó su cuerpo con esfuerzo y acarició el cabello de su hija, tratando de consolarla.

– Raquel, este sueño siempre fue imposible. Aunque no fuera tu hermano, él es noble y nosotros somos pobres; los nobles solo se casan con nobles. Sara y yo nunca alimentaríamos esta ilusión en tu corazón, incluso si no supiéramos que son hermanos. Hija, este es nuestro secreto. Había que revelarlo para que el amor de la infancia no se convirtiera en sentimientos de un hombre por una mujer, lo que sería contrario a las leyes de la naturaleza. La vida está ahí para ser aceptada tal como es, no como pensamos que debería ser. Intenta mirar a Alejandro como a un hermano y tu forma de sentir cambiará.

Raquel no quiso hablar más del tema, ni siquiera saber los motivos que tuvo la condesa para entregarla a sus padres adoptivos. Una profunda tristeza ensombreció sus hermosos ojos azules. Las hermanas se dieron cuenta, pero creyeron que era por la enfermedad de su padre. La hermosa niña comenzó a vivir en silencio y llorando a escondidas.

Pasaron los meses y la salud de Jacob se volvió más precaria. Todos sabían que no le quedaba mucho tiempo de vida. Raquel era sumamente cuidadosa y casi nunca se separaba de su lado. En una de estas ocasiones habló con gran dificultad:

– Hija mía, ve y descansa, temo por tu salud. No come adecuadamente ni duerme lo suficiente. El mal que tengo se lo puedo transmitir a ustedes.

La joven le besó las manos.

– Padre, déjame recompensarte por lo mucho que hiciste por mí. No me imagino vivir sin tu compañía. Si pudiera, daría parte de mi vida por verte con mejor salud.

Jacob se sintió conmovido, como siempre, por su muestra de afecto.

– Creo que Dios puso un ángel en mi vida, y por eso no me canso de agradecerle.

Raquel, buscando maneras de complacerlo, sabía cuánto le gustaba escucharla cantar canciones judías. Corrió y recogió la cítara, sentándose en el suelo junto a la cama. Comenzó a cantar una canción agradeciendo a Dios por todas las bendiciones que había recibido. La música era de extrema belleza y delicadeza. Jacob cerró los ojos, dejándose elevar por el canto y una oración sincera de su humilde corazón. Su alma se desprendió de su cuerpo cansado, que exhaló su último aliento.

La hija siguió cantando, sin darse cuenta que el cuerpo moría y el alma luminosa se liberaba. Sara y otra hermana espiritual lo ayudaron a liberarse de las últimas ataduras fluidicas que le sujetaban a la envoltura sin vida. Jacob, dormido, fue llevado al otro plano de la vida.

– Papá, basta de música y charla por hoy. Necesitas descansar.

Cuando se inclinó para darle un beso, Raquel notó que no se movía. Su boca estaba morada y un hilo de sangre corría por la comisura. Corrió hacia sor Filomena, desesperada. En la habitación, la monja puso su mano sobre el pecho de Jacob y dejó que las lágrimas mojaran su rostro.

– Mi querida niña, tu padre acaba de morir, pero su alma buena debe estar con el Maestro Jesús.

Pronto entraron otras hermanas a la habitación, donde se escuchó el llanto sentido de Raquel. Sor Victoria mostró su cariño y atención a la huérfana.

Al cabo de unos días buscó a la madre superiora en su habitación.

– Sor Victoria, ¿puedo hablar con usted en privado? Tomé una decisión importante y correcta para mi vida. Deseo usar el hábito y hacerme monja. No hay nada que me ate a este lado de la vida. Quiero servir a Jesús y a los demás.

La madre estaba conmovida. Llevaba mucho tiempo esperando escuchar esto, pero no quería interferir ni influir de ninguna manera.

– Hija mía, ¿tu decisión fue tomada porque crees que tienes vocación o porque no tienes familiares ni ninguna alternativa? Si quieres irte, tengo familia en Granada; podré dejarla con ellos como mi protegida y Don Fernando no te encontrará allí.

Raquel se acercó tomándole las manos.

– Ya no quiero vivir afuera. Aquí encontré la paz que siempre busqué. Tengo tu ejemplo y el de las demás monjas de lo que realmente significa ser feliz. Hay mucha vida aquí. Creo que me necesitan y yo te necesito mucho más. Quiero ser útil. Por todo ello me gustaría formar parte de la hermandad.

La madre sonrió afectuosamente y comentó:

– Todas las demás hermanas estarán contentas con la noticia. ¡Te hiciste muy amada en este convento!

Como había previsto sor Victoria, la decisión fue recibida con alegría por las demás monjas. Días después, la joven recibió el hábito de novicia y en seis meses tomaría el hábito de monja. Dejaría de ser Raquel, que moriría simbólicamente para el mundo, y pasaría a llamarse Sor Rosária.

Sor Rosária y sor Filomena actuarían como principales asistentes de la madre superiora.

24.- Sacrificio

FERNANDO, DECEPCIONADO POR NO descubrir el paradero de Jacob y Raquel, no decayó en sus intenciones. El conde le había quitado la oportunidad de interrogar a Álvaro y ahora solo le interesaba ampliar su plantación de trigo. No se alejó del castillo, lo que le impidió tomar medidas contra el jefe de la guardia.

A excepción de Augusto, que había viajado a Toledo, donde ya había iniciado sus estudios de Medicina, la familia del castellano estaba vigilada día y noche por los hombres de Don Fernando. Si alguien se atrevía a visitar a Raquel y a Jacob, descubriría su escondite. Alejandro, no queriendo despertar desconfianza ni siquiera de su padre, no fue mucho más allá de sus dominios, ni siquiera intentó mantener correspondencia. Y Álvaro nunca volvió al convento a visitar a su hermana.

Fernando estaba intrigado; No había visto nada sospechoso en los últimos meses.

Una mañana, después de mucha meditación, tomó a algunos hombres de su confianza y fue a Toledo para entrevistarse con el obispo. Este hombre, un hombre muy obeso y con la cara colorada, lo atendió después del almuerzo en su oficina privada.

– Don Fernando, ¿qué le trae una visita tan honorable?

El malvado se acercó y besó el anillo en su dedo.

– Vengo a pedir vuestra ayuda, y también a hacerle un favor a la Iglesia - El Obispo le ofreció vino.

– Soy todo oídos. ¿Cuál es el problema?

Con su peculiar manera de hablar, le dijo todos los supuestos en la ciudad y en el castillo donde se produjo brujería que incriminó principalmente la mente de Jacob; el Obispo quedó horrorizado por las acusaciones. El denunciante se esforzó en narrar los hechos con gran detalle, incluidos los que él creó.

– ¡Es muy grave lo que estás denunciando! ¿Por qué no viniste antes que estas criaturas huyeran?

Fernando hizo un gesto de indignación y dio un tono más serio a su voz.

– Francamente, esperaba una actitud de Don Felipe. Sin embargo, parece que no quiso involucrarse, ya que existen fuertes sospechas que su esposa y su hijo Augusto también participan en tales prácticas. El conde simplemente ignoró mis quejas y no me apoyó en las investigaciones. Los esfuerzos y el dinero gastado fueron míos. No podía permitir que criaturas tan perversas permanecieran sueltas en este mundo de Dios.

– Don Fernando, ¿cómo puedo ayudarle a encontrar a estas personas? Ha pasado mucho tiempo, y si los dos magos consiguieron llegar a Granada ya no podremos echarles el guante.

– No creo que hayan ido allí; su destino era Barcelona. Tenían pocos recursos, pero estoy seguro que recibieron ayuda de un chico de la guardia del conde, que se llama Álvaro. Desgraciadamente, señor Obispo, sin su colaboración será imposible atrapar a este sinvergüenza. Necesito su interferencia para poder interrogarlo y finalmente descubrir dónde se esconden esos brujos.

El Obispo sonrió.

– Don Fernando, eso no es un problema. Enviaré un sacerdote de nuestra orden con hombres de mi guardia personal y traerán a este Álvaro aquí. El conde no pondrá objeciones, ya que no le corresponde intervenir en los asuntos de la Santa Madre Iglesia. Si intenta detenerlo, se verás seriamente comprometido, más de lo que ya está. Haremos que el desgraciado abra la boca, de eso no hay duda. Y en cuanto al conde y su familia, ¿cuál es su sugerencia?

El hombre sonrió entre dientes.

– No pierden esperando. Necesitamos pruebas, que no serán difíciles de obtener una vez que atrapemos a los brujos y confiesen. Las tierras del conde son fértiles y productivas. Creo que se beneficiarán mucho en manos de nuestra Santa Iglesia.

Los dos soltaron una carcajada. El viejo Obispo levantó su copa de vino.

– Un brindis para sellar nuestro acuerdo. Haremos un bien a la humanidad deshaciéndonos de estas terribles criaturas.

Fernando se sintió casi realizado. No movería un solo dedo y aun así tendría la satisfacción de verlo todo. El Obispo iba a arrestar y torturar a Álvaro. Estaba muy feliz, su venganza sería completa. No podía contener su ansiedad por el desenlace de los acontecimientos; lo imaginó repetidamente con antelación, para saborear mejor la venganza.

Con todo en orden, nunca regresó al castillo. Permaneció tranquilo en casa, esperando noticias de sus espías.

Pasaron unos días. Aquella mañana lluviosa, don Felipe no salió del castillo para vigilar el trabajo en el campo, como era costumbre. Pero muy pronto recibió visitas. La familia estaba reunida en el salón cuando el padre Orlando y algunos hombres de la guardia del Obispo aparecieron con orden de llevarse a Álvaro. El conde acudió al sacerdote, quien le dio la declaración. Al leerlo reaccionó indignado:

– No entiendo por qué el Obispo envía a interrogar a mi hombre de confianza. ¿Qué tiene con la Iglesia?

Alejandro se levantó tomando la carta de las manos de su padre y dijo irritado:

– Padre, Álvaro es un hombre en quien confiamos plenamente. Ha estado a nuestros servicios durante mucho tiempo. La Iglesia no puede arrestarlo para interrogarlo.

– Hijo – lo detuvo Constancia –, dejemos que el cura explique los motivos.

– En los asuntos de la Iglesia nadie puede interferir – el tono del sacerdote era amenazador –. Recibimos una queja seria que aquí en tu pueblo vivían magos, o todavía viven en este castillo. Por lo tanto, todos aquí están bajo investigación de la Inquisición, todos pueden estar encubriendo a esos criminales; y el principal sospechoso, por ahora, es el señor Álvaro.

Como si un escalofrío recorriera la habitación, todos palidecieron y guardaron silencio, incluso los sirvientes. Cualquier palabra podría comprometerlos, aunque fuera para defender a su pobre amigo.

– Señor conde – dijo el sacerdote con dureza –. Espero una actitud de su parte. Tráigame al chico.

Uno de los guardias fue llamado y se le encargó llamar a Álvaro a su casa. A los pocos minutos, el joven entró pálido por la puerta del pasillo. Alejandro corrió y colocó su mano derecha sobre su hombro.

– Tranquilo amigo, haremos todo lo que podamos.

– Padre, él es Álvaro – presentó el conde –. Es un hombre honesto y fiel, al que vi crecer junto a mis hijos. Tiene familia y dos hijos pequeños, y doy mi palabra de honor que todo es intriga; no hay nada contra él.

– Eso es lo que veremos, don Felipe. Volvamos inmediatamente a Toledo.

Ordenó a sus hombres que se llevaran al muchacho y luego se retiraran.

Todos en el salón estaban abatidos y devastados. ¿Cómo pudo el Obispo interferir en el castillo? ¿Por qué le pasó esto a Álvaro, que nunca había estado involucrado en nada irregular, que no tenía enemigos? Esas preguntas flotaban en el aire y en la cabeza de todos.

Después de un largo silencio, la condesa habló:

– Señor, marido mío, esto debe venir de Don Fernando. ¿Recuerdas que exigiste acción porque Álvaro buscaba a Jacob y Raquel? Debe pensar que el chico sabe algo y confesará bajo tortura.

– ¡Eso es cruzar la línea! Este hombre ha llegado demasiado lejos. ¡Dios sabe si no quiere involucrarnos también a nosotros en sus intrigas de brujería!

Alejandro estaba preocupado.

– Papá, ¿recuerdas cuando regresamos en invierno y él inventó esa historia que mamá y Augusto también estaban vinculados a la brujería, participando en rituales con Raquel y Jacob? - El conde sintió que le temblaban las piernas.

– Lo recuerdo muy bien. ¡Dios mío! Si pudo contarle esto al Obispo, habremos terminado.

– Pero necesitan pruebas y ellos no tienen ninguna contra nosotros – reflexionó el hijo.

El padre estaba tan pálido que parecía a punto de desmayarse.

– Ese hombre es terrible. No dudará en falsificar pruebas y quemarnos a todos en la hoguera.

Constancia abrazó a Carlos, sin poder contener más las lágrimas.

- ¡Ah, Jesús mío, protégenos de tan grande prueba!

Una vez más Alejandro intentó hacer uso de la razón.

– Quizás sería mejor que huyéramos a Aragón. Allí contaremos con la protección del rey.

– Te equivocas, hijo mío, el brazo de la Iglesia está en todas partes. Ni nuestro rey ni el de Aragón podrán protegernos si tales acusaciones caen sobre nuestras cabezas.

Desde este incidente, la familia del conde había perdido por completo la tranquilidad. Se sintió amenazada todo el tiempo.

Los espías de Fernando le dieron la noticia de la detención de Álvaro y el hombre viajó inmediatamente a Toledo. Quería ver el interrogatorio en persona.

Álvaro estuvo en silencio todo el camino. Sabía exactamente lo que le esperaba. Estaba seguro que Don Fernando no sabía el paradero de Raquel y Jacob, por lo que lo llevaba a la Inquisición. Había oído hablar mucho de las salas de tortura, pero trató de mantener la calma y orar para fortalecer su espíritu.

Al entrar en la ciudad, se dirigieron directamente a la residencia del Obispo, que en las dependencias traseras tenía las salas de interrogatorios y las celdas. Álvaro pasó unas horas atrapado allí, esperando. A la llegada de Fernando, sacaron al joven y lo llevaron para ser interrogado. El Obispo estaba sentado en una silla de respaldo alto revestida de terciopelo rojo, detrás de una gran mesa. Álvaro se posicionó justo frente a él y Fernando se colocó en un lugar donde pudiera observar mejor.

Si esos dos hombres pudieran ver la visión espiritual de la habitación, estarían aterrorizados. Muchas criaturas de aspecto oscuro acechaban por las esquinas. Una entidad de enorme apariencia, unida en simbiosis con el Obispo, parecía coordinar y dirigir todas sus acciones. Ella vestía ropa como la de él y disfrutaba de las emanaciones de la comida y el vino que él bebía. Con cada vaso, esta criatura se volvía más eufórica y excitada, exigiendo que el muchacho fuera interrogado de inmediato. Experimentaba evidente placer en ejercer el poder y creía tener control total sobre los encarnados y desencarnados que allí se encontraban, sometidos a sus órdenes. Cuando Álvaro entró a la habitación, acompañado de dos militares, sintió el peso del ambiente; le faltaba aire.

La entidad principal se colocó frente a él y le dio una bofetada que el prisionero sintió como un ligero vértigo. Luego habló con voz estridente:

– ¡Hombre, arrodíllate ante tu soberano señor!

Y de nuevo la horrible criatura le golpeó en la cara. Se sentía ligeramente mareado y le ardía la cara. Mientras la entidad pronunciaba estas palabras, el Obispo, controlado por ella, ordenó también a Álvaro que se arrodillara. Los dos guardias lo obligaron a adoptar esa posición.

La enorme entidad regresó junto al Obispo y mentalmente comenzó a influenciarlo para interrogarlo. El prisionero lo negó todo, diciendo que no había encontrado a los dos y que no tenía idea de su paradero. Durante más de dos horas explicó que su tarea era simplemente llevarlos para ser juzgados en el propio castillo.

El Obispo pidió que sacaran al muchacho y lo llevaran de nuevo a la celda.

Don Fernando estaba furioso, quería más agresión, mientras la autoridad religiosa bebía tranquilamente su vino.

– Don Fernando, no veo ningún defecto en este hombre. Solo estaba siguiendo órdenes, está diciendo la verdad. La familia del conde buscó a los brujos para traerlos de regreso y establecer la verdad de los hechos. Lamentablemente Álvaro no los encontró. Durante dos horas dijo lo mismo, no miente. Lo enviaré lejos, lo sacaré de prisión.

El feroz perseguidor casi perdió el control. Se puso tan rojo que parecía que estaba a punto de sufrir un ataque. Los dos espíritus perversos que lo flanqueaban insistieron en que actuara.

– No, señor Obispo, debemos someterlo a tortura. Álvaro es muy inteligente y un simple interrogatorio no basta para soltar la lengua. Su lealtad al conde y a toda la familia es absoluta, pido permiso para realizar personalmente el interrogatorio, y en menos de una hora le garantizo que tendremos la confesión en nuestras manos.

– Vas a perder el tiempo – dijo el Obispo –. En cualquier caso, ya que insistes, es tuyo.

El Obispo llamó a uno de sus hombres y ordenó que el prisionero quedara bajo la custodia de Don Fernando. Rápidamente se dirigió a una posada para refrescarse del viaje y comer. Tenía la máxima urgencia de obtener el escondite de Jacob y Raquel. Su venganza estaba prácticamente completa, pronto lograría sus objetivos.

25.- El Valle

HERMANA ROSÁRIA ESTABA TOTALMENTE integrada en las labores del convento, era raro recordar el mundo exterior.

Observó que casi todas las mañanas la madre superiora, sor Filomena y otras dos monjas salían en una carreta cargando comida y ropa. Incluso antes que saliera el Sol, podía oír su ruido cruzando el patio. ¿Por qué nadie comentó sobre estas salidas? – Se preguntó a sí misma. Nunca había tenido el valor de interrogar directamente a sor Victoria.

Un día, mientras ayudaba a la madre a separar las medicinas para los enfermos que llegaban de los pueblos, tuvo el valor de decir:

– Madre, ¿puedo hacerte una pregunta? Si es un secreto, no es necesario que me contestes ni me expliques nada - Sor Victoria sonrió.

– Bueno, pregunta. Aquí no tenemos secretos, querida - La franca respuesta la animó.

– ¿A dónde van las señoras casi todos los días, antes del amanecer? La superior dejó lo que estaba haciendo y la miró, para que pudiera evaluar su reacción ante la respuesta.

– Vayamos al valle de los leprosos. Somos las únicas cuatro con coraje. Es un lugar de sufrimiento indescriptible. Vamos allí para aliviar el dolor de criaturas que no son aceptadas en ningún lugar de este mundo; todos temen el contagio, ya que se pudren en la vida; sin embargo, ¿cuántas veces Jesús se acercó para sanarlos? Nosotras, querida mía, como sus servidoras y seguidoras, debemos estar en todos los lugares donde hay dolor y sufrimiento y llevar consuelo físico y espiritual a estos desheredados de la tierra.

Sor Rosária estaba muy conmovida y de repente besó las manos de sor Victoria.

– Bienaventuradas estas santas manos que siembran amor y caridad. Eres una santa.

– No, querida, no soy una santa; simplemente me esfuerzo por seguir las enseñanzas que Jesús nos dejó. Ya que somos pecadores que purgamos sus pecados en este valle de lágrimas, debemos transformarlos un poco para la gloria de Dios.

– Hermana Victoria – dijo la joven con lágrimas en los ojos –, déjeme acompañarla. Debe haber muchos pacientes y yo podría ser de alguna ayuda.

La madre sacudió la cabeza, pensativa, ante la disposición de la niña.

– ¡Por favor! Le aseguro que soy valiente, he cuidado a algunos pacientes graves y he visto la muerte de cerca. Señora, estoy lista. No tengo miedo al contagio. ¿Cuánto tiempo llevas yendo al valle y sigues sano, gracias a Dios?

La superiora le dio unas palmaditas en las manos.

– Sí, mi querida hija, mañana irás con nosotros. Pero atención a un detalle: evitamos comentarios. Si nuestra gente enferma y pobre supiera que vamos al valle, todos huirían asustados. Por eso nuestras salidas son confidenciales. Nunca mencionamos el trabajo que allí se realiza, ni siquiera con las otras monjas, a pesar que conocen nuestras actividades.

Sor Rosária también decidió no decirle a nadie que iba al valle de los leprosos. Al día siguiente, el Sol aun no había salido y las monjas, con su participación, cargaron en el carro comida, medicinas y ropa. Todos realizaban sus tareas sin hablar y haciendo el menor ruido posible. Subieron al carro que conducía sor María das Graças y siguieron el rastro. Cuando el Sol alcanzó el horizonte, ya se podía ver el valle.

Un río de aguas tranquilas y cristalinas lo partía por la mitad. El frondoso verde de su curso, la hermosa vegetación que lo rodeaba y las montañas al fondo le daban al entorno una belleza que deslumbraba. Rosária respiró hondo, acentuando la agradable sensación del aire fresco y puro de la mañana, y exclamó:

– ¡Qué vista tan maravillosa! Al contemplar este lugar sentimos la mano del Creador en cada detalle.

– Sí, hija mía – sonrió sor Victoria –. Para ver las maravillas de Dios es necesario ser sensible. Cuando estamos centrados solo en nosotros mismos, inmersos en el egoísmo, no vemos nada más allá de nuestros intereses, de nuestro propio horizonte.

A medida que el carro avanzaba hacia el valle, Rosária vio criaturas escabulléndose entre los árboles.

– Sor Filomena, ¿por qué se esconden si te conocen?

– Muchas sienten vergüenza de exponer sus cuerpos mutilados – respondió la monja.

La joven se llenó de compasión por los desheredados de la vida y del mundo.

El carro se acercó a una especie de campamento. Muchos hombres, mujeres y niños permanecían alrededor de las fogatas, algunos acostados en etapas avanzadas de la enfermedad; otros tenían solo unos pocos signos visibles. Cuando detuvieron el carro, olieron un olor a carne podrida, insoportable para quienes no estaban acostumbrados.

La nueva monja volvió la cara y se tapó la nariz para evitar el vómito, sor Victoria se dio cuenta y se dirigió a ella:

– Hija mía, si quieres alejarte nadie se dará cuenta. Todos entenderán tu actitud. Este lugar es muy difícil incluso para nosotros, los más experimentados. No te sientas culpable por no poder continuar con nosotros.

– No – respondió Rosária –. No me voy a rendir. Las cinco monjas comenzaron a sacarlo del carro y colocar en el suelo lo que habían traído. Algunos pacientes se acercaron con muestras de alegría y gratitud.

Un niño de aspecto saludable fue el primero en acercarse.

– Sor Victoria, ¡qué bendición de Dios verla esta mañana! ¡Y trajo una nueva compañera!

– Sí, Edgar – se volvió sonriendo –. Quiero presentarles a nuestra hermana Rosária, quien está comprometida con ayudar a nuestros pacientes.

El niño le tendió una mano amiga.

– ¡Qué placer conocerte! Que Dios bendiga su disposición para ayudarnos. No nos falta trabajo aquí en este valle de lágrimas.

Rosária estrechó la mano del simpático joven, que mostraba una encantadora sonrisa.

– También es un gran placer conocerte. La superiora la abrazó por detrás.

– Esta es nuestra hermana menor. A pesar de su corta edad, es muy dedicada. Ella es mi hija del corazón.

– Con todo respeto, Madre, pareces un ángel caído del cielo.

Rosária se rio, avergonzada por el cumplido.

– Edgar no está infectado por la enfermedad – aclaró la madre –. Vino al valle acompañando a su madre, para poder cuidarla y no dejarla morir impotente, porque ya no podía ocultar su enfermedad a sus vecinos. Después de su muerte, sintiendo pena por la situación de los demás pacientes, acabó quedándose y apoyando a todos.

Rosária quedó conmovida por la historia, sintiendo ya admiración y amistad por el niño.

– No creo que sea el ángel que cayó del cielo. Dios bendiga tu dedicación. Cada noche, en mis oraciones, le pediré a Jesús que te fortalezca con gran valentía en el difícil trabajo que realizas.

– Gracias, hermana. Realmente necesito fuerza desde lo Alto. Pero cuando sentimos el sufrimiento en nuestras carnes, como me pasó a mí al ver a mi pobre madre en este estado, no podemos negar el apoyo a estas personas desafortunadas.

Sor Victoria dio una palmada, llamando la atención de los jóvenes:

– ¡Vamos, basta de hablar! Tenemos mucho trabajo y no debemos demorar en regresar al convento.

Las monjas ayudaron a lavar las heridas, cambiaron la ropa sucia, dieron medicinas y distribuyeron comida. Los que estaban en mejores condiciones intentaron ayudar a los que no podían valerse por sí mismos.

En el campamento se criaban algunos animales y había un pequeño huerto. Todo esto, sumado a la organización del valle, fue resultado de la actuación de las monjas. A medida que llegaban más y más enfermos, sin su cooperación la supervivencia quizás hubiera sido imposible.

Rosária se convirtió en una activa compañera en las visitas al lugar. Pronto se hizo amada por los pacientes, debido al cariño que les brindaba.

El trabajo fue duro y requirió innumerables sacrificios y renuncias.

Ella y Edgar desarrollaron una sólida relación de hermanos, basada en el sentimiento puro de criaturas que hacen de su vida un testimonio de dedicación y amor por los demás. Allí nació una amistad que perduraría a lo largo de los siglos.

Edgar pasó el día cargando agua, ayudando a preparar la comida, alimentando a los que ya no podían comer solos, limpiando heridas, dando pociones preparadas por las monjas y orando por los que acababan de fallecer.

Las viviendas eran precarias, casi sin recursos, muchos llegaron espontáneamente y otros fueron abandonados por familiares en caminos cercanos. Fueron recogidos por las monjas o por Edgar y llevados al campamento.

La situación de extrema pobreza y falta de higiene empeoró aun más la condición de aquellas criaturas.

Por otra parte, si los recursos materiales y humanos eran escasos, los encarnados recibían preciosa ayuda del plano espiritual. Muchos mentores acompañaron a las dedicadas hermanas, guiándolas e instruyéndolas sobre la mejor manera de tratar a los enfermos.

Jacob, en el plano espiritual, en cuanto adquirió buenas condiciones, pidió permiso para estar con las monjas, en particular con sor Filomena, con quien tenía una especial afinidad vibratoria. Así que, una vez preparado, se encontró de nuevo en el convento, con su amada hija y las caritativas damas, ayudando a los más necesitados.

Se sentía feliz de poder seguir sirviendo en espíritu. Intentó acompañar a sor Filomena, intuyendo el mejor procedimiento para aliviar el dolor de los asistidos. Raquel sintió la presencia de su padre, lo que le dio mayor seguridad en la elección que había hecho. La vida en el convento siguió siendo laboriosa e iluminada por las bendiciones del Creador. Las criaturas que vivieron en el lugar y las que pasaron por allí siempre tuvieron la oportunidad de armonizarse en el amor puro, en el amor por los demás.

26.- Prueba de Lealtad

FERNANDO ESPERABA A ÁLVARO de pie, en una habitación donde había varios instrumentos de tortura para el interrogatorio. El prisionero llegó muy pálido. El hombre ordenó que lo colocaran sobre una mesa de madera con los pies en un extremo y las manos en el otro. Se acercó con aire sarcástico.

– Señor Álvaro, ¿sabe lo que significa estar tumbado en esa posición?

– Sí.

El otro soltó una gran carcajada.

– Estirémoslo tanto que alcance la altura de un gigante. Tus brazos y piernas estallarán en un dolor insoportable. ¡Creo que antes de empezar deberías soltar la lengua! ¿Dónde están los magos?

- No lo sé - respondió con firmeza.

Rascándose la barba gris, el despiadado Fernando ordenó que comenzaran las torturas.

– ¿Dónde escondiste a los magos?

– No pude encontrarlos.

A una señal de ese hombre, la mesa donde el joven estaba acostado comenzó a estirarse. Dejó escapar un grito.

– ¡Estoy perdiendo la paciencia! No preguntaré más, solo estírate.

Les hizo una señal para que comenzaran a tirar y estirar su cuerpo, el dolor se volvió tan insoportable que los gritos del pobre muchacho resonaron por todo el edificio. Se los podía escuchar por toda la cuadra.

El Obispo, que estaba comiendo en la residencia, se enojó y llamó a un guardia:

– Ve a la sala de interrogatorios y detén la tortura. ¡Me molestan tantos gritos!

El centinela transmitió la orden del Obispo, que fue recibida con gran molestia por Fernando, quien la ignoró.

– Álvaro, por última vez pregunto: ¿dónde están los magos?

– No lo sé – respondió antes de desmayarse.

Tras la nueva orden, lo sacaron de la mesa y lo colocaron en una silla en la que sus manos y cabeza estaban encajadas en una abertura de madera.

– Como ya no es posible estirarlo, vamos a arrancarle las uñas – dijo, atando la boca del prisionero para que no gritara.

Para cada uña, una pregunta y una respuesta negativa. Al final, Álvaro volvió a desmayarse. Un sacerdote que ayudó a Don Fernando dijo:

– Señor, vamos a terminar perdiendo al testigo, sin confesión alguna. He visto muchos interrogatorios. Creo que es cierto que este chico no sabe nada, o ya le habría dicho dónde están los magos. Muchos confiesan aunque no son culpables para liberarse del dolor.

El comentario pareció provocar mayor furia.

– Como insiste en no decir dónde los llevó a ambos, tampoco lo dejaré salir con vida de esta habitación. Lo sepa o no, ¡este desgraciado va a morir! Vuelva a ponerlo sobre la mesa.

El cura intentó detenerlo, pero el propio Fernando lo detuvo.

– No se preocupe, padre Josías. En el estado en que se encuentra, ya no gritará ni molestará al Obispo.

Comenzó a estirar nuevamente el cuerpo dolorido de Álvaro, quien simplemente gimió hasta perder el conocimiento.

Cuando volvió en sí, lo interrogaron nuevamente, pero sus músculos y nervios no podían soportar tanta presión. El fiel joven falleció sin informar lo que el otro quería saber.

Fernando salió dando un portazo y dirigiéndose a la habitación donde el Obispo estaba bebiendo su vino.

– Señor, lamento molestarlo; vine a despedirme. Estoy de regreso en mi casa.

El hombre bondadoso se levantó.

- Después de todo, ¿obtuviste la confesión que tanto deseabas?

– Lamentablemente no, el desgraciado murió negándolo todo. Me quedo sin idea otra vez.

– Bueno amigo, conozco este tipo de interrogatorios y te aseguro que el chico no sabía nada. No era necesario haberle quitado la vida.

Rojo, casi enojado, Fernando golpeó la mesa con la mano.

– Lo peor es que era mi única pista. Ahora no tengo nada, estoy completamente a oscuras.

– De hecho, si estuvieran ocultos con conocimiento de los familiares del conde, sin duda ya habrías llegado a ellos. Ciertamente también ignoran el paradero de estas criaturas.

– Seguiré espiándolos – intentó controlarse el perseguidor –. Volveré sobre cualquier sospecha o prueba de brujería, y luego podremos interrogar a la familia. Espero contar con su apoyo, señor Obispo.

– No olvides – su expresión era preocupada –, que la familia de Don Felipe está vinculada al rey, lo que exige que tengamos pruebas irrefutables.

– Por eso tengo que encontrar a los magos y mover los hilos, señor. Con esos dos en mi mano, no faltarán pruebas.

La noticia de la muerte de Álvaro trajo tristeza al castillo y al pueblo, todos querían al chico y admiraban su corazón generoso, siempre dedicado a las buenas causas. La condesa buscó a Helena, la viuda que le brindó apoyo emocional y económico para garantizar su sustento y ayudarla a criar a sus dos hijos, que quedaron huérfanos desde pequeños.

– ¡Mi querida Helena, sabes cuánto queríamos a tu marido! Mientras estemos vivos, no permitiremos que tú y tus pequeños niños pasen necesidad.

La niña lloró mucho abrazando a los niños.

– Señora, le agradezco de todo corazón lo que hace por mí. Hoy el dolor me atraviesa el pecho como un puñal. Solo pienso en seguir viviendo para mis hijos, que ahora solo me tienen a mí en este mundo.

Constancia sintió un dolor inmenso. Álvaro había sacrificado su vida por su familia. Había pagado un alto precio por su lealtad. La condesa temía que ella y sus hijos también tuvieran que sufrir a manos de aquel hombre bárbaro. Todos en el pueblo sabían el alcance de su maldad.

– Querida – dijo antes de irse –, Don Fernando debería aparecer aquí y hacerte preguntas. Di siempre que no sabes nada y no des ningún dato sobre la familia de Álvaro. Podría ir tras sus familiares y matarlos. Di que no sabes el paradero de nadie. Esto también preservará tu vida. Helena, ¿entiendes lo que digo?

La joven bajó la cabeza en un gesto afirmativo.

– Sí señora, cualquier palabra podría costarnos la vida a mí y a mis hijos. Diré que Álvaro no encontró a Jacob y a su hija. Y que no conozco a ningún familiar de mi marido.

Constancia regresó al castillo con la cabeza gacha. Nadie comió en un día tan desastroso.

El conde fue el único que se sentó a la mesa, aunque no pudo comer nada. Las amenazas de Fernando nunca abandonaron su mente. Estaba convencido que su antiguo enemigo no retrocedería fácilmente.

El zorro buscaba una oportunidad para atacar y Felipe pensaba en cómo protegerse. Durante años había intentado controlar su ira, pero aquel hombre era insaciable; parecía quererlo todo, incluso su castillo, sus títulos, su honor y su familia. Decidió que buscaría al rey y le contaría lo que estaba pasando; de esa manera, si llegara la acusación, contaría con el apoyo real.

No solo ese día, sino los siguientes, los miembros de aquella familia no pudieron dormir, comer ni trabajar en paz. Sintieron que el asedio se intensificaba cada vez más.

Los espías de Fernando dentro del castillo le informaron que todos parecían agotados desde la muerte de Álvaro. Esta noticia lo animó, ya que era una señal que estaba alcanzando su objetivo. Su venganza iba muy bien.

Algo de lo que nadie se dio cuenta fue que, a pesar de los compañeros que tenía, Fernando era un hombre solitario, no tenía en quién confiar. Tenía miedo que Don Felipe ordenara que alguien lo matara, por eso vivía rodeado de guardias. No comería sin que alguien más probara la comida primero. Como el sabor de la venganza que estaba experimentando en parte era fugaz, se sintió extremadamente infeliz. Las dos entidades espirituales con las que estaba en sintonía no le dieron ni un minuto de paz.

Lo que exteriormente estaba muy claro era el hecho que con el tiempo este extraño hombre había penetrado hasta tal punto en la intimidad del conde que todos notaron la intromisión que ejercía. Sin embargo, no sabían por qué existía tal influencia. No entendían cómo una criatura tan oscura podía tener una influencia decisiva en las acciones del castellano.

Fernando siempre utilizó los acontecimientos para aprovecharse y manipular a la gente. Muchas historias sobre él se difundieron de boca en boca. Los supersticiosos decían que había aparecido de la nada y tenía el don de aparecer y desaparecer; Había quienes decían que venían del sur y que su familia lo había perdido todo a causa de la guerra. Nadie conocía su verdadera historia. Lo que estaba claro era que en los últimos tiempos la fortuna que había aportado había aumentado mucho, gracias a las ventajas que obtenía de su amistad con el conde.

Después de tantos años, la manipulación había llegado a su punto máximo. Felipe nunca se había sentido tan presionado como ahora que la amenaza pesaba sobre su propia familia.

Una tarde el conde recibió un mensajero del rey. Solicitó su presencia inmediata, pues se organizaría una nueva cruzada. De alguna manera, Felipe se sintió aliviado; él y su hijo se alejarían de esa presión por un tiempo. En compañía del rey sería más fácil superar la situación pidiéndole protección.

Una vez leída la correspondencia y despedido el mensajero, buscó a su esposa en sus aposentos. Constancia, ocupada tejiendo una alfombra, no notó la entrada de su marido.

– ¡Don Felipe, qué susto! – Exclamó al verlo –. ¡Me dio la impresión de ser otra persona!

– Bueno, ¿y quién más?

– Lo sabes muy bien. No creo que pueda sacarme ese demonio de la cabeza.

En silencio, extendió la mano con la carta. La condesa leyó el mensaje y reaccionó:

– ¡Una nueva cruzada! ¿No habían firmado un acuerdo con el sultán Mahoma?

– Sí, pero parece que no se respetó. Recibieron ayuda militar y volvieron a invadir un importante territorio, punto estratégico para el control del Mediterráneo. ¡Reanudaremos la lucha! ¡Tal vez sea la manera de deshacerse de Don Fernando!

La esposa se levantó y se acercó a la ventana.

– Podría ser para ti. En cuanto a mí, me quedaré aquí, ¡más aun a su merced!

– No se atreverá a hacer nada contra ti en mi ausencia.

– Sabes que sin tu presencia es mucho peor – la condesa tenía lágrimas en los ojos –. A este hombre nadie lo detiene. ¡Ni siquiera Augusto estará aquí para defenderme!

El conde se sentó y habló en voz baja:

– Tuve una idea. ¿Por qué no aprovechas nuestra partida para visitar a tus padres? Allí no podrá hacerte daño a ti ni a Carlos. Estaremos fuera unos meses. Durante este período, Don Fernando debería calmarse y darnos un poco de paz. No podrá decir nada, ya que tenemos buenas razones para mantenernos alejados. ¡Hacía tantos años que no iba a casa de sus padres!

– Sí, es una excelente idea. En realidad lo mejor sería que nos fuéramos todos. Tengo miedo de las batallas. Ya se han cobrado tantas vidas en ellos...

– No debemos temer. Yo mando las tropas y nunca expongo a mi hijo a una confrontación directa. Alejandro es fuerte e inteligente y sabe defenderse del peligro.

– Aun así, es muy angustioso. Sé cuánto duele perder a un ser querido en una guerra. Hasta el día de hoy, mi madre llora la muerte de mi hermano.

– Esta es nuestra vida. ¡Elegimos ser guerreros y sabes cuánto necesito complacer al rey! Nunca tuve otra salida. Durante casi toda mi vida, hasta hoy, he estado en los frentes de batalla bajo su confianza.

– Desafortunadamente, nuestra vida nunca ha sido fácil. Mantener una posición privilegiada puede resultar costoso, mucho más de lo que imaginamos. ¿¡Cuantas veces me pregunto para qué sirve tanto sacrificio!?

El marido no respondió. Él simplemente bajó la cabeza, insatisfecho por no ser comprendido. Al día siguiente, Alejandro y su padre se prepararon para encontrarse con el rey. Con ellos iría el grupo de soldados entrenados por el propio conde. Constancia no se levantaba de la cama, sin el valor de seguir los preparativos. El corazón estaba apretado. Su memoria volvió a momentos de su padre y su hermano, que nunca habían regresado. Los recuerdos le duelen. Su madre nunca había recuperado la salud, ya no tenía entusiasmo por la vida. La condesa no podía entender por qué se vivía en la guerra, con el olor a muerte en la nariz. ¡Y ahora esa sensación desagradable volvía a oprimir su pecho!

Alejandro entró a la habitación y notó sus ojos rojos.

– Mamá, no quiero irme y dejarte triste; necesito tu sonrisa para traerme suerte.

Ella lloró en silencio.

– Madre, por Dios te lo pido, no te agobies tanto.

– Cariño, tengo malos presentimientos – dijo con voz ahogada –. Ojalá no te fueras. ¡Quédate, Alejandro! Tu padre podría inventar una excusa, decirle al rey que te necesitamos para proteger nuestro castillo y nuestras tierras. ¡No te vayas, hijo mío!

El joven pasó sus manos por el cabello de su madre.

– ¡Tengo que ir! Es mi deber, como cristiano, defender nuestros ideales y expulsar a estos herejes de nuestras tierras.

– No, hijo, tienes deberes para con tu madre y tu hermano aun menor, ya que tu padre se va a la guerra.

– Prometo regresar sano y salvo, como siempre. No voy a exponer mi vida. Debemos confiar en Jesús. Llevamos su cruz en nuestro pecho y él nos protegerá.

Al terminar conformándose, decidió levantarse para tomar su última comida con su marido y sus hijos.

– Dejé a Antonio y a María a cargo de preparar tu viaje – anunció el conde, emocionado –. Quiero que te vayas a casa de tus padres lo más rápido posible; ya he enviado un mensajero para avisarle de tu llegada la próxima semana.

– Señor, todavía no había decidido si ir. Me siento muy mal para un viaje tan largo.

El marido se retorció el bigote.

– Está decidido, Carlos y tú deben viajar en una semana como máximo; seleccioné a algunos hombres en los que confiaba completamente para que te acompañaran. Estoy seguro que estarás mejor con tus padres. Aquí estarían muy solos, con nuestra partida y sin la presencia de Augusto - La condesa suspiró.

– Al menos tengo un consuelo: Augusto está bien, seguro en casa de mi hermano en Toledo y haciendo lo que le gusta. Espero en Dios que mi hijo sea muy feliz.

Alejandro sonrió en la comisura de su boca.

– ¡Sí, madre mía! Por su forma de hablar da la impresión que somos y seremos muy infelices.

– No te preocupes, hijo mío – el conde frunció el ceño –. Tu madre tiene esas ideas pesimistas que le vienen a la cabeza de vez en cuando.

Constancia ladeó el rostro y terminó la cena en silencio. El conde y Alejandro estaban haciendo planes para el viaje. Carlos participó con alegría festiva.

27.- Reencuentro

AL DÍA SIGUIENTE, al amanecer, el grupo partió. Constancia permaneció en el balcón de su habitación viendo desaparecer el polvo en el horizonte, mientras escalofríos le recorrían la espalda. Se acostó y estuvo tres días con fiebre y sin comer. Don Fernando estuvo algunas veces en el castillo, sin haberse atrevido a entrar en sus habitaciones.

La condesa dio órdenes de preparar el viaje planeado por su marido. Carlos estaba radiante; iba a ver a mis abuelos, a su tía Anete y a sus primos.

La hermana de Constancia era viuda y vivía con sus padres y sus dos hijos, Antoñito, de diez años, y Manolo, de siete.

– Carlos – instruyó a su madre –, vamos a viajar en dos días, pero no quiero que Don Fernando lo sepa. Cuando se entere, estaremos muy lejos de su alcance.

– Mamá, estuvo aquí ayer. Tal vez vuelva hoy; desde que papá se fue ha estado viniendo todos los días.

– Lo sé, hijo mío. María me dijo. Así que me quedaré en mi habitación para no tener que hablar con él.

– Pregunta por tu enfermedad. Yo digo que tienes fiebre, no comes y estás muy deprimida.

– Así es, hijo; dile que ni siquiera te quiero en mi habitación, porque me siento muy mal.

– Don Fernando es un hombre temeroso, madre; tiene miedo de contraer enfermedades de otras personas. Entonces le dije que lo tuyo es contagioso.

Ella se rio de la vivacidad de su hijo y le tomó la mano.

– Estoy orgullosa de ti, eres muy inteligente.

Carlos abrazó y besó a su madre, quien se sintió mejor después de su prolongado estado de depresión.

Durante algunos días Fernando evitó ir al castillo, realmente temeroso que la condesa padeciera alguna enfermedad contagiosa. Cuando reapareció, Constancia y su hijo se habían ido con Antonio, María y un grupo de hombres de confianza del conde. Quedó poseído cuando se sintió engañado por un niño.

El viaje de Constancia fue tranquilo y el acercamiento a las tierras de sus padres la conmovió. Ver a sus familiares le haría bien, pensó.

Todos estaban esperando en el salón principal. Su padre, Don Antenor, trató de mantener el porte altivo que se esperaba de un noble; la madre, Dolores, tenía los ojos tristes y parecía destrozada por el sufrimiento que la vida le había impuesto. Su hermana Anete, la menor, todavía joven, era de rara y orgullosa belleza, pero sus ojos verdosos mostraban el orgullo de su casta. Los dos niños corrieron a buscar a su tía y a su primo. Todos se abrazaron y lloraron. La más emocionada fue Dolores, al ver a su querido hija y nieto.

– ¡Niñita mía, qué hermosa estás todavía! Te extraño mucho... Y tú, nieto mío, estás más fuerte que la última vez que nos vimos.

– Sí mamá, Carlos parece mejorar cada día. Ahora puede correr y jugar como otros niños de su edad.

El niño ni siquiera podía hablar de lo feliz que estaba de estar con sus familiares.

Anete fue la única que no tuvo una expresión feliz por el regreso de su hermana. Cultivó celos enfermizos hacia Constancia, particularmente hacia su padre. Pensó que ella era la hija favorita, que tuvo la mejor boda de la familia y enorgulleció a su padre. Ver a otros mostrar su afecto por sus recién nacidos cuando llegaron, su rostro se enojó. Observaba con desdén a su hermana y a su sobrino, no le gustaba la atención que sus padres les daban a ambos.

– Hermana mía, ¿viniste para quedarte por mucho tiempo? – Preguntó con una sonrisa falsa en los labios.

Constancia volvió el rostro hacia ella, ajena a su tono irónico.

– No lo sé por ahora... El tiempo necesario para que mi marido y mi hijo regresen de la cruzada al sur, en la que están empeñados junto a nuestro rey. Creo que será suficiente para satisfacer nuestro anhelo.

Los dos sobrinos la besaron, renovando muestras de cariño y alegría.

Pronto la condesa y su hijo estuvieron bien instalados. Daba la impresión de haberlo olvidado; estaba claro que el nuevo aire le haría bien. Además, Don Fernando estaba lejos y no podía alcanzarla. Finalmente, obtuvo un poco de paz.

Dolores, muy feliz con la presencia de su hija y su nieto, no se cansaba de abrazar a Carlos.

– ¡Tú, querido, eres muy hermoso! Me recuerdas mucho a mi hijo Juan cuando tenía tu edad. Él y su madre eran los más lindos de mis hijos.

Anete se mostró enojada ante tantas y efusivas muestras de cariño.

– ¡Mamá, qué injusticia! Dios te dio unos hijos hermosos – Constancia se volvió hacia su hermana –. ¡Mira Anete, es preciosa!

– Sí tienes razón; Dios fue especialmente generoso con los hijos que me dio.

Era finales de primavera. En la hermosa región donde estaban ubicadas las tierras de los padres de Constancia, los campos se llenaban de flores y el aire se saturaba de perfume. Todos parecían felices y relajados. Los niños fueron los que más se divirtieron con juegos acordes a su edad.

En Toledo, durante los primeros meses Augusto destacó como uno de los mejores alumnos del curso. Aplicado y estudioso, había ido haciendo grandes progresos.

El tío fue testigo de toda la dedicación del joven y se llenó de orgullo ante los elogios de sus maestros.

Don Júlio, a pesar de ser noble, no tenía buena relación con su padre, Don Antenor, por lo que se alejó de la familia, fijando su residencia en Toledo. Se había convertido en un próspero comerciante. Trabajaba principalmente con productos traídos de Oriente y sabía hablar árabe con fluidez, lo que le facilitó mucho las negociaciones con los moros del sur. Su único hijo había muerto siendo niño, dejándole dos hijas. Para él y su esposa, su sobrino era como el hijo que habían perdido. Sintieron una inmensa alegría por el éxito y los logros del muchacho. La riqueza que poseían era, de hecho, una de las cuestiones que intrigaba a Don Fernando. Para él era imposible entender cómo aquel hombre se había hecho rico sin la ayuda de su padre y sin usurpar nada a nadie. El negocio de Don Júlio era absolutamente legal y no había nada que pudiera usarse en su contra. A pesar de la minuciosa investigación que había emprendido, Fernando solo encontró frustración en sus intentos de descubrir algo que desacreditara la conducta del hermano de la condesa y que, en consecuencia, le proporcionara un instrumento más de dominio sobre la familia del conde Felipe.

Por otro lado, Fernando mantuvo la convicción que Augusto lo llevaría con Jacob y Raquel. Y como el muchacho había vivido con sus tíos, designó a algunos de sus hombres para que lo siguieran. Sin embargo, el perseguidor iba a cosechar una nueva decepción; fueron meses sin ningún éxito, con una pérdida total de supuestas pistas. Con eso, la ansiedad de aquel hombre se convirtió en desesperación por localizar a las dos personas que fueron la clave de su venganza.

Fernando no perdió el tiempo. Viajó constantemente a Toledo, se hizo cercano al Obispo, hizo todo lo posible por involucrarse en los asuntos de la Iglesia y en las intrigas y barbaridades que se desarrollaban en la ciudad. Siempre buscó información sobre Constancia y el hermano de Augusto, en el curso de Medicina al que asistía.

28.- En el Campo de Batalla

DON FELIPE Y ALEJANDRO, junto a otros cristianos, se enfrentaron en una feroz batalla con los musulmanes en el sur de la península. La disputa que duró siglos dio a veces ventaja a los moros, pero generalmente los cristianos del norte se unieron y, al hacerlo, ganaron territorios previamente conquistados por sus enemigos.

Ese día los combates habían sido duros, con pérdidas importantes. Don Felipe y otro comandante aconsejaron al rey que retirara las tropas de los hombres que ya estaban exhaustos, pero él insistió en mantener el sangriento enfrentamiento. Los moros eran más numerosos, gracias a los refuerzos recibidos de sus compatriotas del norte de África, y estaban ganando.

Los comandantes cristianos temían más bajas, pues ya había muchos heridos. Finalmente cayó la noche y se retiraron.

Los cristianos buscaron un lugar seguro, lejos de los frentes de combate, para acampar. Alejandro, tendido en el fondo de la tienda, estaba exhausto. Su mente divagó; pensó en la dulce y gentil Raquel. ¿Cómo estaría? Había pasado mucho tiempo sin noticias y el convento no estaba lejos. Si pudiera alejarse por unas horas, podría volver a verla y aliviar el anhelo que atormentaba su pecho.

El chico nunca sacó de su mente a la chica. Quería dejarlo todo y correr hacia ella. Estaba fuera del alcance de Don Fernando, a pesar de no querer que su padre supiera el paradero de los dos fugitivos. El Conde Felipe entró en la tienda con mirada preocupada.

– Don Alfonso es irreductible, no admite dar marcha atrás. Estamos perdiendo demasiados hombres, hay muchos heridos, nuestra situación es complicada. Celebremos una reunión e intentemos convencer al rey de la necesidad de parar.

– Creo que esta noche deberíamos tomar una decisión.

Solo entonces Alejandro notó el abatimiento del conde.

– Papá, ¿te sientes bien? ¡Estás muy pálido!

– No, no estoy bien; Tengo dolores de cabeza. La pelea de hoy fue muy difícil para mí. Veo a nuestros hombres caer en el campo de batalla y tengo malos sentimientos. En lo que a mí respecta, levantaríamos el campamento ahora mismo, incluso si estamos a salvo aquí. No creo que debamos luchar mañana.

Don Alfonso, por el contrario, piensa que mañana podremos revertir la situación y causar considerables bajas al enemigo. No acepta retroceso. A ver si podemos hacerle cambiar de opinión en la reunión.

Al amanecer, los hombres de Don Alfonso fueron atacados por sorpresa; parecía que los miembros del propio campo habían tendido una trampa. Desarmados y dormidos, no estaban preparados para la pelea. Fue una verdadera masacre. El enemigo entró en las tiendas, matando o hiriendo a todos los soldados que dormían indefensos. Pocos lograron escapar. Después de la matanza, recibieron un toque de queda por parte de sus comandantes y desaparecieron entre los arbustos.

Debido a su indisposición, Felipe no pudo dormir y antes del amanecer decidió caminar cerca del río, tomando el aire fresco de la madrugada. No escuchó la conmoción ni se dio cuenta que el campamento estaba siendo atacado. Cuando regresó, vio humo a lo lejos y escuchó gritos. Intentó correr, pero sus piernas no lo obedecieron con la rapidez deseada. Cuando vio el campamento, no quiso creer lo que veían sus ojos. Había sido devastado por la niebla y los cuerpos de sus seguidores estaban esparcidos por todas partes en charcos de sangre.

El conde corrió hacia donde estaba levantada su tienda. Había dejado a su hijo durmiendo. Encontró todo destruido y a Alejandro inconsciente en un charco de sangre.

– ¡Hijo! ¡Despierta y habla con tu padre!

Al darse cuenta que el muchacho aun respiraba, se arrancó la ropa del pecho para comprobar su verdadero estado. Alejandro estaba gravemente herido y estaba perdiendo mucha sangre. El padre corrió a buscar agua para limpiar la zona afectada y le colocó unas hierbas trituradas, intentando detener el sangrado.

El joven recobró el sentido; estaba débil y apenas podía hablar.

– Siento que me voy a morir, papá. Mi cuerpo tiembla y la vida parece abandonarme.

– No, hijo, no morirás – negó con lágrimas en los ojos –. Eres muy fuerte. ¿Y qué le diría a tu madre? Prometí no dejar que te pase nada malo, hijo mío. ¡Ten valor, Alejandro, lucha por tu vida!

– Padre, quiero ir a un convento cerca de aquí; creo que llegaremos allí en menos de dos horas. Te lo ruego, es mi último deseo: necesito llegar vivo.

Don Felipe consultó al médico del campo, quien desaconsejó el viaje.

– Señor conde, su hijo tiene una herida muy grave; no creo que pueda sobrevivir. Sufrió una gran pérdida de sangre y no estará con vida hasta dentro de quince minutos en este camino.

– Lo lograremos – insistió suavemente el herido –. Hay rumores que las hermanas obtienen curas imposibles. Voy a morir si me quedo aquí. ¡Por favor llévame allí!

El conde aceptó la petición de su hijo. Dispuso un carrito, haciéndolo lo más cómodo posible. Él y algunos hombres tomaron el camino hacia el convento. Alejandro se desmayó casi toda el recorrido. Don Felipe suspiró aliviado al ver el convento entre los cerros.

– ¡Hijo, ya vamos! – Gritó. A pesar del dolor, sonrió.

– Gracias a Dios voy a despedirme de mi ángel.

Tocaron la campana. Apareció una hermana que, consciente del problema, envió inmediatamente al muchacho a buscar ayuda. Lo llevó a la enfermería y llamó a sor Filomena, que acudió rápidamente. Después de examinarlo, llamó a su padre aparte.

– La herida es muy profunda, no sé cómo llegaron aquí con él vivo. Pero para Dios nada es imposible. mediquémoslo y oremos, Don Felipe. La oración a menudo tiene un mejor efecto que los propios medicamentos.

Filomena se acercó al herido, intentando medicarlo.

– Hermana – dijo con voz frágil.

– Cálmate, no desperdicies tu energía.

– Hermana – insistió Alejandro –, necesito ver a alguien y despedirme de ella antes que muera. Una joven traída por Álvaro hace más de un año.

La monja palideció.

– Debe haber algún error, no conocemos a ninguna persona con ese nombre.

– El señor Álvaro era hermano de su madre superiora y bajo mis órdenes encontró a Raquel y a su padre, llevándolos al convento para protegerlos.

– Don Alejandro, voy a pedirle a Sor Victoria que venga a aclarar los hechos.

La superiora estaba en el jardín, enseñando a los niños; Filomena fue allí, preocupada.

– Sor Victoria, un muchacho gravemente herido llegó buscando a Raquel. Dice ser amigo de Álvaro y está al borde de la muerte.

La madre fue a la enfermería y al comprobar lo sucedido le pidió a Filomena que fuera a buscar a Rosária.

– Don Alejandro, debes saber que Raquel ya no existe en el mundo; Ahora es monja y se llama Rosária. El señor Jacob murió pocos meses después que ambos llegaron al convento. No quiero exponer la vida de la hermana Rosária; necesito garantías que tu padre no te denunciará.

– Tiene mi palabra, señora. Quiero despedirme de mi ángel. En ese momento Rosária entró llorando a la sala. Corrió hacia la cama y apoyó la cabeza sobre su pecho herido.

– Alejandro, ¿qué te hicieron?

El conde contemplaba la escena de pie, conmovido.

Alejandro tomó la mano de la niña, quería mirarla a la cara.

– ¡Raquel, qué guapa estás! Estás más bonita, has perdido tu aspecto infantil y te has convertido en mujer. Ángel mío, me estoy muriendo y vine a despedirme.

– No – susurró – no te estás muriendo. Eres fuerte y no puedes hacerle esto a la condesa; ¡ella no resistiría!

– Tenemos poco tiempo, y quiero decir que solo estás tú en mi corazón. Me hubiera gustado ir a buscarte, enviarte correspondencia, pero Don Fernando nos mantiene bajo constante vigilancia. Necesitaba verte por última vez, solo así moriré en paz.

Raquel lloró suavemente. Alejandro dejó de hablar, el esfuerzo había sido demasiado. Ella permaneció allí, arrodillada a su lado, acariciándole la cara. Aunque sor Filomena intentó utilizar todos sus conocimientos para salvarlo, el estado del joven empeoró.

– Raquel – tartamudeó sin aliento, apretando su mano.

– Estoy aquí mi amor. Mi corazón también estará siempre con el tuyo. Ni siquiera la muerte podrá separarnos.

El niño fijó su mirada en su amada y exhaló su último aliento. Raquel le pasó la mano por la cara y le cerró los ojos. Ella permaneció arrodillada, llorando en silencio. El conde sintió como si el suelo abriera un agujero y fue tragado por la tierra. Sus piernas se debilitaron y casi perdió el conocimiento. La Madre Victoria lo apoyó.

– Don Felipe, es necesario tener fuerza en este momento y confiar en Dios. Alejandro fue a un lugar donde no hay dolor ni guerra.

Sor Filomena le trajo un té reconfortante. El conde decidió llevar el cuerpo de su hijo a su castillo y ofrecerle un funeral digno de su noble linaje. Envió un mensajero a casa de su suegro y otro a Toledo, comunicando el trágico suceso a la condesa y a Augusto, que pronto se pondrían en camino hacia sus tierras. Aquel hombre orgulloso había sucumbido al dolor, sus ojos habían perdido el brillo y la altivez.

La madre superiora lo llamó a su oficina, cerrando la puerta.

– Señor onde, quiero pedirle, en nombre del gran amor que su hijo le dedicó a la joven Raquel, que mantenga en absoluto secreto su paradero y todo lo ocurrido aquí. Ahora Sor Rosária dedica su vida a los pobres y desheredados de este mundo; Por eso necesito tu palabra de honor que no le contarás a nadie nuestro secreto. Mi hermano perdió la vida, no quiero que se pierdan otros. No quiero perder a la hermana Rosária. Ella es muy querida en nuestro corazón y puedo asegurarles que no merece ninguna de las acusaciones que se le hacen. Es una joven buena y caritativa.

– Sé que sor Rosária es un ángel, como decía mi hijo. Juro que nunca revelaré su paradero, aunque me cueste la vida.

A las pocas horas, Felipe se despidió, agradeció a sus hermanas el esfuerzo por salvar la vida de su hijo y se fue con el cuerpo de su primogénito. Con una mirada vacía y apagada, actuaba como un autómata. Después del largo y triste viaje, al acercarse al castillo el dolor aumentó aun más. Tendría que enfrentarse a su esposa.

Constancia había llegado primero. Su tez había perdido el color, no podía creer la tragedia que había sucedido en su vida. Al ver el cuerpo sin vida de su hijo, se desmayó. Augusto la apoyó y trató de reanimarla. El sufrimiento de aquella madre era tan conmovedor que nadie podía estar en su presencia sin llorar.

Alejandro parecía estar dormido, su rostro estaba tranquilo. Sintió un escalofrío cuando sus lazos fluidicos se desataron; el dolor en su pecho persistía, pero la imagen de Raquel grabada en su interior suavizó las sensaciones. Su cuerpo vigoroso parecía resistir la muerte.

Al principio el joven no se dio cuenta que se había liberado. Cuando falleció, sintió como si se hubiera desmayado y luego sintió como si estuviera flotando sobre su cuerpo, despierto. En el convento escuchó a Raquel llorar sin poder moverse. Estaba confundido, no tenía una idea clara del paso del tiempo. En el castillo, fue testigo de la tristeza de su madre y de los sentimientos descontrolados de su padre, una mezcla de culpa y dolor. Recordó las oraciones que rezó cuando aun era pequeño, con la condesa y sus hermanos, y sintió la irresistible necesidad de aliviar su corazón, suplicando la bondad de Jesús. Pronto una mano amiga le tocó el hombro y sorprendido vio a Álvaro. Fue entonces cuando Alejandro comprendió que había pasado a otro plano de la vida.

29.- Una Cómplice

EN UN RINCÓN DE LA HABITACIÓN, Fernando observaba todo pasivamente. Observó cada detalle y la fisionomía de cada persona. Aunque no mostró ningún sentimiento, el dolor de la familia pareció darle paz. Si bien su rostro permanecía rígido, sus ojos tenían un brillo de satisfacción e ironía. Los dos espíritus que se unieron a él estaban contentos con la victoria.

Fernando notó la tristeza de doña Dolores, la altivez de don Antenor, la rara e insensible belleza de Anete. Captó la envidia que había en sus ojos en relación con la condesa, y su figura altiva llamó su atención. Esa mujer fue un desafío.

Intentó acercarse, darse a conocer, utilizando una simpatía que no poseía. Anete ya había oído hablar de Don Fernando; aunque ignoraba detalles, sabía que era un hombre frío y calculador. La joven se interesó en su conversación y estuvieron uno al lado del otro en varios momentos durante el velorio. Los dueños del castillo, inmersos en su dolor, permanecieron ajenos al acercamiento de los dos.

Fernando pronto se dio cuenta que Anete sentía una fuerte antipatía por su hermana y pensó que tal vez podría encontrar una aliada dentro del castillo; un aliado cercano de los dueños de ese lugar sería de enorme valor. Tras el funeral, reclamando solidaridad, comenzó a visitar el castillo todos los días, y así disfrutó durante unas horas de la compañía de la hermana de la condesa.

Constancia había caído enferma y ya no salía de su habitación. El conde también permaneció recluido la mayor parte del tiempo. Esto dio a Fernando total libertad de acción con la cuñada del castellano.

Los padres no vieron con buenos ojos la nueva amistad de Anete. Sabían que Don Fernando no tenía buen carácter y eso les preocupaba. La hija era impulsiva, no aceptaba opiniones ni consejos paternos. A pesar de no tener mucha simpatía por aquel hombre, se negaban a alentarlo, con la intención de sacar algún provecho y alimentar su vanidad de mujer cortejada.

Todas las mañanas, los dos caminaban por el jardín y tomaban un refrigerio juntos. Anete acabó confesando abiertamente su disgusto por su hermana y su aversión hacia su cuñado. Eso fue todo lo que necesitó Fernando para alimentar esos sentimientos, intentando reforzarlos aun más. Anete se sintió apoyada y valorada en lo que pensaba. Comentó hechos de su infancia, habló del cariño de su padre por Constancia y se quejó de haberse quedado solo con las sobras.

El astuto coqueto, mostrándose sumamente interesado, comenzó a introducir comentarios sobre las actitudes, el trato injusto que le dispensaron Constancia y el conde o el desprecio al que ambos relegaron la sincera amistad que les ofrecía.

Con esto, los dos se convirtieron en cómplices de sus secretos.

En una larga conversación, mencionó a Raquel y Jacob y su brujería en el castillo. Anete estaba horrorizada; no podía entender la implicación de su hermana y su sobrino Augusto en tales prácticas. Entonces el intrigante comenzó a insinuar que ella, por el bien de su hermana, debía escuchar todo lo que decían y transmitírselo a él; cualquier información sería beneficiosa para todos.

Convenientemente, la muchacha se dejó llevar por tales insinuaciones y muchas veces permaneció vigilante detrás de las puertas, buscando descubrir los secretos que corrían en el castillo.

El odio es un sentimiento que tiene profundas raíces en nuestros corazones. Deteriora los sentimientos positivos que puedan surgir en nuestro interior y poco a poco va minando la resistencia de nuestro organismo físico y mental, generando enfermedades físicas y emocionales que pueden llevar a la muerte de nuestro cuerpo. Jesús nos enseñó, en su infinita sabiduría: *"Amad a vuestros enemigos."* Quien practica esta lección encuentra la felicidad y logra no solo salud espiritual, sino también salud física. Somos nosotros los que primero recibimos el beneficio del perdón.

Anete era incapaz de tener buenos sentimientos. Siempre andaba escabulléndose por las esquinas, siempre de mal humor. No pudo apoyar a su hermana en los momentos difíciles que atravesaba, ni siquiera estaba dispuesta a hacerle compañía. La tristeza del castillo la asfixiaba.

Las calumnias de Fernando sobre Raquel y Jacob la intrigaban. No tuvo el coraje de discutir el asunto con su madre. Intentó investigar con los sirvientes, sin éxito; nadie parecía saber nada. Sentía que el tema estaba prohibido. El propio Carlos, cuando hablaba de los dos, solo los elogiaba.

Pasaron dos meses. Constancia, delgada y aun profundamente demacrada, empezó a ir al jardín a tomar un poco de Sol. Augusto y Carlos siempre le hicieron compañía. El conde se ocupaba en plantar y cosechar sus tierras, recurriendo al trabajo para escapar de los problemas familiares.

Anete evitaba a su hermana tanto como podía. Incluso Dolores notó la frialdad de su hija; simplemente no se lo mencionó a Constancia para no entristecerla aun más.

Una vez, el conde había regresado cansado, a última hora de la tarde, para cenar y todos estaban sentados a la mesa. La conversación con su suegro giró en torno a la próxima cosecha de trigo, que debería ser muy buena. Don Antenor se mostró entusiasmado con el tema y tiene la intención de realizar esta plantación el próximo año. Después de comer, Constancia pidió permiso y se retiró a su habitación. Al cabo de unos minutos, Felipe tocó la puerta y entró.

– Veo que te sonrojas más; tomar el Sol, y eso es muy bueno para la salud.

La condesa alzó sus tristes ojos azules.

– Sí, necesita revivirme. Tengo dos hijos que me necesitan.

– Estoy feliz – el marido abrió una sonrisa –. Finalmente la razón parece llegar a tu cabeza. Los otros dos chicos no pueden quedarse sin tu atención. La vida continua; tenemos que cerrar nuestras heridas, a pesar de saber que la cicatriz nunca desaparecerá.

Con un gesto pidió al conde que se sentara a su lado.

– Don Felipe, por favor cuénteme detalles sobre la muerte de nuestro hijo. Hasta ahora no hemos podido hablar de ello, pero hoy me siento bien y quiero saber. Creo que me hará sentir mejor.

El conde se acercó a la ventana, tratando de contener la emoción que lo invadía al recordar aquellos hechos. Al regresar habló de sus premoniciones, su salida del campamento, el ataque sorpresa y la muerte de Alejandro en el convento, con las monjas. Después de completar la narración, volvió el rostro hacia su esposa con expresión conmovida.

– Constancia, creo que ahora puedo entender por qué no me dijiste el paradero de Jacob y Raquel. Realmente es un asunto muy delicado.

La mujer, inclinada sobre la cama, lloraba suavemente.

– Sí, es muy delicado. Cuanta más gente sepa, más vidas estarán en riesgo; de hecho, todos deberíamos olvidar el asunto.

El conde volvió a sentarse en la cama.

– Jacob murió pocos meses después de llegar al convento; sus pulmones no podían soportar tanto clima. Y Raquel tomó el hábito; Ahora es hermana Rosária, muy querida por todos.

– Me alegra saber que esa buena chica encontró su camino – dijo la condesa, conmovida –. Allí al menos Don Fernando no la descubrirá para llevarla al sacrificio.

– Sí, está protegida – La voz de Felipe era muy baja –. La hermana Victoria me aseguró que hará todo lo posible para cuidarla, y lo más importante es que Raquel está bien; su fisonomía es la de alguien que ha encontrado la paz interior.

– ¡Extraño a mi hijo! No me imaginaba que amaba tanto a esa chica. Siempre pensé que él tenía sentimientos fraternales hacia ella, al igual que Carlos y Augusto.

– Yo también, pero parece que empezaron a salir aquí en el castillo. Raquel es una buena chica... Lo que más lamento es que valoremos a las personas después de perderlas.

La pareja estaba tan entretenida que ni siquiera imaginaban que alguien estaría interesado en la conversación. En la habitación de al lado, Anete aguzó el oído para no perderse nada. Permaneció muy callada por un rato, esperó a que su cuñado saliera de la habitación y a que su hermana se fuera a la cama y se deslizó por el pasillo hasta su propia habitación. Estaba tan preocupada por revisar rápidamente las noticias que ni siquiera durmió bien esa noche; finalmente escuché algo de interés.

A Fernando le gustaría saberlo. El día también tardó en pasar. Tuvo que esperar hasta la tarde, cuando él apareció.

– Señor, lo estaba esperando ansiosamente.

Le ofreció su brazo para que pudieran caminar hasta el jardín, para que estuvieran lo suficientemente lejos como para que nadie los escuchara. Esta actitud despertó la curiosidad del compañero.

– Señora Anete, ¿a qué se debe su ansiedad?

– ¡Tengo una noticia que te hará vibrar de alegría!

Los dos caminaron más rápido, tomando mayor distancia.

– Don Fernando, creo que merezco que usted me mime por el resto de mi vida, después de lo que descubrí – habló con aire de suspenso.

A Fernando no le gustaban los rodeos.

– ¡Vamos, dilo! ¡De esta manera me irritas!

– Déjame pensar en lo que te voy a pedir a cambio de tu secreto...

La insinuación fue recibida con una expresión de disgusto.

– Dímelo y te diré cuánto vale. Antes que te des cuenta, no puedes: ¡evalúa!

– Descubrí lo que buscabas desde hace mucho tiempo: el paradero de Jacob y Raquel.

El hombre palideció, horrorizado.

– No lo creo. Sin embargo, si me das la información correcta, a cambio de algo tan precioso te pediré que te cases conmigo.

Anete esbozó una sonrisa gloriosa. El cómplice lo tomó del brazo y lo apretó.

– ¡Ya basta de hablar! Habla rápido, y si es mentira, acabaré contigo. No me gusta que me engañen.

La chica le tomó la mano y se la quitó del brazo.

– ¡Cálmate, me estás haciendo daño! Por supuesto que es verdad; no bromearía sobre cosas serias. Raquel y Jacob fueron llevados a un convento cercano a donde ocurrió la masacre de la tropa. Parece que la responsable del lugar se llama Sor Victoria.

Jacob murió algunos meses después de haber ingresado a ese lugar; En cuanto a Raquel, se hizo monja y se hace llamar Sor Rosária.

Los ojos de Fernando estaban muy abiertos y brillantes de satisfacción.

– ¿Cómo supiste todo esto?

– Escuchando detrás de la puerta de la habitación de mi hermana. Don Felipe comentó que llevó a su hijo a este convento para despedirse de aquella Raquel. De hecho, mi sobrino murió en los brazos de la joven.

– ¿Y cómo llegas a este convento?

– No lo sé, pero no debería ser difícil localizarlo – respondió Anete.

– Hiciste un buen trabajo. Descubriste lo que todos mis espías han estado intentando durante meses sin éxito. Si logro rescatar a Raquel, cumpliré lo que te prometí: me casaré contigo.

Los dos compañeros regresaron felices al interior del castillo. Dolores quedó sorprendida por el repentino buen humor de su hija. Fernando no tardó en despedirse y regresó a casa; tenía que ejecutar sus planes con la mayor urgencia posible. Sabía dónde había ocurrido la masacre, sabía dónde estaban acampadas las tropas. Identificar qué hombres estaban con el conde no sería difícil.

Y, de hecho, su optimismo estaba justificado. Algunos de los que habían acompañado al conde y a Alejandro al convento le dieron la información que necesitaba.

30.- El Asedio se Cierra

AL DÍA SIGUIENTE FERNANDO viajó a Toledo, pues necesitaba el apoyo del Obispo para entrar en el convento y sacar de allí a Raquel. Así cuando llegó a la ciudad, comprobó si estaba en su casa y pidió audiencia.

– Don Fernando, ¡qué honor! ¿Qué te trae a nuestra ciudad?

El hombre se inclinó, le besó la mano y fue directo al grano.

– El honor es todo mío, señor. Le traigo un tema de interés. Finalmente logré descubrir el escondite de la bruja que vivía en Medina del Campo, cerca del castillo del conde Don Felipe.

– ¡Que buena noticia! – el Obispo abrió una sonrisa –. ¡Esto significa que podemos poner nuestros planes en práctica!

– Sí, solo depende de tus deseos. La persona que busco se esconde en el convento cercano a la ciudad de Sevilla, y necesito permiso de la Iglesia para sacarla de allí. Raquel ahora es monja.

– Don Fernando, ¡creo que se ha vuelto más complicado! Será difícil entrar al convento con una acusación de brujería sin pruebas.

El interlocutor se enojó, interpretando la reacción como mala voluntad.

– Señor Obispo, tengo innumerables testigos de la brujería que tuvo lugar en el castillo y en el pueblo. Debo sacarla de allí y demostrar que es una bruja. Vea el truco del diablo, infiltrándose en las santas hermanas para escapar de nuestro acuerdo. ¿No es esto cosa de magos? - El Obispo volvió a sonreír.

— Todo indica que sí. Debemos cortar sus acciones demoníacas antes que contaminen lo que es sagrado. Escribiré al Obispo de Sevilla y él tomará medidas. Llevará la correspondencia personalmente.

¡Fernando se regocijó! Sí, quedaba tan poco, todo iba tan bien... ¡Esta vez nada se interpondría en su camino! Regresó a casa para prepararse para el largo viaje. Reunió algunos hombres y partieron temprano al día siguiente.

En el convento, Rosária llevó su vida de sacrificios con otras hermanas abnegadas. El número de personas necesitadas que buscaban ese lugar creció y más personas fueron llamadas a colaborar. Se construyeron muchas casas cerca, formando un pequeño pueblo, lo que aumentó el número de ayudantes en el cultivo de la tierras y ganadería, de las que los nuevos residentes también obtenían su sustento.

Los mentores espirituales que ayudaron a las hermanas en su difícil tarea intentaron alertarlas del peligro en el que se encontraban todas, con el descubrimiento del paradero de Raquel. Sor Victoria tuvo en los últimos días un vago sentimiento de angustia. Rezó aun más, en un intento de alejar las premoniciones que la asaltaban. Una de las mañanas, cuando se dirigían hacia el valle, le mencionó su inquietud a Rosária.

— Mi querida hija, no sé por qué, pero estos últimos días he sentido una opresión en el pecho, un mal augurio. Por más que intento conectarme con Dios en oración, no he podido superar la angustia. Siempre pienso en la familia del conde y, sobre todo, en Don Fernando. Siento u mente enferma ligada a nuestro convento.

Rosária bajó su hermosa cabeza.

— Yo también siento algo extraño. Es como si mi padre me advirtiera de un peligro inminente, queriendo prepararme para el futuro.

La madre superiora tomó la mano de la niña.

– Creo que deberíamos sacarte del convento por un tiempo. Tengo unas hermanas que viven en una casa grande en Sevilla y creo que sería prudente ir a verlas. Al igual que nosotros, realizan trabajos relacionados con los pacientes. Escribiré una carta a la Madre Teresa, que es una muy buena criatura y te recibirá con los brazos abiertos.

La joven parecía estar llorando.

– ¡No quiero alejarme de ti! Te considero una madre muy querida. Amo a todos aquí, quiero continuar nuestro trabajo. ¿Cómo puedo estar sin nuestros pacientes en el valle? Tenemos mucho trabajo que hacer allí... Además, si Don Fernando no me descubre en el convento, probablemente irá a Sevilla con las monjas.

La madre le dio un beso en la mejilla.

– Es solo por un tiempo. Te quedarás con sor Teresa hasta que estemos seguras que el conde no le ha dicho nada a ese perseguidor. Pronto volverás y estaremos juntas de nuevo. En el convento de Sevilla esos hombres no podrán encontrarte. Nadie sabrá tu paradero.

Rosária acabó accediendo; iría lo más rápido posible. Se preparó para el viaje, recogiendo sus pocas pertenencias. Se iría al día siguiente.

Fernando llegó a Sevilla a primeras horas de la mañana; había hecho un viaje rápido y agotador, casi sin paradas. Fue a ver al Obispo de la ciudad, Don Manuel, quien lo recibió con una sonrisa, después de leer la carta que le había entregado.

– Señor Fernando, responderé a la petición del Obispo de Toledo. Enviaré un destacamento contigo y tus hombres al convento de Monte Santo, cuya fama se ha extendido por toda la región. Sor Victoria es muy apreciada incluso entre el Papa. Espero que tengas pruebas concretas contra esta chica que es monja y vive allí. La madre superiora no sería tonta si colocara a una seguidora de Satanás entre sus hermanas; no creo que nadie la haya engañado.

Yo, en particular, aprecio mucho el trabajo que hacen esas monjas desinteresadas.

Fernando no esperaba que el convento gozara de tan alta reputación. Por un momento se mostró reacio a sus intenciones. Quizás si hubiera actuado solo hubiera sido más fácil capturar a Raquel. Observaría las aduanas, infiltraría a sus espías y pronto lograría su objetivo. Pero ya era demasiado tarde; había movido a la Iglesia y esto le traería dificultades.

Los hombres emprendieron camino hacia el convento; al cabo de unas horas se vio el cerro. El lugar era exuberantemente hermoso y el sol reflejado en las ventanas le daba al edificio un aura dorada. El grupo se sintió magnetizado por la energía ambiental. El comandante de los enviados del Obispo se dirigió a Fernando y le comentó:

– Señor, este lugar es bendecido por Dios y todas las monjas que viven aquí son santas. Creo que es imposible que una bruja viva aquí.

Al otro no le gustaron sus palabras y respondió:

– El diablo también hace maravillas para engañarnos. Ciertamente se infiltró en los puros para llevarlos a la perdición.

– Sí, pero no lo creo – el comandante no se rindió –. Aunque la orden es llevarlos allí, no dejaremos que les hagan ningún daño a las hermanas; no permitiremos que sean violentos.

Los mentores prepararon ese corazón sensible, inspirando buenas actitudes en defensa de las monjas.

Las tropas se acercaron a la gran puerta de entrada de madera y tocaron la campana. Pronto apareció una monja anciana. Al abrir la puerta, la hermana Adelaide notó algo extraño.

– Señores, ¿qué quieren? – Preguntó amablemente.

– Necesitamos hablar con tu superiora. Tenemos una carta del Obispo Don Manuel, de Sevilla.

– Esperen por favor. Nuestra madre y las demás hermanas están reunidas en oración. No podré interrumpirlas; al final del rosario los anunciaré.

Fernando se bajó del caballo gritando:

– ¡Es una gran lástima! Hemos recorrido un largo camino, un viaje agotador, ¡¿y todavía tenemos que esperar su buena voluntad?! ¡No, señora! Entremos e interrumpamos tales oraciones; Tengo la autoridad para hacerlo.

La hermana Adelaide retrocedió, temiendo ser atacada. Antonio, jefe de la guardia, también bajó del caballo y dio un paso delante de Fernando, interfiriendo con sus actitudes agresivas.

– Señor Don Fernando, ya le expliqué que no hay necesidad de acciones precipitadas. Respetemos este convento y a las hermanas que reparten tantos beneficios por toda la región.

Luego se dirigió cordialmente a la monja.

– Hermana, por favor lleve la misiva de nuestro Obispo y esperaremos el tiempo que sea necesario.

Fernando se mordió el bigote, enojado por verse obligado a someterse. Todos los hombres desmontaron de sus caballos y se acomodaron frente a la puerta. Incapaz de contenerse, el perseguidor se volvió hacia Antonio y le habló con tono áspero:

– ¿No entiendes, idiota, que vamos a dejar escapar a la chica? Deberíamos llegar por sorpresa.

Sin inmutarse, respondió pacientemente:

– Don Fernando, las órdenes que recibí son las de mantener buena conducta. Estamos tratando con gente prestigiosa.

– ¡Váyanse al diablo usted y sus bien educadas tropas! Entraré con mis hombres y nadie me detendrá.

Habiendo hecho esa agresiva declaración, se dirigió hacia la puerta, apoyado por sus hombres. Las tropas del Obispo eran mayoría. A un gesto de Antonio, todos se pusieron delante, bloqueando el paso.

– Si insistes, nos ordenan desenvainar las espadas.

Con dificultad, Fernando se controló, retrocediendo dos pasos.

– Pensé que el Obispo estaba de mi lado, no en mi contra. Si hubiera sabido que intervendría, habría venido solo con mis hombres.

Mientras tanto, la hermana Adelaide entró jadeando en el despacho de la madre superiora.

– Sor Victoria, hay hombres del Obispo de Sevilla. Trajeron esta carta. El más bajo se ve violento, pensé que me iba a pegar por no dejarlo entrar.

La madre palideció. Tomó el pergamino, lo leyó y pidió a la monja que llamara a sor Filomena. Entró muy angustiada a la oficina y escuchó las instrucciones.

– Hermana, tenemos que actuar rápido. Don Fernando está con sus hombres en la puerta; no podremos retenerlo por mucho tiempo.

Filomena temblaba tanto que apenas podía mantenerse en pie.

– ¿Qué haremos?

Madre Victoria terminó de leer la carta, dejándola caer al suelo.

– El Obispo nos ordena entregar a la hermana Rosária a sus hombres y me garantiza su integridad física y moral hasta la ciudad, desde donde deberá ser llevada a su presencia. Saquémosla del convento por la parte de atrás; no permitiré que se la lleven. Dios nos perdone, pero tendremos que distraerlos. Actuemos lo más rápido posible, sor Filomena.

La mujer corrió a la clínica, donde Rosária estaba alimentando a un paciente.

– ¡Ven deprisa! – Gritó aterrorizada –. ¡Estás en peligro!

La niña dejó el cuenco y se fue, obedeciendo órdenes. Fueron al establo, cogieron dos caballos y partieron por el sendero del valle.

Mientras tanto, la superiora se tranquilizó y pidió a sor Adelaida que hiciera entrar a los hombres. La tropa se quedó afuera, en el jardín, y solo salieron Fernando y Antonio. El jefe de la guardia intentó ser cortés.

– Hermana Victoria, le pido disculpas por molestarla. Como habrás leído en la misiva de nuestro Obispo, necesitamos llevarnos a una de tus hermanas. Me gustaría que fueras tan amable de llamarla.

La madre miró a Fernando.

– Lamentablemente esta joven hace tiempo que se fue. Descubrió que no tenía vocación y ni siquiera tomó el hábito; ella era solo una novata.

– ¡Es una mentira! – Él gritó –. Escondes a Raquel, que es bruja, y ese hecho también podría llevar a que la quemen en la hoguera, hermana Victoria. Si no entregas a la niña, tomaremos medidas que perjudicarán mucho a tu convento.

– ¡Me estás ofendiendo y ni siquiera sé tu nombre! No se puede gritar dentro del convento, amenazar. ¡Dios está a cargo aquí!

Entonces la madre se dirigió al emisario del Obispo.

– Don Antonio, quisiera que este señor se fuera, ya que no tiene la más mínima amabilidad en su trato.

– ¡Me niego a irme! Quiero llevarme a Raquel y solo saldré de aquí con ella.

– Como ya te informé, la persona a la que llamas Raquel no está. Por benevolencia, permitiré que las tropas del Obispo revisen el convento. ¡Tú y tus hombres esperarán afuera!

Antonio se levantó y miró a Fernando.

– Creo que es la mejor solución. Ojalá te calmaras. Lo buscaremos todo, te doy mi palabra.

De mala gana, Fernando y sus hombres se marcharon. Antonio regresó con su guardia. La Madre Victoria pidió a la hermana Adelaide que lo acompañara, mostrándole una a una las instalaciones del convento.

Durante dos horas se examinaron todos los lugares interiores y exteriores. Antonio cerró la búsqueda. Al salir, vio a Don Fernando en la puerta, muy pálido.

– Entonces, ¿dónde está la chica?

– Recorrimos cada rincón, no encontramos ningún rastro. Hicimos preguntas y nadie la conoce. Si estuvo aquí, hace mucho que se fue. La Madre Victoria no mintió.

El otro golpeó la puerta.

– ¡Por supuesto que mentía! Estoy absolutamente seguro que Raquel está dentro o se escapó cuando llegamos. Desgraciadamente pensé que sería apropiado pedir ayuda al Obispo, lo cual acabó interponiéndose en mi camino. Debería haber aplicado mis métodos, que son mucho más efectivos.

– Don Fernando – dijo Antonio –, debemos tomar el camino de regreso. Tendré que presentarme hoy ante el Obispo.

– No tengo por qué darte explicaciones – respondió irónicamente –. Tengo la intención de quedarme en los alrededores.

Antonio lo miró fijamente y dijo:

– Cualquier actitud contraria a las órdenes del Obispo te llevará tras las rejas; dejaré dos hombres aquí en la puerta para preservar la seguridad del convento. Espero que tengas la sensatez de no hacer nada contrario.

– Si quieres, puedes dejar toda la tropa; no tengo intención de molestar a la hermana Victoria. Ese hipócrita ni siquiera sabe mentir, pero yo tengo otras formas de descubrir la verdad.

Antonio se fue, dejando dos hombres de centinela. Las monjas escucharon toda la discusión y corrieron a contarle a la madre superiora lo que estaba pasando. Tal era su agitación que no podía permanecer sentada.

– Debemos actuar. Este hombre es muy peligroso y perspicaz; logra descubrir dónde llevaron a Rosária. Gracias a Dios, Antonio es nuestro viejo amigo y comandaba las tropas; si no, todas estaríamos perdidas en manos de ese hombre. Sor Rosária ya había avisado que si la llevábamos a Sevilla la encontraría allí. Es muy astuta - Adelaida habló en voz baja:

– Sor Victoria, tomaron el camino hacia el valle. Dudo que Don Fernando tenga el coraje de entrar allí.

– En cualquier caso, temo por la vida de ambas. Tengo la impresión que no hay nada que pueda detener a este hombre. A veces pensé que Álvaro exageraba cuando hablaba de sí mismo, pero después de conocerlo personalmente admití que mi hermano tenía razón. Y fue en sus manos que perdió la vida. Ahora veo que el terror que siente la hermana Rosária al oír ese nombre está justificado.

El malestar parecía haberse apoderado de todo el convento. Las hermanas se reunieron en oración, pidiendo por el éxito de la fuga.

Fernando y sus seguidores investigaron toda la zona circundante, intentaron obtener información del pueblo cercano y ofrecieron dinero; nadie dijo nada. Hasta que uno de los hombres ubicó el sendero que bajaba de la montaña en medio del bosque y llamó al jefe:

– Señor, mire. Hay un sendero que conduce al valle, y se ve que está muy transitado; tiene muchas huellas de ruedas de carro y marcas recientes de cascos de caballo.

Los ojos de Fernando brillaron. No tenía dudas que allí, tal vez con la ayuda de alguien más, Raquel había huido hacia el valle.

– Cojamos nuestros caballos y sigamos las marcas del sendero. Veremos a dónde nos llevan y si encontramos a quién buscamos.

31.- La Captura

ROSÁRIA Y FILOMENA CONOCÍAN bien el camino y muy rápidamente llegaron al campamento. Edgar encontró extraña su presencia a esa hora del día.

– Dios mío ¿qué pasó? ¡Están tan pálidas!

Filomena habló de la fuga de Raquel y explicó en detalle las razones.

- ¡Después de una larga persecución, Don Fernando estuvo a punto de capturarla!

Edgar se conmovió; no esperaba una trama tan triste escondida detrás de esa pobre niña, que en ese momento parecía muy asustada y desprotegida.

– Seguramente no vendrán aquí; deben temer el contagio de nuestros pacientes, y todos los defenderemos. Este señor solo les hará daño si pasa por encima de mi cadáver. Nadie tocará ni un pelo de nuestra hermana pequeña.

Rosária tomó las manos de Edgar y las besó:

– Sabía que podía contar con tu ayuda, mi querido hermano.

– Vamos, hermana Rosária, quiero ponerte en un lugar aireado. Se necesita mucho coraje para pasar 24 horas en este ambiente doloroso.

– Si tú lo lograste, Edgar, yo también podré manejarlo. Ya estoy acostumbrada a sufrir.

Filomena se despidió:

– Adiós hermana Rosária, que Jesús te proteja. Sé que nuestro hermano Edgar cuidará de ti, querida.

– ¡Que Jesús apoye tu regreso! – La joven le besó las manos expresando agradecimiento.

La monja montó en el animal y, saludando a sus amigas, lo puso en movimiento. El regreso fue más difícil, ya que el camino era estrecho y empinado.

Los hombres de Fernando, una vez localizado el sendero detrás del convento, decidieron bajar para saber a dónde los llevaría; Fue entonces cuando oyeron el ruido de los cascos del caballo de sor Filomena.

– Don Fernando, escuche: alguien viene – anunció José.

– Sí, yo también lo escucho – respondió el jefe. Pronto apareció sor Filomena en la curva del camino, guiando al caballo firmemente. El encuentro con los perseguidores de Rosária la tomó por sorpresa.

– Ahora, ¿a quién vemos en el rastro escondido: a una pura hermana del santo convento! – Fernando se rio –. ¿Regresas de tus aventuras, hermana? Miren, hombres, hemos descubierto una salida secreta de las santas hermanas. ¡Nuestro querido Obispo se preocupa tanto por mantener su integridad física y moral...! ¡Quién sabe si no frecuenta también este sendero!

Todos rieron. Eran criaturas acostumbradas a la brutalidad física y moral, hombres sin carácter alguno. El caballo de la monja se asustó, tirándola al suelo. La pobre se levantó e intentó montar de nuevo.

– ¿Por qué tienes tanta prisa, hermana? – Bromeó José –. Necesitamos tener una conversación muy seria.

Al mismo tiempo, Fernando le sujetaba la barbilla impidiéndole realizar cualquier movimiento.

– ¿A dónde irá este sendero?

– Al valle – tartamudeó Filomena.

– ¿Y a dónde llevaste a Raquel? – Preguntó sin rodeos.

– No conozco a ninguna Raquel.

Fernando abofeteó a la mujer con tanta violencia que ésta cayó al suelo. José la levantó, colocándola de nuevo frente al jefe.

– No bromeamos, se nota. Quiero toda la información, completa.

– El sendero conduce al valle; en el valle de los leprosos – la hermana lo miró fijamente.

Los hombres se alejaron horrorizados mientras ella continuaba:

– Todas las mañanas bajamos con ropa y comida para ayudar a los enfermos. Son muchos, creo que más de doscientos. Algunos se encontraban en un estado deplorable y se pudren en vida.

El propio Fernando se alejó, pero no se rindió.

– ¡No creo! ¡Es una maldita mentira!

– Puedo llevarte ahí. Nadie se acerca al valle; o vamos porque tenemos lástima de esas criaturas y tratamos de darles un poco de alivio. Yo estaba con ellos ahora, estas manos limpiaron las heridas – la hermana mostró sus manos.

– ¡No te acerques! – Gritó disgustado.

– Puedo llevarlos. Estaré encantada de mostrarte dónde está el campamento; olerás la carne podrida que cuelga por el lugar.

Los hombres quedaron horrorizados. José fue el primero en abandonar el rastro.

– Don Fernando, esta mujer podría estar infectada, la enfermedad es contagiosa. He visto familias enteras enfermarse. Las llagas se extendían por el cuerpo, desprendiendo mal olor y pudriendo todo. Temeroso de tocar a la monja, le escupió en la cara.

– ¡Maldita seas! Te dejaré ir, pero esto no quedará así. Raquel no podrá esconderse en el valle para siempre.

Sor Filomena continuó exponiendo sus manos, lo que hizo que los hombres tuvieran más miedo de ser tocados. Tomó su caballo, lo montó y los adelantó hacia el convento.

Fernando, rojo de ira, murmuró enojado:

– ¿Es cierta esta historia? Necesitamos investigar si hay leprosos en el valle. Volvamos al pueblo y obtengamos información.

La gente temblaba ante la mera mención del valle; se consideraba maldito y nadie quería hablar de ello.

– ¡Monjas deshonradas! Esa hermana dijo la verdad. Y sé que Raquel está entre ellos… Podría contagiarse de la enfermedad. ¿No tenía la desafortunada mujer un lugar mejor para esconderse?

– ¿Cómo llegaremos allí? – Preguntó José.

– Lo pensaré, te garantizo que encontraré la manera – respondió el jefe.

Filomena entró al cuarto de la madre muy pálida, a punto de desmayarse. Fue necesario hacerla sentar para que respirara mejor.

– Hermana Victoria, ese hombre encontró el rastro y me esperó; pensé que me matarían. Por suerte para nosotros, él y sus hombres están aterrorizados al oír hablar de los enfermos en el valle. En cualquier caso, nuestras vidas corren peligro con él aquí.

– Si, lo sé. Tendremos que encontrar la manera de sacarlo definitivamente de este lugar y a nuestra hermana Rosária. Pidamos al Maestro Jesús que nos ilumine.

Las monjas notaron que Fernando y sus hombres comenzaban a observar el rastro todas las mañanas. Habiendo comprobado que sor Filomena no mentía, permanecieron allí durante horas esperando el regreso del grupo que visitaba el valle.

Sabiendo lo astuto que era ese hombre, las hermanas incluso temieron por sus propias vidas.

Aunque Edgar tenía un buen plan para sacar a Rosária del valle, algunos recursos serían fundamentales para llevarlo a cabo. Hasta que esto fuera posible, los dos permanecieron piadosamente con los enfermos.

– Hermana Rosária – dijo el joven –, tenemos que salir de aquí. Creo que deberíamos ir a Granada. Al igual que los musulmanes, que practican otra religión, Don Fernando y la Iglesia no podrán perseguirte.

– El problema es que no podemos ir allí. ¿Y cómo podemos dejar a estas pobres criaturas sin nuestro apoyo?

– Será mejor que hablemos con la Madre Victoria. Ella nos proporcionará caballos y algo de comida. Sé que no será fácil cruzar la frontera, pero lo haremos, con la gracia de Dios.

– Con Don Fernando vigilando a las hermanas todo el tiempo, será imposible traer otros caballos y provisiones. Él sabrá que estamos huyendo.

– Tenemos que pensar en una manera de engañarlo – dijo el niño. La perspectiva de no seguir siendo perseguido dio cierto aliento a la niña, que temía nunca liberarse de ese hombre.

La madre Victoria pensó que escaparse a Granada con Edgar sería la solución más adecuada, a pesar de obligar a Rosária a quitarse el hábito. Además, enfrentarían muchos obstáculos, en una tierra extraña y con otra lengua. Sin embargo, era la única oportunidad de intentar salvarle la vida.

Fernando y su grupo no dejaron de vigilar el camino. Para pasarlos sería necesario bajar con dos caballos sin levantar sospechas, y esto tendrían que hacerlo personas de confianza, habitantes del propio pueblo.

Ese día, después de muchos esfuerzos, superando estas dificultades y haciendo arreglos para escapar, las hermanas empacaron el carro para regresar al convento. Conmovida, la Madre Victoria se despidió de los dos jóvenes que iban a aventurarse en un futuro incierto. Todos lloraban de emoción.

Al regresar, las cuatro monjas estaban silenciosas, pensativas y tristes. Sor Rosária se había vuelto muy popular entre las monjas. En medio del recorrido se llevaron una sorpresa: los hombres de Fernando aparecieron armados impidiéndoles continuar.

– Buenas tardes, Madre Victoria. ¿Tuviste un buen paseo en este día soleado? – Con su conocido tono sarcástico, el hombre sacó a la superior del carro, tomándola del brazo.

– Sí, muy bien, gracias a Dios, señor – respondió ella altiva mirándolo, actitud que lo irritó.

– ¡Dejemos de hablar! Nos quedaremos aquí con tres hermanas y una elegida recogerá a Raquel. Si no vuelvo en tres horas mataré a las otros tres; no tengas dudas de lo que digo. Y diré más: a las dos horas empezaré a cortar las orejas; luego será la lengua y los dedos de cada una. Por tanto, sor Filomena, que me parece la más lista, ve ahora mismo y vuelve a caballo con Raquel.

Entonces el jefe ordenó a José que desenganchara dos caballos del carro. Filomena montó en uno y tirando del otro regresó al valle.

– ¡Estoy segura que la atraparemos! Raquel no permitirá que mueran por ella – dijo Fernando fijando los ojos en la madre superiora. Sor Victoria preguntó:

- ¿Qué te hizo esta chica? ¿Por qué la odias tanto? - El hombre levantó la vista con expresión cerrada.

– Ella nada. Es solo mi instrumento de venganza.

– Don Fernando, se lo ruego – la madre cayó de rodillas –. En nombre de Dios, por la misericordia de su hijo Jesús, deja en paz a hermana Rosária. Es un alma buena, solo quiere seguir viviendo en el convento. Como dijiste, no le perjudicó en absoluto. La venganza no solo daña a nuestros enemigos, sino también, y sobre todo, a nosotros mismos. Jesús nos enseñó que debemos perdonar para ser felices. Ciertamente hay un corazón latiendo dentro de ese pecho, a pesar de su apariencia insensible.

– Te equivocas hermana, mi corazón está amargado como la hiel desde hace mucho tiempo. Todo amor ha muerto, solo queda el odio, y lo que me anima es anticipar el dulce sabor de la venganza. Llevo muchos años viviendo con esto y estoy a punto de llegar al final propuesto. Ahora cállate, o serás la primera a la que le cortarán la lengua.

Como un eficiente sirviente, José avanzó hacia la madre con el cuchillo en la mano, en clara amenaza. La monja se dio cuenta de cuánto odio había endurecido el corazón del hombre, quien no midió las consecuencias para lograr su objetivo. Y no hubo palabras que pudieran hacerle cambiar de actitud.

Filomena regresó al valle asustada y pálida, sin fuerzas siquiera para hablar. Su mera llegada fue evidencia para Edgar y Rosária que algo muy grave había sucedido. Cuando tomó aire, advirtió:

– Edgar, tienes que escapar. Don Fernando está con sus hombres en la colina. Detuvieron a nuestras hermanas y prometieron matarlas a todas si no me llevaba a la hermana Rosária.

La pobre muchacha perdió el color y pareció desmayarse. Sintió como si el suelo se abriera para tragársela. La desesperación se apoderó de su mente y el miedo de encontrarse con su incansable perseguidor dominó su ser. Con mucho sacrificio articuló algunas palabras:

–. No hay salida para mí, tendré que subir el sendero y rendirme. Esto ya debería haberlo hecho en el convento; al menos estaría protegida por Antonio hasta la casa del Obispo. Ahora estaré completamente a merced de ese hombre y sus secuaces completamente inmorales.

Edgar intentó no agitarse, reflexionando en busca de una solución.

– Estoy pensando en buscar a Antonio, tal vez él pueda ayudarnos.

– No podemos más con esto – Filomena se frotó las manos, angustiada –. Si no estamos allí en una hora, las hermanas serán mutiladas.

El joven estaba aterrorizado.

– Sí, muchacho, prometió cortarles a cada una de nosotras las orejas, la lengua y los dedos si no nos presentamos en el horario previsto.

Rosária caminaba de un lado a otro.

– Tenemos poco tiempo. Voy a tomar el caballo y entregarme, es la única manera de evitar que nuestras hermanas sufran aun más agresiones.

– Iré contigo – decidió Edgar –. Quién sabe, tal vez se nos ocurran algunas ideas en el camino.

Mientras caminaban por el sendero, los tres parecían muñecos, mudos y pálidos. Filomena temía por la vida de todos, a pesar que su amiga se entregó. El corazón de Edgar latía rápido y era un torbellino de pensamientos. Estaba en su cabeza, buscando una salida. En cuanto a Rosária, repasaba mentalmente los últimos años turbulentos de su vida, pensando que sería mejor poner fin a esos días turbulentos de una vez por todas. De hecho, concluyó, sería preferible morir en la hoguera.

Durante los últimos días, conscientes de los planes de Fernando, los amigos espirituales del convento – entre ellos Jacob –, se comprometieron especialmente en ayudar a las hermanas.

Fray Bernardo, que apoyaba a sor Victoria, intentó aplacar el enfado de su compañera por la situación de Raquel.

– Mi querido Jacob, ayudemos a nuestros encarnados con la oración, infundiéndoles paciencia y resignación en sus pruebas. El hermano José y yo iremos a ver a Antonio y trataremos de traerlo aquí. Su presencia aliviará la situación de Raquel. Mientras tanto, bríndale tu apoyo, fortaleciéndola para enfrentar la difícil prueba que está por venir. Recuerda: no podemos cambiar las actitudes de los encarnados, pues debemos respetar su libre albedrío; sin embargo, podemos intuirlos para aliviar el sufrimiento del rescate violento. Si el amor infinito del Padre nos permite trazar nuestro camino, también nos hace responsables de los resultados de las decisiones que tomamos. La siembra es libre, la cosecha es obligatoria. Hoy Don Fernando planta lo que cosechará en el futuro.

Fray Bernardo intentó persuadir a Antonio para que pidiera permiso al Obispo para regresar al convento. Debido a su buen corazón, desprendido de su cuerpo durante el descanso físico, recibió la guía y en las primeras horas de la mañana fue a cumplirla; el amigo espiritual lo acompañó.

Como jefe de la guardia, Antonio tenía libre acceso al Obispo, a quien encontró comiendo su primera comida.

– Buenos días señor. Les traigo un asunto que considero urgente. Se trata de Don Fernando. No creo que sea una persona confiable; estaba muy molesto en el convento y si lo dejamos actuar por sí solo es capaz de cometer atrocidades. Las hermanas merecen nuestro respeto y protección. Pienso, francamente, que ese hombre actúa según sus intereses privados, intentando utilizar el nombre de la Iglesia y, por tanto, el suyo.

El Obispo asintió con la cabeza en señal de aprobación.

– Me gustan tus opiniones honestas. Has demostrado muchas veces ser un hombre sensato, por eso te nombré jefe de mi guardia. Tampoco me gustaron las actitudes del señor Fernando; solo acepté ayudarlo porque me lo recomendó el Obispo de Toledo. Sin embargo, si adopta alguna actitud violenta, tendrá que enfrentarse conmigo personalmente.

Antonio estaba contento: el Obispo y él opinaban lo mismo.

– Por este motivo vengo a solicitar mi regreso con las tropas al convento. Siento que nuestras hermanas necesitan protección.

En el acto en que el Obispo evaluó la solicitud, fray Bernardo intentó comprenderlo para tomar la mejor decisión.

– Creo que tienes razón. Regresa al convento y quédate allí hasta que Don Fernando abandone la zona.

Inmediatamente Antonio reunió las tropas y tomó el camino hacia el convento; tuvo la intuición que el tiempo de viaje debería ser lo más corto posible.

Jacob, encargado de acompañar a su hija, intentó alentar su fe en días mejores. Sin embargo, los pensamientos de la niña eran tan turbulentos que le impedían captar la presencia del padre, el sentimiento de impotencia y soledad se había apoderado de su corazón, era como si caminara en el vacío, sin ninguna perspectiva.

Enfrentando el difícil recorrido en esa carrera contra el tiempo, los tres llegaron donde Fernando tenía como rehenes a las otras hermanas, cuando notó que la muchacha se acercaba, su rostro se iluminó con una gran sonrisa y gritó:

– ¡Después de todo logré encontrarte! Es una pena que no pueda ponerle las manos encima al viejo Jacob.

El grupo se detuvo. Edgar estaba junto a Rosária, quien se tambaleó ante la temida figura. Rodeada de Jacob, ella habló con voz firme:

– Don Fernando, si es a mí a quien quieres, aquí estoy. Libera a las otras hermanas.

– Las soltaré cuando se acerquen lo suficiente, de lo contrario las mutilaré. ¿Quieres ver? Primero le cortaré la oreja a la madre superiora.

La joven avanzó cinco pasos.

– Libera a las hermanas. Solo me acercaré si las dejas libres para irse - Fernando todavía tenía el cuchillo en el cuello de sor Victoria.

– Vamos, no tengo mucha paciencia. Si me demoro, le cortaré el cuello a tu madre.

Rosária rápidamente sacó la daga que Edgar tenía en su cintura y colocó la hoja contra su propio pecho, sujetándola con ambas manos. El niño se asustó y permaneció inmóvil, temiendo hacer un movimiento en falso.

Jacob se paró frente a su hija y mentalmente le pidió que se controlara. Fray Bernardo pensó en ello, pidiendo su ayuda; en cuestión de segundos el protector también estaba a su lado.

La niña mantuvo una actitud firme.

– Don Fernando, sé que me quieres viva. Si no liberas a las hermanas, acabaré con mi vida ahora mismo.

Aunque no tenía intención de liberar a las monjas, el atacante tampoco esperaba esa actitud. Se dio cuenta que ella no estaba simplemente jugando, que en realidad cumpliría su amenaza si las hermanas no eran liberadas. Por eso ordenó a sus hombres que lo hicieran. Al ver libres a sus amigas, Raquel reunió todas sus fuerzas y enterró el puñal en su propio pecho, cayendo en agonía.

– ¡Mi hija no! – Gritó la Madre Victoria, corriendo a su lado. Edgar saltó, en un intento desesperado por detener el acto sin sentido, pero ya era demasiado tarde.

Fernando, alucinado, ordenó a sus compañeros matar a todos. En ese momento apareció la tropa de Antonio, encabezada por fray Bernardo, a nivel espiritual, había decidido seguir el camino y acabó siendo testigo de los últimos acontecimientos. Arrojó su caballo sobre los hombres de Fernando, impidiendo la masacre.

Rosária luchó en agonía. Edgar la levantó en sus brazos y la recostó en un lugar más cómodo. El niño lloró mucho. Sor Filomena, que intentaba aliviar el sufrimiento de la niña, se dirigió a la superiora.

– Madre, nuestra querida hermanita se está muriendo y nada podemos hacer por ella; solo pide compasión divina.

Madre Victoria se arrodilló a su lado y lloró suavemente:

– Hijita mía, ¡que Jesús tenga compasión de tu alma!

La joven suspiró y falleció. A su alrededor, había desolación en todos los rostros.

Los hombres de Fernando estaban ahora bajo el control de las tropas del Obispo. Antonio cargó el cuerpo sin vida y todos fueron al convento. Fernando permaneció en silencio con los hombres de la guardia.

La llegada fue muy triste; no hubo nadie que no lamentara la muerte de sor Rosária.

Fernando se acercó a Antonio y le pidió ir a Sevilla a hablar con el Obispo; quería que le permitieran llevar el cuerpo al castillo del conde Felipe. El otro, indignado, respondió con dureza:

– Don Fernando, usted y sus hombres casi cometieron una masacre – si no hubiera llegado a tiempo habrían matado a todos – ¿y todavía me pide que le deje llevar el cuerpo? La pobre mujer murió por su culpa y sé que no tiene familiares allí. Creo que se ha vuelto demasiado complicado y tendrás que explicarle al Obispo lo que vimos. Tú y tus hombres no saldrán ilesos. Seguramente habría matado a todos los demás si hubiera logrado atrapar viva a la niña.

Su maldad no tiene límites, le falta Dios en su corazón. No hay nada que justifique actos de tal violencia.

Manteniendo una actitud tranquila, Fernando respondió:

– Don Antonio, estoy convencido que el Obispo me autorizará a llevar el cuerpo. Vengo de lejos detrás de esta muchacha y estoy recomendado por el Obispo de Toledo, a quien don Manuel no hará tal desaire.

Como consideró inoportuno prolongar la discusión, Antonio designó dos hombres para que lo acompañaran a Sevilla. Quería que Don Manuel estuviera al tanto de toda la historia.

La Madre Victoria no quiso que se presentara al Obispo una denuncia por el intento de asesinato de ella y de las otras hermanas. Rosária ya no estaba viva y eso era lo que importaba; la tristeza que sentía era enorme, porque su pequeña hija – así era como su superiora la consideraba – se había quitado la vida en un acto imprudente, comprometiendo su felicidad futura. La madre sufrió como si la hubiera perdido para siempre; y le causaba gran desolación imaginar el ajuste de cuentas que la joven tendría con las leyes de Dios.

Sor Filomena trajo un poco de té para calmarla. Victoria tomó la taza y tomó algunos sorbos.

– No creo que nada me vaya a mejorar, porque sé que mi pequeña está sufriendo mucho. Su sufrimiento parece resonar aquí en mi corazón. Solo nos queda pedirle a Dios que tenga misericordia de su alma suicida. ¡Jesús mío...! Si Antonio hubiera llegado unos minutos antes, se habría evitado tal tragedia.

– Sor Rosária amaba la vida, a nuestros pacientes, a los animales, y todo lo que hacía era por amor – Filomena intentó contener las lágrimas –. Sé que tomó esa acción para salvarnos. Fue un momento de extrema desesperación. Estoy segura que Dios, de infinita misericordia, tomará todo esto en consideración.

Madre Victoria bebía té mientras las lágrimas caían de sus ojos.

32.- Venganza

FERNANDO, ACOMPAÑADO DE LOS DOS HOMBRES de Antonio, cabalgó hacia Sevilla. Necesitaba obtener de Don Manuel la entrega del cuerpo de Raquel. Tenía en su poder otra carta del Obispo de Toledo, exigiendo que en caso de su muerte fuera enviado a su ciudad, ya que allí se desarrollaba el proceso contra los brujos Jacob y Raquel.

Don Manuel quedó impactado por la noticia y deploró la conducta de Don Fernando. Sin embargo, dados los documentos que portaba, concluyó que no sería aconsejable conservarlo. Le redactó una autorización para sacar el cuerpo del convento y llevarlo a Toledo. Los hombres de Fernando tomaron todas las medidas. Las hermanas recogieron muchas flores del jardín para decorar el lugar donde depositaron el cuerpo de la joven. Fernando no volvió al convento, pues no quería ningún roce a la hora de salir; se encontró con los demás de camino a Toledo. El grupo no entró en la ciudad y se dirigió directamente a Medina del Campo, más concretamente al castillo de Don Felipe.

Después de un largo y agotador viaje, ya en tierras del conde, se formó una procesión que fue haciéndose mayor a medida que se acercaba al castillo. El guardia bajó la puerta principal y todos entraron.

Felipe estaba descansando en su habitación cuando uno de los sirvientes lo despertó.

– Señor conde, Don Fernando está en el patio. Trajo a la niña muerta Raquel; parece que se suicidó para no caer en sus manos.

– ¿Cómo logró este bastardo encontrarla?

El conde no podía creer lo que acababa de oír. Se levantó abruptamente y bajó las escaleras, caminando hacia la puerta principal.

En ese momento la condesa también bajaba las escaleras, atraída por el alboroto que venía del patio. Su marido la agarró de las manos, tratando de impedirle que se dirigiera a la puerta principal. Ella lo miró y le preguntó:

– Señor, ¿qué pasa? ¿Nuestro castillo está siendo invadido por los moros?

Bajó los ojos y respondió:

– Quizás sería mejor sufrir una invasión. Nuestro enemigo, Don Fernando, está ahí fuera; encontró a Raquel y la trajo... muerta.

Constancia apenas escuchó las últimas palabras. Perdió el conocimiento. La sirvienta María corrió para intentar reanimarla. Cuando volvió en sí, comprendió la situación y cayó en un ataque de llanto incontrolable.

Felipe se dirigió hacia el patio. Lloró al ver a la bella e inerte joven. Recordó a Alejandro, sus últimos minutos de vida y lo mucho que la amaba.

Fernando se adelantó con una sonrisa. Parecía feliz.

– Señor conde, quiero estar a solas con su familia en el salón principal. Necesitamos conversar. Te traje el cuerpo de Raquel porque pensé que te gustaría darle una tumba junto a la de tu hijo.

El castellano asintió y entonces los hombres de Fernando colocaron el cuerpo en el vestíbulo, saliendo con el resto de personas. Cuando la condesa vio muerta a Raquel no pudo controlar las lágrimas; se acercó a la mesa donde ella estaba colocada, insatisfecha.

– Mi querida hija, ¿qué te hicieron?

Fernando sonrió con maldad. ¡Estaba alcanzando su objetivo esperado durante tantos años! Había llegado el momento que el conde supiera toda la verdad sobre la maternidad de Raquel. Sin embargo, estaba tan emocionado que no registró las palabras de su esposa.

Acercándose a Constancia, el vengativo alzó levemente la voz:

– Don Felipe, pregúntele a su esposa por qué traje el cuerpo de Raquel a este castillo.

La mujer siguió llorando, inclinándose sobre el cuerpo.

– ¡Señor conde, Raquel es la hija de la condesa! – Gritó finalmente Fernando.

– El secreto lo guardaron todos estos años quienes presenciaron su nacimiento.

El castellano no entendía realmente lo que estaba pasando, ni hasta dónde pretendía llegar ese hombre.

– Señor – insistió –, pregunte a doña Constancia quién es la madre de Raquel.

En ese momento María, la anciana y fiel sirvienta, que observaba y escuchaba en silencio en un rincón, se acercó al conde secándose las lágrimas que caían de sus ojos.

– Si la verdad ha de salir a la luz, que salga con todos los detalles, sin ocultar a los verdaderos culpables.

El conde miró furioso a su mujer y luego volvió la mirada hacia María.

– Conoces mi dedicación durante tantos años. He contemplado en paz los sufrimientos de mi señora, sus aflicciones y los tormentos de su corazón. Ella nunca lo engañó. Al contrario, lo que hizo fue protegerlo. Este desgraciado, que ahora quiere ensuciar su honor, fue el responsable de todo.

Fernando sacó un puñal, dispuesto a silenciar a la vieja sirviente a cualquier precio. Se lo impidió Felipe, de mayor tamaño físico.

– ¡Habla, María, di la verdad en nombre de Dios!

Sin contener las lágrimas, la mujer empezó a contar lo que sabía.

– En una de sus ausencias, que duraron meses, mientras usted estaba en el campo de batalla, Don Fernando manchó el honor de mi señora entrando en sus aposentos a través de las sombras, como un bandido. La condesa quería morir después de tan vil acto. Antonio y yo tuvimos que vigilarla durante días y días para asegurarnos que no hiciera alguna locura.

En ese momento, el conde avanzó hacia Fernando, cuyos hombres, que presenciaron el ataque a poca distancia, lo inmovilizaron. María continuó la dolorosa narración.

– Al cabo de un tiempo, mi señora notó que en su vientre crecía un niño. Pasó los siguientes meses bajo la cruel amenaza que su señor sería entregado al rey como traidor si se atrevía a decir la verdad y nadie creería su palabra como víctima. Cuando nació la niña, doña Constancia temió represalias, tanto de ella como de don Fernando. Temía por su propia vida, la de la niño y también la del señor. Fue entonces cuando Sara y Jacob, conscientes de toda la trama, tomaron a Raquel y la criaron como a su hija.

María se arrodilló ante el conde y exclamó en tono suplicante:

– ¡Perdóneme mi señor! Ella ha estado sufriendo todos estos años, tratando de protegerlo de este hombre despreciable.

Mientras Fernando se reía salvajemente, el conde, sintiéndose humillado e indignado, preguntó:

– Después de todo, ¿qué te hicimos para castigarnos así, Don Fernando? Al principio tu chantaje parecía fruto de pura ambición, pero ahora sabemos que se trata de una venganza muy bien articulada. ¿Qué tienes contra nosotros?

El hombre se acercó mucho y con la mano en el hombro lo obligó a arrodillarse. Dominado por los secuaces del agresor, Don Felipe tenía el rostro casi en el suelo, junto a los pies de Fernando. Gritaba histérico:

– Quiero que usted sufra en carne y hueso lo que yo sufrí, señor conde. ¿Crees que no tengo corazón? Sí, tengo el corazón herido, mutilado por el dolor infligido por ti, por tu padre y por todos tus compinches que, en nombre de una guerra santa, en nombre del crucificado, siembran la tragedia y el sufrimiento.

El castellano no pudo entender el significado de aquellas acusaciones.

– Pero ¿dónde y por qué causamos tanto sufrimiento, para merecer una venganza tan cruel? En una guerra, ambos bandos matan y hieren.

Fernando se acercó mostrando su rostro y la marca de una herida de espada en su pecho.

– Claro que no me recuerdas, así que voy a aclarar los hechos. Mi familia y yo vivíamos felices en las afueras de Alméria, donde teníamos una preciosa propiedad. Mi madre, que era cristiana, fue esclavizada en una batalla que libró mi pueblo con los cristianos. Mujer de notable belleza, pronto se ganó el corazón de mi padre, quien la llevó a sus ricas tierras, tierras que prosperaron, al igual que los niños que vinieron. Éramos seis: dos hombres y cuatro mujeres. Con el paso de los años, todos crecieron y llevaron a sus cónyuges a vivir también en ese lugar. Estaba feliz, mi esposa estaba esperando nuestro primer hijo.

Don Fernando casi sonrió al recordar los días en que era feliz. De repente su rostro se cerró por completo, las lágrimas salieron de sus ojos y corrieron por su rostro. Él continuó:

– En una tranquila tarde de junio nuestra propiedad fue invadida por cristianos, que robaron nuestros animales y nuestras joyas, y quemaron nuestras cosechas. Entre los soldados, recuerdo a dos en particular: un hombre de mediana edad, que tenía una ambición excesiva en sus ojos y que robaba vorazmente nuestras propiedades, y su hijo aun muy pequeño. El grupo mató a mis padres y a mi hermano. Abusó de mi esposa, quien se volvió loca y perdió al bebé, muriendo durante el parto. También violó el honor de mi hermana, quien terminó embarazada de su verdugo y se volvió loca poco después del nacimiento del bebé, acabando con su propia vida. De verdad, señor conde, no me diga que mi historia no le trae ningún recuerdo. Fue su padre quien dirigió el grupo.

El hombre se abrió la túnica y volvió a mostrar la herida.

– ¿No recuerdas la herida que se abrió en mi pecho? La única razón por la que no me mataron fue porque, al desmayarme, pensó que había muerto. ¿No te acuerdas también de la niña pura, casi niña, en quien dejaste una semilla? Cuando me recuperé ya no tenía el valor de vivir, porque me habían quitado todo lo que más amaba. Arrancaste de mi pecho un corazón que palpitaba feliz. Ahora solo quedan los sentimientos que me alimentan y me mantienen vivo: el odio y la venganza, porque quiero que vivas como yo, sin corazón en el pecho, sin felicidad alguna.

Fernando interrumpió por un momento el relato, ya sea porque los recuerdos pesaban sobre él, ya sea para revivirlos en la mente de don Felipe.

– Entré a tu casa y tomé tus pertenencias. Siempre creíste que tenía pruebas de la traición de tu padre y de los demás nobles de la región contra el rey, pero no tengo nada. Solo los llevé a ideas separatistas y forjé reuniones que nunca tuvieron lugar. Lo guardé todos estos años pensando que tenía documentos que lo comprometerían. No existen, así como tampoco hubo traición por parte de tu anciano padre. Abusé de tu honor y de tu esposa. Raquel es mi hija, la hija de mi venganza contra ti. Mis hombres, infiltrados en tu tropa, te pasaron toda la información sobre dónde estaban acampados y tratamos de eliminar a tu hijo predilecto, un joven hermoso y fuerte que corrió la misma suerte que mi hermano. ¡Tu hijo que se enamoró de su propia hermana! Mi querido conde, te traigo más noticias: tu cuñado y toda su familia, así como tu hijo Augusto, falleció envenenado. Introduje una sirvienta en casa de sus familiares con la tarea de, bajo mis órdenes, poner un poderoso veneno en los alimentos que iban a comer, y todos murieron. Mi venganza está completa. Quería dejarte vivo para arrancarte el corazón del pecho.

El castellano gritó entre lágrimas:

– ¡Maldito seas! ¡Mil veces malditos veces! ¡Estábamos en guerra! ¿Cuántas veces los moros han destruido nuestras propiedades, nuestras ciudades, haciéndonos esclavos? En una guerra, ambos bandos cometen crímenes y exageraciones.

Constancia ya no escuchó nada. Saber que su hijo Augusto también había sido víctima de Fernando le hizo volver a desmayarse.

No satisfecho, el despiadado vengador ordenó a José que trajera a su sobrino, que estaba afuera. Entró el muchacho y dijo irónicamente:

– Señor conde, ¿a quién le recuerda este chico?

Felipe no miró. A una señal de Fernando, uno de los soldados le levantó la cara a la fuerza, obligándole a mirar al chico.

– Mira que se parece a Alejandro... Sería guapo, si no fuera por su apariencia idiota. ¡Qué orgulloso eres de tener hijos fuertes y perfectos! Pero este idiota también es tu hijo, resultado de tu despiadada agresión contra mi hermana. Francisco fue criado por mí con el único propósito de castigarte. No permití que nadie se acercara a él, nunca le dije una palabra. No desarrolló el razonamiento ni el habla, pasó toda su vida encerrado sin atención alguna. Hoy te traigo al hijo idiota, ¡porque ya no hay sanos!

Fernando terminó la última frase con una carcajada.

– Me voy de tus tierras y vuelvo con mi gente, porque ya no me queda nada que hacer en este lugar que tanto odio. Me vengué. Te arranqué el corazón.

Miró al conde con una mirada del más intenso odio y le dijo:

- Ahora, tu dolor es el mismo que el mío.

– Dígame, Don Fernando, por qué persiguió al viejo Jacob. ¿Por qué crio a Raquel? – El conde todavía intentaba comprender la situación. El otro se acercó para dar la respuesta:

– No. Ese idiota descubrió que soy moro y asoció mis orígenes con mis planes. Estaba esperando tu regreso para traicionarme, arruinaría mis planes y me impediría consumar la venganza que me hizo vivir todos estos años.

Don Felipe ya no se movía, no hablaba, no pensaba; solo sintió un dolor indescriptible, como si una espada le hubiera abierto el pecho, arrastrándolo en un torbellino de sentimientos incontrolados, como un tifón que destruye sin dejar nada en pie.

Fernando y sus hombres habían dominado a toda la guardia del castillo y se retiraron sin que nadie los detuviera, cabalgando durante horas sin mirar atrás. Había terminado lo que le había tomado años lograr, pero todavía no sentía el sabor que, como había imaginado, debería traer la venganza. Para lograr sus objetivos destruyó a inocentes, había cortado vidas jóvenes, y en ese momento todas las víctimas parecían perseguirlo en su mente, quitándole el brillo de la victoria. Las dos entidades que lo manipulaban, su hermana y su padre, se acercaron intentando vengarse.

Ya todo estaba preparado para él en Granada: un puesto importante con el sultán, una fortuna y una buena posición social.

Todo lo que necesitaba para empezar su vida de nuevo, pensó. Vivir con su gente, sus creencias y sus costumbres. Había pasado tantos años de sacrificio, haciéndose pasar por cristiano... ¡Tantos años fingiendo ser algo que no era, en medio de sus enemigos!

Cuántas veces se había visto obligado a cambiar sus planes... Y si Jacob no se hubiera cruzado en su camino, ya habría llevado a cabo su venganza hace mucho tiempo. Pero ahora todo parecía ir ganando distancia, quedando atrás como el castillo de la Mota. Enterró el pasado junto con sus amados muertos. Después de todo, estaban vengados y podían estar en paz, después de tantos años de tormento.

En el castillo, el conde ordenó enterrar a Raquel junto a su hijo. No había intentado perseguir a Don Fernando, porque sabía que más derramamiento de sangre no le traería consuelo.

Envió un emisario a Toledo para averiguar la verdad sobre el envenenamiento de Augusto y la familia de su cuñado. Esperaba que fueran meras mentiras para desequilibrarlo. Cuando llegó su enviado, notó un movimiento exagerado en la casa de Don Júlio. Entró y vio la tragedia; de hecho, la familia había ingerido veneno en la comida y todos estaban muertos, incluso los sirvientes. Se produjo un gran revuelo en la ciudad y pronto las sospechas recayeron sobre una joven sirvienta llamada Marta, que había desaparecido sin dejar rastro. El mensajero dispuso que los cuerpos fueran transportados al castillo.

Anete no pudo perdonarse haber traicionado a su hermana y a su cuñado. Había hablado demasiado, había confiado en un traidor y estaría perdida si alguien descubriera su contribución a la tragedia.

Los padres de Constancia estaban inconsolables por la muerte de su hijo, nuera y nietos. Dolores no pudo resistir el dolor de perder un hijo más y cayó gravemente enferma.

Poco después de la partida de Don Fernando, María se dio cuenta de la presencia del niño que había quedado en un rincón de la habitación. Asustado, vio una sucesión de acontecimientos muy malos y, lleno de miedo, trató de permanecer callado para no ser notado. María se acercó a él suavemente, llevándolo a la cocina.

– ¡Ven, muchacho, debes tener hambre! - Él la siguió sin poner obstáculos. En la cocina la criado le dio un trozo de pan y una taza de té.

– ¿Cuál es tu nombre?

Con gran dificultad respondió.

– Francisco.

– Tienes un nombre bonito. El mío es María - El chico bajó la cabeza.

Afectuosamente, la sirvienta levantó la barbilla y volvió a decir:

– Mi nombre es María - Con esfuerzo Francisco lo repitió, lo que fue recibido con un sonrisa.

– Te enseñaré muchas cosas. Don Fernando no pudo destruir tu inteligencia. Mi marido y yo nunca tuvimos hijos. Ahora Dios te ha enviado para que podamos darte el amor que te negaron.

Sin que María pudiera ver, Isabel, la madre de Fernando, presente en espíritu entre ellos, lloró emocionada porque su nieto finalmente había encontrado a alguien que lo apoyara.

Isabel era de buen espíritu, y desde que tuvo conocimiento de su fallecimiento quiso volver al lado de Fernando y su hija. Pronto se dio cuenta que su hijo no escuchaba sus consejos y que su hija, junto con su padre, animaban a su hermano a vengarse, incluso contra el propio Francisco. Su abuela, que había estado a su lado todos esos años, encontró en María una aliada.

La sirvienta fue a buscar a Carlos, pues quería que conociera a su medio hermano. El niño había estado en el pasillo y observó cómo se desarrollaba todo el drama. Al no encontrarlo en sus habitaciones ni en las demás dependencias del castillo, y no queriendo causar mayor preocupación a sus amos, pidió ayuda a otros empleados para localizarlo en la zona exterior. Al principio pensaron que estaba escondido; la desesperación de la familia ante la historia de Fernando fue tal que nadie le prestó atención al niño. Sin embargo, las horas fueron pasando y el fiel servidor se preocupó más. Finalmente pensó que tendría que informar a don Felipe.

– Señor conde, Carlos ha desaparecido. Ya hemos buscado por todos lados donde suele estar y no lo hemos encontrado. No quiero disgustarlo más, pero temo que nuestro muchacho haya sido secuestrado por el moro.

Como si le hubieran abofeteado, el castellano abandonó la posición estática en la que había permanecido durante las últimas horas. Inmediatamente movilizó a la guardia del castillo y les ordenó investigar los alrededores centímetro a centímetro. Después de una búsqueda minuciosa pero infructuosa, los hombres regresaron sin traer ni una sola pista. Ante esto, el conde solo pudo concluir que la sospecha de María estaba bien fundada.

– ¡Dios mío! – Exclamó desesperadamente –. Ese maldito secuestró a mi hijo y se lo llevó a Granada. Si llega allí, ya no podremos rescatarlo.

Mandó llamar al comandante de la tropa y ordenó iniciar la persecución de Fernando y sus hombres. Rápidamente reunidos en el patio, todos los soldados corrieron tras el moro. Después de varios días de búsqueda, no pudieron localizar al grupo, que había cruzado las fronteras y entrado en dominio musulmán.

Constancia, cuando se enteró de la desaparición del único hijo que le quedaba, casi se volvió loca. Ya no podía alimentarse por ella misma, había perdido por completo el sentido de sí misma. La madre, Doña Dolores, había fallecido bajo el peso de la tristeza. El padre y la hermana, devastados por los trágicos acontecimientos, regresaron a casa. Anete quería olvidarse de todo y criar a sus hijos lejos de tanta infelicidad.

El único objetivo de Don Felipe en la vida fue recuperar a su hijo. Los años siguieron su curso y, aun utilizando toda la influencia que tenía sobre el rey, no descubrió una sola pista. Solo sabía, para su mayor consternación, que el niño había sido esclavizado.

Miró a su pobre esposa y se arrepintió de haber sido tan grosero con ella en otros tiempos. Intentó compensar con atención y cariño los momentos dolorosos y las pérdidas que había sufrido Constancia. Sin embargo, nada parecía alterar su estado de alienación.

Por otra parte, la vida infeliz aumentó cada vez más el odio del conde hacia Don Fernando, odio que duraría siglos y traería mucho sufrimiento a los dos espíritus perturbados por el deseo de venganza y los impulsos violentos.

33.- Rescate por Amor

LA MADRE VITÓRIA Y las demás monjas continuaron su trabajo con los necesitados de la región. Las abnegadas hermanas mantuvieron un gran cariño por Raquel, a quien llamaban Sor Rosária, y nunca dejaron de orar por ella.

En el momento de la muerte, la joven sintió que se abría la herida en su pecho con un dolor infinito. Sabía que estaba perdiendo la vida física y no podía hablar. Luego se desmayó, desconectándose de lo que sucedía a su alrededor; cuando volvió en sí, la sangre brotaba de su pecho y le faltaba el aire. Todavía pegada a su cuerpo, tenía mucha sed y el frío la invadía de pies a cabeza. Desesperada, buscó ayuda de sus hermanas Filomena y Victoria, quienes sintieron su angustiada presencia y con oraciones le brindaron algún alivio.

Raquel deambuló por el convento y por el sendero del valle, reviviendo todo el dolor hasta que volvió a desmayarse. Después de unas horas de este sufrimiento, comenzó a darse cuenta que había desencarnado y que esas sensaciones eran del espíritu. Luchó por defenderse de las criaturas que insistían en atacarla, apoyándose en su frío cuerpo en un intento de esconderse, pero sentía que estaba siendo devorada. Se asustó cuando vio que Don Fernando la esperaba en el camino a Toledo. Entidades aterradoras acompañaron a las tropas, lanzándoles duras acusaciones. Muchas veces perdió el conocimiento, y cuando se recuperó descubrió que seguía allí. Quería escapar de ese hombre y de las horribles criaturas que le causaban un enorme tormento.

La vista del castillo a lo lejos era aterradora; sombras negras que colgaban de las torres gritaban su nombre en un coro siniestro y repetían las acusaciones:

– ¡Asesina, asesina! ¡Maldita bruja!

Al ver a la condesa desesperada y descubrir toda la historia de su nacimiento, el dolor aumentó. A pesar de estar atormentada, poco a poco fue tomando conciencia de la tragedia que creía haber causado. Lamentó haber tomado una actitud extrema contra su propia vida; sí, no tenía suficiente fe para afrontar un momento tan difícil. La herida no dejaba de sangrar y aun podía sentir la daga clavada en su pecho, impidiéndole respirar. Por sus convicciones religiosas pensó que no merecía la salvación, siendo condenada a los fuegos del infierno.

Siguieron días interminables, sin poder desconectarse del cuerpo físico. El olor a putrefacción le provocó náuseas y por mucho que lo intentó no pudo escapar. La idea de la condenación eterna al infierno la intimidó a orar pidiendo la ayuda de Dios. La herida todavía estaba abierta en su pecho y tenía la ropa desgarrada.

La sed le quemó las entrañas. Agotada, se sentó junto a la tumba y lloró.

Fray Bernardo y Jacob permanecieron cerca de ella desde su muerte prematura, evitando que criaturas inferiores la arrastraran a lugares más desafortunados, lo que le causaría mayor sufrimiento. El primero explicó:

– Jacob, el acto contra la vida nunca puede justificarse. Raquel sufre ahora terribles consecuencias. Sin embargo, hay méritos espirituales y atenuantes en la actitud que adoptó. Su amabilidad y amor por los demás le han permitido recibir nuestra asistencia. Actuó apresuradamente porque se sentía acorralada. No solo pensaba en sí mismo; también, a su manera, defendía a sus hermanas. ¡Pobre Raquel! Ahora pasará por mucho sufrimiento. Tan pronto como pueda elevar tu mente, buscando consuelo en la oración, podremos recogerla. Si hubiera resistido y enfrentado la terrible experiencia, habría realizado un rescate importante y habría evitado grandes dolores en el futuro.

La joven se dio cuenta que su cuerpo físico se estaba pudriendo. Sentía que, aunque enterrada, seguía viva. Reflexionó mucho y lamentó el acto violento que le había quitado la vida física. Cada vez que recordaba a Don Fernando con el cuchillo en el cuello de sor Victoria, sentía terror. Fue como si la escena volviera y ella reviviera todas las sensaciones y todo el dolor de la tragedia.

Influenciada por fray Bernardo, acabó recordando al dulce Jesús y los pasajes del Evangelio leídos y explicados tan claramente por la madre superiora, cuando estaba en el convento. A partir de entonces, se emocionó mucho pidiendo ayuda al Maestro. Su corazón se calmó y encontró un poco de paz al pensar en las reuniones del convento. Las crisis de desesperación disminuyeron con el tiempo. Hasta que una tarde, con el corazón cansado de sufrir, oró pidiéndole a Jesús que no la abandonara. *"Venid a mí todos los que estáis afligidos y agobiados, y yo os haré descansar."*[3] Las palabras del Maestro le llegaron a la mente y las repitió en su corazón. Fray Bernardo se hizo visible a sus ojos y le tomó las manos. Conmovida, se arrodilló a sus pies, los besó y les pidió perdón. El amigo espiritual la levantó y la abrazó.

– Ven querida, tu padre Jacob y yo llevamos meses esperando este momento para poder sacarte de aquí.

– Fraile mío – dijo la muchacha, conmovida –, sé que estoy condenada a los fuegos del infierno, pero por la misericordia de Dios obtuve la gracia de tu presencia.

– Querida, no existe el infierno en el que crees. Dios, en su infinita bondad, no permitiría el castigo eterno para sus hijos. Ven, ahora necesitamos sacarte de aquí para que descanses.

---

[3] Mateo, 11:28-30.

Jacob, cuya conmoción le había hecho llorar, abrazó a su hija.

Raquel estaba tan frágil que no podía caminar. Fray Bernardo pidió a algunos asistentes espirituales que los acompañaban que la colocaran en una camilla para poder recogerla.

Esa tarde, sor Victoria sintió su corazón más ligero. Algo le decía que su amada hija de tantas encarnaciones mejoraría después de un período de gran sufrimiento.

La madre tardó unos días en enterarse de los desastrosos acontecimientos ocurridos en el castillo de la Mota y de toda la tragedia que había involucrado a la familia del conde. Tocada por una inmensa piedad, en ningún caso dejó de orar por ellos y por Don Fernando.

34.- Una Razón para Vivir

LOS MUSULMANES ESTABAN PERDIENDO territorio y en el siglo XIV quedaron restringidos al sur, en el reino de Granada. Allí consiguieron resistir los ataques cristianos gracias a la configuración geográfica y su estructura defensiva compuesta por castillos refugio, torres de vigilancia y murallas urbanas. Los sultanes contaron con el apoyo de un ejército combativo y una marina eficaz, que impidió los avances de los cristianos.

La ciudad del mismo nombre, capital del reino, era en aquella época la más poblada de Europa, con 50.000 habitantes. Fortaleza capital, rodeada de montañas y murallas, era bastante agradable y muy parecida a Damasco. Al haber sido fundada por musulmanes, Granada presentaba aspectos típicos de una ciudad islámica. La gran mezquita estaba rodeada por una serie de calles estrechas.

Don Fernando tenía todo el plan de fuga preparado cuando salió del castillo de la Mota. Se llevaría a Carlos con él, aunque tuviera que hacerlo delante del conde y su familia. Sin embargo, fue más sencillo de lo que imaginaba, ya que todos estaban distraídos; Uno de sus hombres sacó al niño con facilidad. La víctima del secuestro estuvo atado y amordazado durante todo el viaje. Al ver la ciudad de Granada, aquel hombre de duro corazón se sintió aliviado. Finalmente reconstruiría su vida. El sultán lo esperaba con los brazos abiertos. Fue recibido como un héroe, después de haber pasado años planeando una exitosa venganza.

El conde Felipe, por su parte, no aceptó la situación, sabiendo que su hijo seguía siendo esclavo de los moros. Juró que lo traería de regreso, incluso si fuera lo último que haría en su vida. Abandonó el cuidado de las tierras y del castillo; había perdido interés en todo. La idea fija de encontrar a su hijo era la única motivación que le quedaba para vivir. No había duda: en el día que Carlos regresara a casa, Constancia saldría del estado de letargo en el que había caído y sus vidas mejorarían.

En algunas ocasiones sentía odio hacia Don Fernando; en otros trasladaba ese sentimiento a la guerra en la que se vieron obligados a participar, lamentando el acto que había cometido contra la hermana de su enemigo. A pesar de los progresos de Francisco, que poco a poco fueron desarrollándose, el conde no podía acercarse al muchacho sin que a su mente le viniera la desafección.

El sufrimiento lo había transformado. Su cabeza ya no seguía orgullosa y altiva de sus títulos nobiliarios. Ahora podía hablar con cierta humildad.

El Obispo de Toledo se enfureció al enterarse de la tragedia. Se sintió engañado por un hereje y decidió también ayudar a Don Felipe a sacar al niño de las manos de los musulmanes. Hubo varias búsquedas y se colocaron varios espías en Granada para intentar encontrar al niño.

Don Fernando estaba seguro que el conde intentaría rescatar a su hijo. Por eso, en un último acto destructivo contra la familia que odiaba, y queriendo borrar el pasado, entregó a Carlos como regalo, como esclavo, a una familia que vivía en el campo, lejos de la ciudad, haciendo así difícil cualquier información efectiva.

El propio rey, conmovido por el caso, quiso negociar con el sultán. Ofreció algunos prisioneros de guerra a cambio del niño. Sin embargo, Don Fernando tuvo cuidado de ocultar al propio sultán el paradero del niño, diciendo que había muerto durante el viaje.

El tiempo pasó y Don Felipe no perdió la esperanza. Finalmente decidió ir él mismo a Granada. Ya habían pasado dos años y la falta de noticias lo dejaba cada día más descontento.

Constancia venía mostrando algunos momentos de lucidez, que la sacaron de la apatía que se había apoderado de su vida. Su marido estaba seguro que el regreso de su hijo la haría abandonar ese estado definitivamente.

Para que le acompañaran en el viaje eligió a dos hombres de su confianza, que tenían gran habilidad en el trato con los moros y conocían muy bien la región de Granada. Como también conocía las costumbres musulmanas, pensó que no sería difícil cruzar la frontera e instalarse en la ciudad. Tenía un conocimiento razonable de la lengua árabe y allí vivían algunos castellanos de sus relaciones anteriores. Como tendría que disfrazarse, iría como comerciante de telas y vino. Sabía dónde comprar los productos para vender.

En vísperas de la partida, la expectación hizo que Don Felipe pasara la noche en vela. Constancia se dio cuenta que había un movimiento diferente en el castillo y se interesó. Entró en su aposento, pero a pesar de la hora avanzada y del ruido resultante de su presencia, su esposa mantuvo los ojos cerrados. El conde se arrodilló junto a la cama, tomó su mano y la sostuvo entre las suyas.

La condesa estaba lejos de ser la hermosa mujer que había sido años atrás. Tenía un cuerpo delgado y un rostro pálido, con profundas ojeras bajo los ojos. Su cabello blanco le daba un aspecto de anciana. El castellano, a pesar de su rostro demacrado, aun daba muestras de juventud. Lloró al contemplar la figura de su esposa y habló con emoción:

– Constancia, sé que no fui un buen marido durante los años que vivimos juntos, y que todo tu sufrimiento fue causado por mis locuras. No merecía el sacrificio que hiciste por mí. Quiero pedir perdón por este dolor y por todo el tiempo que te obligaron a guardar un secreto grave, sin poder compartirlo con nadie por mi ignorancia. Me voy y no sé si tendré nuevas oportunidades para disculparme contigo. En este momento quiero ponerme de rodillas y en nombre de Dios prometer que moveré cielo y tierra para traer a nuestro Carlos de regreso a nuestras vidas.

Al ver que algunas lágrimas corrían por el rostro de la condesa, continuó emocionado:

– Siento que puedes oírme y entenderme. Te pido que hagas un esfuerzo para salir de este estado de tristeza y apatía en el que te has hundido. Tengo confianza en Dios que regresaré con nuestro hijo y a él no le gustará verte en esta situación. Querida, tuve información que Carlos está vivo, cerca de Granada, y eso me motivó a ir allí a buscarlo.

Ella abrió los ojos y lo miró, pero su rostro permaneció vacío de expresión. El conde sonrió.

– Sé que es una noticia muy vaga, ¡pero es la primera en dos años! Iré con dos hombres a Granada, donde me haré pasar por comerciante, para tener la libertad de investigar todo para descubrir el paradero de Carlos. Si realmente se encuentra en un pequeño pueblo o en una finca rural, será aun más fácil localizarlo y traerlo a casa.

A pesar de su inmovilidad, su esposa le dio la impresión de estar atenta.

– Querida, sé que me entiendes. Aferrémonos a la única esperanza de vida que nos queda. Tengamos fe en Dios que pronto estaremos sonriendo con nuestro hijo.

La mujer rompió a llorar. Era la primera vez desde la tragedia que podía llorar.

Aquellas dos criaturas, encorvadas por el sufrimiento, lloraron juntas, abrazándose.

– Constancia, cuídate. Y prepara el castillo para el regreso de nuestro hijo. No quiero que toda esta tristeza le dé la bienvenida. Abre las cortinas y ponte un bonito vestido. Enviaré un mensajero con antelación para dar tiempo a organizar la recepción. ¡Esta casa finalmente volverá a la vida!

Mientras hablaba, la mujer, llorando, sacudió la cabeza afirmativamente.

Tras la marcha de su marido, la condesa volvió a comer y salir al balcón a tomar el Sol. Quería estar lo suficientemente bien como para esperar la llegada de Carlos. Este cambio llenó de alegría a los fieles servidores, quienes tenían verdadera adoración por su ama.

Al principio, muy débil, necesitaba ayuda para moverse, pero poco a poco los colores volvieron a su rostro y su cuerpo cobró vigor, ante la esperanza de volver a ver a su hijo.

35.- Promesa Cumplida

AUGUSTO, EL HIJO del medio, que siempre había sido el más equilibrado, pronto tomó conciencia de su condición de desencarnado. Con bondad de corazón, le suplicó a Jesús misericordia para sus padres y su hermano en cautiverio. Él y fray Bernardo acompañarían al pequeño grupo en la búsqueda.

Con mucha dedicación logró revertir los pensamientos negativos de sus padres, inspirándolos con fe y esperanza. De espíritu maduro, con tareas evolutivas, no solo perdonó a Don Fernando la venganza y el asesinato de su cuerpo físico, sino que también se sintió movido por una gran compasión por el enemigo del conde, buscando inspirarlo al arrepentimiento para devolver a Carlos a la familia con vida.

Sin embargo, envuelto en el odio e influenciado por criaturas que alimentaban este sentimiento en él, el hombre no notó la benéfica presencia de Augusto. Aunque había destruido a la familia de Don Felipe, todavía se sentía insatisfecho. A veces consideraba que debería haberlo castigado con la muerte. Sufrió pesadillas y su hermana desencarnada y su padre continuaron vengándose de él. Esto le impidió disfrutar del honroso cargo que ocupaba ante el sultán y de toda la fortuna que había acumulado. Siempre con la cabeza gacha y el ceño fruncido, se había convertido en una figura siniestra, que provocó muchos comentarios difamatorios en la Corte.

No se ganó la simpatía. Recibió honores únicamente por pertenecer a una familia ilustre. Su padre tenía sangre noble, era descendiente árabe de la tribu de Mahoma, fundador de la religión musulmana, lo que le dio un gran prestigio. Don Fernando, que en realidad tenía un nombre islámico, había desarrollado una cultura privilegiada. Hablaba el árabe más puro y también el español, aprendido de su madre, que era cristiana. Tenía conocimientos de matemáticas y astronomía.

Con todo esto, no sabía cómo cultivar amigos. Su carácter frío y vengativo alejó a todos. Siempre estaba ganándose enemigos, sin importarle denunciar a nadie ante el sultán, aunque eso le costara la vida al acusado. Sus sirvientes no fueron tratados bien y por lo tanto no tenían ningún vínculo positivo con él. Vivía en un ambiente hostil.

El viaje de Don Felipe y sus hombres fue largo y agotador, pero el grupo partió con el corazón lleno de esperanza. El cansancio no parecía afectarles, ya que cruzaban la frontera disfrazados de comerciantes y con nombres falsos.

El conde supo tratar con los moros. Después de tantos años de lucha y contacto con muchos prisioneros, conocía sus hábitos, costumbres y religión. A medida que se acercaban a Granada crecía el miedo a ser identificados. Luís, que formaba parte del grupo, era un completo desconocido para Don Fernando. El otro, Pedro, ya se había cruzado con él una vez, pero era de noche y difícilmente lo reconocería.

Llegaron a la ciudad agotados y no fue difícil encontrar una posada cerca del centro comercial. Un judío amigable llamado David, el dueño del lugar, arregló una habitación con buenas camas. Luego de comer y acomodar sus pertenencias y los bienes que se venderían, el grupo recorrió la ciudad para conocerla y familiarizarse con ella.

Mucha gente en la calle bullía de comercio; sin embargo, nadie pareció reparar en los tres hombres, quienes, aliviados, se convencieron que podían actuar a voluntad. Al regresar a la posada, intentaron entablar una buena amistad con el señor David, quien hablaba muy bien español. El conde, que adoptó el nombre de José, encaminó la conversación hacia obtener información sobre la Corte y sus movimientos.

– Señor David, como el sultán suele hacer fiestas, me gustaría mucho ofrecer mis productos a la Corte de Mahoma.

– Es muy difícil acceder al sultán o a sus protegidos. Se necesitaría una recomendación de alguien cercano a la Corte.

– Podría ofrecer mis finas mercancías a los ricos de la ciudad.

– Estoy seguro, señor José, que si usted se hace querer por alguien poderoso e influyente y realiza la primera venta, otros se abrirán. No solo hay gente rica aquí en la ciudad; también hay terratenientes prósperos, e incluso puedo señalar dónde viven algunos.

– Se lo agradecería mucho, señor David.

En pocos días el grupo descubrió dónde vivía Don Fernando y comprobó las horas de salida, los lugares que frecuentaba habitualmente y los días que iba a la mezquita.

Luís, joven y simpático, siguió varias veces a una de sus sirvientes y acabó haciéndose amigo de la muchacha. Fátima, en su sencillez, empezó a compartir mucha información sobre la vida en la casa. Pronto Luís aprendió que a ningún sirviente le agradaba su amo.

Después de casi un mes de reuniones "informales", surgió la oportunidad de ser colocado en la guardia personal de Don Fernando. El jefe de la guardia, hermano de Fátima, al ver su interés por el chico, decidió darle una oportunidad. El maestro ni siquiera se dio cuenta que alguien diferente estaba entrando. Luís, muy discreto, conocedor de la lengua árabe, hizo todo lo posible por encajar en la rutina de la casa.

El conde y Pedro no pudieron contener su entusiasmo. Después de todo, en un mes habían logrado grandes avances. Ahora hacía falta paciencia para esperar el siguiente paso.

Don Felipe, a su vez, logró vender algunas telas y hacer importantes contactos.

Luís intentó estar cerca de Don Fernando y acompañarlo a todos los lugares posibles, escuchar las conversaciones en la casa y permanecer siempre disponible para cualquier servicio, ganándose así la simpatía del hermano de Fátima. En su tiempo libre se enteraba de los asuntos a través de la sirvienta. Un poco de estímulo fue suficiente para que la niña soltara la lengua.

– Fátima, ¿hace mucho que estás aquí?

– No, hace apenas seis meses. Las personas mayores de la casa son doña Antonia, el señor Joaquim y mi hermano.

– He oído que Don Fernando llegó a Granada hace poco más de dos años, después de haber pasado mucho tiempo fuera...

– Sí, vivió en el reino de Castilla, al norte. El noble dueño de esas tierras asesinó a su familia y permaneció allí muchos años para vengarse. Y cumplió su tarea con éxito. Es un hombre muy vengativo, de carácter terrible, y todo el mundo dice que Alá le castigó merecidamente cuando perdió a su familia. Quien conoce a fondo esta historia es doña Antonia; ella lo sabe todo y estará feliz de contártelo. Si quieres saber la llamo – ante las últimas palabras la chica sonrió.

– No, no creo que debamos molestarla – respondió él de manera de disimular su curiosidad.

– ¡Ni siquiera lo pienses! A Antonia le gusta contar historias. Y hoy, cuando nuestro maestro no está... Fue a la mezquita y se quedará un rato.

Inmediatamente fue a hablar con la anciana, que llegó refunfuñando.

– Señor Luís – dijo la mujer –, a Fátima le encantan estos cuentos y parece que a usted también. ¡Pensé que solo las mujeres sentían tanta curiosidad por la vida de sus amos!

El chico se puso rojo.

– Señora, no me gusta hablar de la vida de otras personas. Y Fátima quiere saber.

La niña se sentó al lado de Antonia.

– Vamos, cuéntanos detalladamente la venganza de Don Fernando. Dicen que fue terrible.

La mujer bajó la voz para narrar lo que Luís ya sabía, hasta llegar al punto que más le interesaba.

– En la fatídica noche, Don Fernando aprovechó la desesperación del conde y secuestró a su hijo menor, de once años, que trajo aquí.

– ¡Dios mío, qué historia tan increíble! – El joven se sentó más cerca de las dos –. ¿Y mató al niño?

– No. Después de maltratar durante unos días al pobrecito, que parecía un pájaro salido de su nido, se lo entregó a un amigo que vive en el campo.

– ¿Este hombre aceptó al niño como regalo?

– Claro que sí, convirtió al niño en esclavo. Este tal Yosef viene por aquí de vez en cuando. Lo he oído hablar de ese chico varias veces. Cultiva los campos junto con otros esclavos - El rostro del chico adquirió una expresión casi de incredulidad –. Este mundo es muy extraño... ¡El hijo de un conde se convierte en esclavo!

Ya era tarde cuando todos se retiraron a descansar. Luís esperó hasta el amanecer para partir. Se aseguró que todos estuvieran dormidos y se dirigió a la posada. El conde y Pedro dormían cuando oyeron piedras en la ventana. La abrieron y él entró con cuidado para no ser visto.

– ¡Tengo buenas noticias! – Dijo eufórico –. Logré descubrir al hombre que mantiene a Carlos como esclavo. Se llama Yosef y tiene una propiedad al este de Granada, a unos treinta minutos a caballo.

Don Felipe se conmovió tanto que lloró. Ya no era ni siquiera una sombra del hombre altivo que había sido. Su rostro estaba demacrado por el sufrimiento, solo avivado por el ardiente deseo de recuperar al hijo que le quedaba.

– ¡Dios mío, qué alegría! Lloro solo de pensar en la felicidad de encontrar a mi hijo con vida. Luís, quiero que vuelvas a la guardia, por ahora. Pedro y yo intentaremos localizar esta propiedad al amanecer. Si esto no es posible, tendremos que tener paciencia y esperar a que ese hombre aparezca en casa de Don Fernando, habiendo elaborado un plan para seguirlo. Solo tenemos que conocer sus características.

Pedro y el conde recorrieron muchas propiedades hacia el oriente, durante largas jornadas de búsqueda, sin descubrir nada. Luís, a su vez, obtuvo de la joven Fátima una descripción del aspecto del hombre, con todos los detalles.

– No entiendo por qué muestras tanto interés en el señor Yosef – dijo la chica después de mucha conversación.

– No es demasiado. Solo pensé que este hombre podría ser un viejo amigo de mi padre. Desgraciadamente, por todo lo que me has contado, debo concluir que no lo es.

Pasaron dos meses más, hasta que una mañana soleada Yosef, que había venido a hacer compras a la ciudad, finalmente apareció en casa de Don Fernando.

Luís se escapó para contarles la noticia a sus amigos.

El hombre comió con su amigo, discutieron algunos temas y pronto se fue, llevándose sus compras en un carrito. Don Felipe y Pedro no tuvieron dificultad en seguirlo de lejos por el camino, sin ser vistos, hasta su propiedad. En ese momento, necesitaban idear un plan para sacar a Carlos del lugar. Evidentemente, como todos los demás esclavos, el niño vivía bajo vigilancia.

Al día siguiente, el conde tomó sus bienes y cabalgó hasta la finca de Yosef. A pesar de algunas nubes, el cielo estaba despejado y el Sol brillaba intensamente. Al llegar, se presentó citando a algunos conocidos, entre ellos Don Fernando, que lo había recomendado. Declaró que sus productos eran de alta calidad y buen precio. Dijo que había recibido las mejores referencias del cliente potencial, así como su esposa e hijas, de quienes se decía que tenían un gusto excelente.

A Yosef le gustó la actitud del supuesto comerciante, invitándolo a entrar. Como hacía calor, ordenó a un sirviente que les trajera un refrigerio.

Don Felipe abrió la cesta dejando al descubierto las finas telas, lo que deleitó a la señora y a sus hijas. Mientras las mujeres miraban, intentó hablar con el cabeza de familia.

– Aprecié mucho tus tierras; se nota que están bien cuidados y son productivos. ¿Tienes muchos esclavos?

– Sí, he obtenido buenas cosechas y poseo muchos esclavos. Algunos fueron capturados en la guerra con los cristianos.

La señora de la casa volvió a llamar al criado para que trajera más refrescos y, para sorpresa del conde, quien entró fue su hijo Carlos. El niño, antes delgado y pálido, se había transformado en un niño de trece años. Había ganado altura y, a pesar de ser delgado, su rostro quemado por el Sol le daba un aspecto saludable. Trabajar en el campo ayudó a desarrollar su físico. Sin embargo, la mirada revelaba la tristeza del cautiverio y la añoranza del hogar.

Carlos también quedó sorprendido. Incluso con el disfraz, lo reconoció fácilmente. Don Felipe hizo una señal para detener a su hijo, que servía a Yosef y luego, muy nervioso, caminó hacia su padre, que estaba igualmente inquieto, temiendo que el niño arruinara todo el plan.

Los espíritus de Fray Bernardo y Augusto habían sido los responsables que Carlos llegara a la habitación. El primero se quedó con Yosef, mientras el otro intentaba comprender las palabras de su padre. El fraile buscó quitar la influencia de entidades que pudieran dañar el diálogo y colocó su mano derecha en la frente de Yosef, aclarando su razonamiento.

Una vez servidos los refrigerios, Carlos se alejó y regresó a la cocina.

El conde, luchando por controlar su nerviosismo, inició el diálogo:

– Tienes un niño hermoso. ¿Es un prisionero de guerra? El hombre se alisó el bigote con una sonrisa.

– No, fue un regalo de un amigo. Este chico ya me ha dado muchos problemas; solo me quedo con él porque lo prometió.

– ¿Y qué tipo de trabajo le dio, señor?

– Era delgado y frágil, lloraba todos los días, extrañaba a su familia. Es hijo de un conde de Castilla, dueño de muchas tierras. Era difícil conseguir que comiera y controlar sus fugas. Mis hijas se enamoraron de él, y cuando no hubo sirvientes que cuidaran la casa, lo pusimos en su lugar. No es muy productivo en el campo; de hecho, causa más problemas que ayuda.

– Pero parece inteligente, habla bien árabe.

– Sí, aprendió rápido. Mis hijas pensaron que deberían enseñarle el idioma. Para mí no hace ninguna diferencia. Necesito brazos fuertes para ocuparme de la tierra, no un esclavo que me pague los gastos. Tendré que gastar mucho en comida para que sea utilizable.

– Creo que tienes toda la razón. De hecho, señor, creo que me sería de más utilidad que aquí en su propiedad. Tengo enormes dificultades con su idioma, y el chico podría ayudarme a vender mis productos y también hacerme compañía, ya que viajo muy solo en este mundo.

Yosef estaba pensativo, rascándose la barba.

– Resulta que no está a la venta. Como dije, lo recibí como un regalo.

– Sí, un regalo del griego. Le garantizo que su amigo ni siquiera notará la ausencia del niño, pues le hizo un regalo para que también se deshaga de él. Le daré todos los bienes que llevo en mi cofre más veinte monedas de oro.

La esposa de Yosef, que estaba escuchando la propuesta, se emocionó y le habló en privado:

– Señor esposo mío, permíteme dar mi opinión. Las rarezas que ofrece el comerciante pagan mucho por este chico inútil; además, Don Fernando no viene desde hace dos años, desde que lo trajo. Ni siquiera lo sospechará. Creo que haremos mucho. ¡Y lo más importante es que será bueno para ambas partes!

El hombre todavía dudaba.

– Si se entera, no sé de qué será capaz. Don Fernando tiene un temperamento violento.

La hija mayor intervino.

– Creo que sería bueno que Carlos tomara nuevos aires y quizás superara la tristeza que siente por vivir en cautiverio. Le diremos a Don Fernando que no pudo soportar el anhelo y el peso del servicio en el campo y acabó muriendo.

Yosef se levantó y empezó a caminar de un lado a otro. La sugerencia de su hija le pareció muy interesante. Además, le gustaba hacer buenos negocios y le atraía mucho la perspectiva de liberarse de la carga que representaba Carlos. Por otra parte, los dos espíritus amigos que habían estado ayudando a Don Felipe influyeron cada vez más en él, haciendo que la idea, después de todo, fuera innegable.

– Está bien, acepto la mercancía y quiero treinta monedas más a cambio de mi esclavo. Sin embargo, hay una condición: Don Fernando nunca podrá saber que hicimos esta transacción. En Granada no debes dejarte ver por los hombres y sus conocidos. Debes darme tu palabra que mantendrás nuestro acuerdo en secreto, o me llevaré al niño inmediatamente; Peor aun, si se entera diré que me robaron. ¿Está claro?

En ese momento el conde relajó su rostro y sonrió.

– Prometo, en nombre de mi honor, llevarlo lejos de Don Fernando. Nunca lo sabrá por mí. Este chico es un inútil aquí, pero será de gran valor para mí y estoy seguro que nos llevaremos muy bien.

Yosef se sintió satisfecho. Había hecho un gran negocio porque el chico era un problema; siempre estaba llorando y no me desempeñaba bien en ningún trabajo. Y se cansó de ver su cara triste.

– Señor, hay un detalle más: no suelo deshacer ningún acuerdo. Si lo sacas de esta casa no aceptaré que lo devuelvas. Si Don Fernando me pregunta, diré que murió, liberándome de este compromiso.

Don Felipe siguió sonriendo, seguro de haber celebrado el acontecimiento más importante de su vida.

– Estoy absolutamente convencido que no habrá arrepentimientos. No lo devolveré bajo ningún concepto. Hiciste un trato excelente; estas telas son muy caras, prendas para vestir a las princesas.

Yosef observó la alegría de su esposa e hijas trabajando con las telas. Nunca habían visto piezas tan hermosas. Aunque ricos, eran gente sencilla que vivía en el campo. Disfrutaban de un confort razonable, sin lujos.

La chica que había recomendado el intercambio corrió y tomó al niño de la mano.

– Aunque sabemos que te extrañaremos, Carlos, creo que serás más feliz siguiendo a este comerciante por el mundo. Creo que porque eres más libre extrañarás menos tu patria. Pediremos en oraciones que Alá te bendiga.

El pequeño mantuvo la cabeza gacha para que los demás no notaran su emoción. Yosef tomó su mano derecha y la colocó sobre la izquierda del conde.

– Carlos, este es tu nuevo amo, le debes obediencia y dedicación. El niño permaneció con la mirada baja, mientras algunas lágrimas rodaban por su rostro. El conde parecía tranquilo y sereno, como le correspondía.

– Señor Yosef, ya que hemos terminado nuestros asuntos, debo irme, porque tengo una buena distancia para viajar a Granada.

– Sería un honor que comieras con nosotros – invitó el hombre con una sonrisa –. Si rechazas la invitación nos ofenderemos.

Don Felipe sintió una ligera irritación, pues quería marcharse lo antes posible.

– Por favor no te ofendas... Es que no conozco bien el camino y el sol empieza a esconderse entre las nubes; es probable que llueva.

El hombre de la finca, mirando atentamente por la ventana, estuvo de acuerdo.

– Creo que tienes razón. Debería llover a última hora de la tarde. No quiero detenerte y poner en peligro tu regreso. La próxima vez que vengas comeremos juntos.

– Oportunidades no faltarán, señor – dijo el conde sonriendo. El hombre pidió a un sirviente que trajera los caballos del comerciante.

– También dejo mis baúles y el niño se va en el otro caballo.

– ¡Sin duda el caballo estará más feliz con menos peso! – bromeó Yosef.

Todos rieron. Las negociaciones habían dado como resultado una satisfacción general. En el plano invisible se trasladaron fray Bernardo y Augusto.

Con una amplia sonrisa, Don Felipe se despidió con la mano. Montó en uno de los caballos, Carlos en el otro, y emprendieron el regreso.

Padre e hijo cabalgaron durante quince minutos en silencio, emocionados y con la cabeza gacha. El conde volvió la cabeza para comprobar si alguien los seguía. El camino estaba desierto, solo el sonido de los pájaros saludaba los oídos. Miró a Carlos y gritó fuerte:

– Bienvenido, hijo mío, de vuelta a casa.

El niño sonrió entre las lágrimas que brotaban de sus ojos azules y habló lleno de emoción:

– Papá, no tenía esperanzas de volver a verte a ti y a mamá. Don Felipe descendió del caballo, tomó al hijo del otro y le dio un fuerte abrazo, entre muchas lágrimas.

– Eres el único hijo que nos queda. Nuestras esperanzas están en tu regreso. ¿Y cómo podríamos seguir viviendo sabiendo que nuestro hijo era esclavo en una tierra lejana, en casa de nuestro enemigo? Tu madre y yo hemos sufrido mucho estos dos años. Ahora, hijo mío, tu presencia traerá nueva vida y una inmensa alegría a todos nosotros. Vamos Carlos, el viaje es largo y agotador. tendremos que montar sin descanso; esperamos no tener sorpresas desagradables.

Pedro y Luís esperaban al conde en las afueras de la ciudad. No imaginaron que podría sacar así a su hijo, en la primera visita. Todos se abrazaron, emocionados. Luís, más expansivo, giró a Carlos en sus brazos gritando:

– Alabado sea el Señor Jesús, que escuchó nuestras oraciones. ¡La condesa no creerá el regalo que le traemos!

Todos sonrieron y se abrazaron.

– Pedro – dijo el conde – tendrás que comprar provisiones y algo de ropa de abrigo para el viaje. No esperaba sacar a mi hijo de allí tan rápido; parece que la mano de Dios hizo todo más fácil. No debemos entrar a la ciudad con Carlos, para evitar cualquier sospecha. Don Fernando es un hombre muy inteligente y temo que descubra lo que hicimos antes de abandonar los dominios musulmanes. En cuanto a ti, Luís, lo mejor será ir a su casa para no levantar sospechas. Temprano en la mañana, inventa una excusa a Fátima y a su hermano, pide permiso para visitar a tu madre enferma y ven a encontrarnos aquí para continuar nuestro camino.

– Señor Conde, conozco una taberna con posada fuera de la ciudad, camino de Toledo – fue Pedro quien habló –. Podemos pasar la noche allí sin llamar la atención.

Todos los planes se pusieron en ejecución y tuvieron éxito; pronto los tres y el niño, vestidos de mercaderes, se dirigieron hacia el castillo. Intentaron viajar durante el día, por las carreteras principales. Granada se quedó atrás y a las pocas horas abandonaron el territorio musulmán. Todo salió bien, no hubo obstáculos. Llegar a Toledo fue igualmente emocionante.

El drama de la familia del señor del Castillo de la Mota había conmovido a la ciudad. En el momento de los dolorosos acontecimientos, el pueblo se había rebelado y formado grupos para perseguir a Don Fernando; el propio Obispo, indignado, había reunido las tropas para ir tras él.

El conde decidió pasar la noche en Toledo; el día estaba terminando y todos estaban cansados. Luís, siempre servicial, sugirió:

– Don Felipe, ¿no sería conveniente enviar un mensajero por delante? De esta manera la condesa estaría más preparada para la emoción del reencuentro.

– Creo que tienes razón. Lo haré hoy. Mañana, cuando lleguemos, nos estará esperando Constancia.

A un chico alto y delgado se le encomendó la tarea de llevar la buena noticia al castillo. Ya era de noche cuando llegó a su destino. El guardia de la puerta le pidió que se identificara.

– Soy Juan, vengo de Toledo con noticias sobre el conde - Se abrió la puerta y entró el mensajero.

Constancia se había retirado a sus habitaciones. Habían pasado cinco meses desde que el castellano se fue y la mujer casi había perdido la esperanza. Muchas veces pensó que su marido no regresaría con vida de la arriesgada y peligrosa tarea que le había propuesto.

La buena sirvienta María abrió la puerta al niño, quien trajo un mensaje y una amplia sonrisa.

– Tengo noticias del conde. Regresó sano y salvo, trayendo a su hijo que estaba esclavizado.

María ni siquiera intentó contenerse; gritó de alegría, levantando las manos al cielo.

– ¡Gracias! Dios escuchó mis oraciones y las de mi señora.
Los demás sirvientes al escuchar el ruido proveniente del salón principal, pudieron participar del momento tan esperado.

– Nuestro chico está vivo y llegará pronto. ¡Nuestro bueno y querido Carlos viene a traer alegría a este castillo nuevamente!

La condesa notó el alboroto que provenía de la habitación, pero no tuvo valor para levantarse. María subió a su habitación y llamó suavemente a la puerta. Con voz frágil, le ordenó entrar.

– Señora, acaba de llegar un mensajero de Toledo con noticias sobre el conde.

– ¡Vamos mujer, habla, si no quieres que me muera de angustia! – Ya sentada en la cama, frotándose las manos nerviosamente.

María se arrodilló junto a la cama.

– El Conde, Pedro y Luís están en Toledo, y mañana vendrán aquí con nuestro chico.

La sirviente se vio obligada a repetir la información tres veces.

– ¡Oh, mi buen Jesús y su madre, María de Nazaret, se apiadaron de mí y me trajeron a mi hijo! – Se volvió hacia la dedicada criado y le pidió – María, mi buena amiga, ayúdame. Quiero vestirme para escucharlo otra vez, del mensajero de mi marido.

En el salón estaban los sirvientes y los hombres de la guardia, que habían abandonado sus puestos. Hubo tanta alegría cuando Constancia bajó las escaleras, sostenida por la criada, que todos lloraban y aplaudían. La emoción había dominado por completo esos corazones.

Juan, el mensajero, no pudo responder a las innumerables preguntas que le hicieron al mismo tiempo. Cuando vieron a la condesa, todos guardaron silencio. El niño la esperó al pie de las escaleras.

– Señora, le traigo la noticia que desea escuchar desde hace más de dos años – con un gesto expresivo le entregó la carta.

Constancia lo abrió con manos temblorosas y con la voz entrecortada al leer:

- *"Mi querida esposa:*

Después de muchos días tristes e interminables de soledad e inseguridad, este es el momento más feliz de nuestras vidas. Hoy cumplo la promesa que te hice hace cinco meses. Con mucha paciencia y la dedicación de Pedro y Luís finalmente logramos traer de regreso a Carlos; nuestro hijo goza de buena salud y nos extraña enormemente. Prepara nuestro castillo para una gran fiesta mañana, cuando estaremos allí.

Tu marido, el Conde de Rubio."

No hubo nadie que no se conmoviera en ese momento. Ansiosa, la condesa quiso saber si Juan había visto a Carlos y cómo estaba.

– Señora, hay un niño pequeño. Es delgado, pero parece gozar de buena salud. Toledo celebra el regreso de su hijo; hay celebración incluso en las calles.

María nunca dejó de agradecerle por lo que llamó un milagro.

A la mañana siguiente, muy temprano, los sirvientes del castillo ya se estaban preparando para la recepción. Constancia reveló una emoción que no había sentido en mucho tiempo. Después de tanto tiempo de tristeza, pude sonreír. Desde el amanecer había permanecido en la torre, observando la llanura. Casi al mediodía, cuatro caballos se mostraron. Todos, incluso los aldeanos, se reunieron en el patio para darle la bienvenida al niño. A medida que los caballos se acercaban, la emoción crecía.

Carlos vio la suntuosa forma del castillo sobre la pequeña colina: desde lejos, sus majestuosas torres y sus altos e infranqueables muros parecían lúgubres. Recordó su infancia, sus hermanos, Raquel y sus juegos, las noches frías cuando estuvo enfermo, el cariño y los cuidados de su madre. El anhelo aumentó en su pecho y su corazón latía salvajemente.

Recordó el dolor de ver a su hermano muerto en el pasillo y aquel fatídico día: la muerte de Raquel, la desolación de su madre, la furia y la indignación de su padre y, sobre todo, el sadismo de Don Fernando. Lo habían secuestrado, sin entender muy bien porqué había tanto odio. Pensó en los días de soledad y hambre en la casa del secuestrador y en la difícil convivencia en una tierra extraña, con costumbres y lengua desconocidas.

Carlos era maduro. Cuando se fue era un niño mimado por su madre, ahora regresó como un niño pequeño que sabía lo que realmente quería. Los malos tratos y las decepciones no lo habían convertido en un rebelde, sino en alguien muy consciente de la brutalidad de la vida.

La llanura parecía interminable y el viaje demasiado largo, hasta que finalmente se detuvieron ante la gran puerta. Todos estuvieron presentes para compartir la alegría de los castellanos. Los aldeanos pobres y mal vestidos gritaron vítores al pasar el grupo, muchos de ellos lloraron de alegría. La condesa, temblando, esperaba en la puerta principal del salón. El hijo corrió y se arrojó en sus brazos. Era una escena que hace solo un día pensó que nunca ocurriría; entonces sus esperanzas prácticamente se perdieron.

Cuando el conde abrazó a su esposa y a su hijo al mismo tiempo, el gesto fue recibido con un aplauso general.

– Constancia – dijo, mirándola –, cumplí la promesa que te hice hace cinco meses. Traigo a nuestro hijo vivo.

– Esposo mío, nunca olvidaré lo que hiciste por mí y por nuestro Carlos.

– Yo también lo hice por mí. Sin él estábamos muertos; solo nos quedaba Carlos para intentar tener un poco de felicidad y paz.

Fueron dos días de mucha celebración, comida, bebida y música para todos. Don Felipe retomó su preocupación por sus propiedades, que una vez más administró con celo. Constancia volvió a cuidar de su marido y de su hijo y empezó a comer en el salón principal, como antes. Su salud; sin embargo, estaba muy afectada y nunca se recuperó por completo.

Carlos quería ayudar a su padre, le interesaba todo, lo que llenaba de orgullo y satisfacción al conde. Francisco también se había desarrollado física y mentalmente, y cada día se parecía más a Alejandro. Don Felipe se acostumbró a su presencia y aprendió a aceptarlo y finalmente amarlo.

En Granada, Don Fernando notó la ausencia de Yosef, quien ya no venía a visitarlo, como solía hacer. Siempre muy desconfiado, decidió ir a las tierras de su amigo. No pasó mucho tiempo para darse cuenta que la familia y el propio Yosef ocultaban algo.

– ¿Dónde está el niño que te regalé? Con la cabeza gacha, el hombre respondió:

– Estaba demasiado frágil, lamentablemente murió hace unos tres meses.

– ¡Es una mentira! – Don Fernando se enojó –. Si eso sucediera, correrías y me dirías, porque te dejé muy claro que quería saber todo sobre ese chico. ¿Él se escapó?

El otro se sonrojó y se rascó la barba, sin responder.

– ¿Él se escapó? Tengo certeza que sí.

– ¡No! ¿Cómo podría un niño solo escapar por estas tierras? Te lo dije, murió.

– ¡Quiero ver dónde está enterrado ahora! Vamos a desenterrarlo.

– Señor, ¿por qué mentiríamos? – Intervino la esposa de Yosef –. El niño tenía mucha fiebre, otros sirvientes también enfermaron. En el caso de Carlos, la enfermedad solo duró tres días y luego falleció. Aceptamos con gusto tu regalo, y pensamos que saber lo que te pasó te molestaría, por lo que preferimos no molestarte con el suceso.

Mientras se calmaba, la mujer continuó en tono suave:

– El niño fue enterrado en el campo, lejos de la casa. Temíamos que la fiebre se propagara y nos matara a todos. Los demás sirvientes que habían caído enfermos mejoraron gradualmente; si quieres puedo llamarles y te confirmarán los hechos.

Bajo la fuerte influencia de Augusto y de Fray Bernardo, Fernando reflexionó y observó a todos con atención; más tranquilo, acabó admitiendo:

– No parece que mientas.

Hizo una larga pausa, se acercó a la ventana y, volviéndose hacia los dos, añadió:

– Y creo que fue aun mejor así... Ese desgraciado se unió a sus hermanos en el infierno.

Para alivio de todos, montó en su caballo y desapareció por el camino para no regresar jamás.

36.- Recuperación

DESPUÉS DE ESTAR SEGUROS que Don Fernando creía en la muerte de Carlos, Augusto y Fray Bernardo fueron a la Colonia donde Raquel permanecía internada en el plano espiritual. Había pasado mucho tiempo y Augusto quería noticias sobre su hermana.

El hospital era una casa grande con altas puertas de madera y amplias ventanas; el suelo muy limpio parecía parquet. Delante había un gran jardín con muchas flores de colores y la parte trasera estaba cubierta de árboles que daban sombra. El lugar aportaba tranquilidad y bienestar. Se podía oler el perfume de las flores y el suave susurro de las hojas tocadas por el viento.

El Sol golpeaba las ventanas con sus rayos dorados. En el interior se movían monjas vestidas con hábitos azules. Iban y venían por el pasillo en constante trabajo.

En la entrada principal, un hombre de larga barba blanca y ojos brillantes esperaba a nuestros amigos. A su llegada, el Dr. Epaminondas sonrió y dejó al descubierto unos dientes blancos y bien alineados. Extendió su mano cordialmente:

– ¡Mi querido hermano Bernardo! Es un gran placer verte aquí en nuestro hospital.

– ¡La satisfacción es mía también! – El fraile le devolvió el gesto con amabilidad –. Quiero presentarte a mi alumno Augusto, que era hermano de nuestra Raquel.

Con una sonrisa, Epaminondas le tendió la mano al muchacho, Augusto inmediatamente sintió una enorme simpatía por aquel anciano de pequeña estatura, mirada lúcida e inteligente.

– Señor, ¿cómo está mi hermana?

– Raquel dañó su periespíritu con un acto contrario a las leyes de Dios, y ahora sufre los efectos.

– Doctor, actuó pensando no solo en ella misma. Tuvo miedo ante el agresor, tuvo miedo de la deshonra y de la muerte en la hoguera; sin embargo, se vio coaccionada por el temor a lo que pudiera pasar con sus compañeras; pensó que su acto protegería a las hermanas del convento.

La respuesta fue tranquila y pausada:

– Sí, joven, Raquel tiene varios atenuantes; por eso recibió protección desde el momento del suicidio. No permitimos que los espíritus malignos la llevaran a lugares infelices, lo que aumentaría su sufrimiento y dificultaría su recuperación. Está recibiendo la misericordia de Dios en este hospital. Hemos utilizado todas las técnicas que conocemos para aliviar su dolor. Debido al profundo shock emocional presenta un fuerte desequilibrio psíquico. La figura del agresor, grabada en su subconsciente, le provoca constantes pesadillas en las que se ve perseguida. La muchacha es consciente que Don Fernando no podrá llegar hasta aquí, pero el miedo que se ha apoderado de ella parece mayor y la está desequilibrando tanto que su estado no cumple con las expectativas.

Augusto escuchó las explicaciones con la cabeza gacha y con mirada preocupada.

– ¿No podemos hacer nada con esto?

– Sí, orar y persistir en los tratamientos iniciados. Sin duda Raquel debe mejorar. Es una criatura valiente, a pesar de los trágicos acontecimientos que le sucedieron. Y no podemos olvidar que la misericordia de Dios nunca abandona a sus hijos.

– Doctor, ¿puedo verla?

– Por supuesto, para eso viniste. Vamos a su habitación, donde la mantenemos dormida para aliviar su sufrimiento.

– ¿Y ella nunca vuelve a la realidad?

– Sí, tiene momentos de lucidez, pero de repente parece sumergirse en pesadillas, incluso estando despierta. Uno de nuestros médicos, llamado Lucas, se especializó en casos como el de ella y ha ido logrando algunos avances con la joven; cuando la hospitalizamos, los lapsus de alienación fueron mayores. El médico intenta despertarla a la realidad, que ya no es de persecución.

Epaminondas abrió la puerta de la habitación, que estaba muy limpia, donde había camas cubiertas con sábanas blancas. Había cuatro camas, todas ocupada por mujeres. La de Raquel estaba al lado del gran ventanal desde el que se podía ver todo el parque de flores.

Su aspecto era de gran abatimiento. Augusto se acercó a ella emocionado, le tomó la mano y le dio un beso. Las lágrimas corrieron por su rostro. Recordó su infancia feliz, los juegos, la niña hermosa, dulce y amorosa, a la que todos querían en el pueblo, siempre servicial, queriendo ayudar a su padre a aliviar algún pobre enfermo. Ella había crecido así, delicada y amable, y se había ganado su corazón para siempre.

Augusto sintió una enorme compasión al ver el estado de Raquel. Sus compañeros notaron la emoción y el cariño que vivía en el corazón de aquel sensible joven.

El doctor Epaminondas rompió el silencio:

– Augusto, intenta despertarla; llámala suavemente.

El niño pasó su mano por el cabello de la niña, susurrando su nombre. Abrió levemente sus hermosos ojos azules, conmovida por la calidez del afecto por su amigo de la infancia. Al principio parecía alienada, pero poco a poco lo reconoció.

– ¡Augusto! – Exclamó –. ¡Qué bueno verte a mi lado otra vez! Tu presencia siempre me hizo sentir tan bien...

– Raquel, mi querida hermanita, la misericordia de Dios me permitió venir a verte.

A través de los ojos se podía evaluar el dolor que habitaba aquella alma. Augusto se sintió aun más conmovido.

– Mira, hija mía – Epaminondas miraba alternativamente a los dos jóvenes –, Augusto vino de muy lejos para verte. Por eso, espero que demuestres la felicidad que te trae esta visita.

Ella abrió una sonrisa que iluminó su rostro de niña. Augusto también sonrió cuando dijo:

– ¡Mira qué hermoso día hace afuera! Huele las flores, escucha el canto de los pájaros.

Raquel volvió la cara hacia la ventana y logró seguir atentamente las palabras de Augusto.

– Sí, el día está muy bonito. ¡Nunca había visto flores tan hermosas y coloridas ni había escuchado tantos pájaros cantando juntos!

Todos rieron y Augusto propuso:

– Si quieres, puedo recoger algunas, las más bonitas, y traerlas aquí para que puedas oler el perfume y maravillarte con ellas - Raquel asintió afirmativamente.

Habiendo obtenido el consentimiento de fray Bernardo para recoger las flores, saltó por la ventana, de bajo alféizar, y con gran entusiasmo formó un hermoso ramo.

El doctor Epaminondas sonrió y advirtió:

– Chico, no las recojas todas, o nos quedaremos sin ninguna en el jardín; Además, no caben en la habitación.

Augusto regresó con un hermoso ramo. La muchacha, encantada, aspiró el perfume, ante la observación de su amigo.

– ¿Recuerdas, Raquel, cuando caminábamos juntos por el campo y yo siempre te recogía flores?

– ¡Sí, Augusto! Delicadas flores que decoraron mi hogar. A mi padre y a mi madre les encantaban las flores y siempre decían que Dios las creó para alegrar nuestras vidas.

Aprovechando el júbilo del momento y contando con los beneficios que resultarían para la paciente, fray Bernardo consideró, en tono afectuoso, la necesidad de irse y dejarla descansar.

– Augusto, no te vayas – reaccionó ella –. Tengo mucho miedo, y parece que contigo aquí esto se irá.

Luego, bajo el efecto calmante de la proximidad de su querido amigo, echó la cabeza hacia atrás y cerró los ojos.

– Estoy muy cansada y necesito dormir.

Augusto extendió la mano, cerró los ojos y susurró una canción que solía cantar cuando eran pequeños, para alejar el miedo a las tormentas.

Raquel se quedó dormida como una niña protegida en el regazo de su madre.

Cuando los tres salieron de la habitación, Augusto estaba llorando. Epaminondas puso su mano sobre el hombro del niño.

– No podemos desanimarnos. Por la misericordia de Dios, que siempre está presente, Raquel mejorará. Todo es evolución, Augusto. Avanzamos hacia la perfección, aunque todavía estemos muy lejos de ella. No olvides que Dios, nuestro Padre, nos dio la eternidad.

A partir de entonces, Augusto obtuvo permiso para visitar a Raquel con frecuencia. La alegría y el amor fraternal que mostró en todas estas ocasiones le dieron un impulso de espíritu a la niña. Estaba claramente mejorando, volviendo pronto a ser la misma joven llena de vivacidad y dulzura.

37.- Aprendizaje que Sigue

PASARON UNOS AÑOS y Carlos se convirtió en un hermoso joven. Tenía los rasgos de Constancia, combinados con la fisonomía austera de su padre.

Don Felipe estaba orgulloso de su hijo, quien había asumido con gran determinación las responsabilidades de las tierras que había heredado. No le tenía miedo al trabajo, siempre estuvo atento a cada detalle. La condesa, a pesar de su frágil salud, se sintió reconfortada al ver a su hijo tan joven y tan responsable. Carlos convirtió a Francisco en su mano derecha, conmoviendo a María la amistad entre ambos. Las tierras y el pueblo progresaron. Los sirvientes ya no padecían hambre y todavía podían vender algo que producían en los pueblos cercanos.

El conde ansiaba ver casado a su hijo. El joven; sin embargo, insistió en no aceptar un matrimonio de intereses. Su negativa angustió a su padre, a quien Constancia siempre pidió paciencia. Él era un hijo genial, cariñoso y comprensivo, la alegría de aquel inmenso castillo. ¿Por qué no dejarle elegir a su futura esposa, una joven que le hiciera feliz? Ante estos argumentos, el marido se quedó pensativo y se fue refunfuñando. La forma romántica de Carlos de ver la vida le molestaba. Había muchas chicas que podían traerle felicidad, además de darle a la pareja unos hermosos nietos. Sin embargo, viendo que sería inútil insistir, el castellano capituló.

Hasta que un día Carlos conoció a Rafaela, una chica sencilla de un pueblo vecino. Cuando intercambiaron sus primeras miradas ya se enamoraron. Constancia fue la primera en enterarse del amor correspondido.

– Mamá, Rafaela está sana, hermosa y dulce. Pero ella es pobre, hija de agricultores; está acostumbrada a la dureza de una vida difícil. La amo con todo mi corazón, la quiero como esposa y no permitiré que mi padre se oponga a mi matrimonio.

La condesa intentó ocultar su inevitable temor con una sonrisa. Sabía que su marido esperaba una nuera de la nobleza.

– Estoy seguro que tu padre estará de acuerdo. ¡Él solo quiere tu felicidad y ha cambiado mucho después de lo que pasamos! A veces tenemos que dejar de lado el orgullo por la riqueza y los títulos para que no domine nuestras vidas. Hablemos con el conde a la hora de cenar, para que pida la mano de la joven Rafaela.

Carlos suspiró aliviado con la postura adoptada por su madre. Las horas parecieron pasar para el joven, temeroso de la reacción de su padre. La cena transcurrió tranquilamente, hasta el momento en que Constancia decidió entrar en el tema de la relación de su hijo con la joven del pueblo. Don Felipe se puso rojo, parecía a punto de estallar en un ataque de ira. Fue entonces cuando Carlos tomó la palabra, destacando las cualidades de la niña y su gran amor por ella.

– ¡Papá, Rafaela representa mi felicidad! No existe tal doncella en el reino. Su único defecto es que es pobre, pero lo que tengo me alcanza para los dos y para todos los hijos que Dios nos envíe. ¡Papá, llenemos este castillo de nietos felices y ruidosos!

El argumento de Carlos había vencido la resistencia de su padre. Don Felipe no pudo contener su sonrisa. Finalmente pudo ver crecer a su familia y continuar con su descendencia.

– Hijo mío, confiaré en ti y en tu juicio; Si crees que es una buena chica y te hará feliz, mañana iremos a pedirle que se case contigo y fijaremos la fecha.

Todos estaban eufóricos. Constancia no podía ser feliz, solo pensando en tener nietos en sus brazos que le alegrarían los días.

Se tomaron todas las medidas. El conde afirmó ante las familias nobles del entorno que Rafaela era una pariente lejana, hija de sus primos nobles fallecidos, y promovió una fiesta que duró varios días. Los dos jóvenes parecían hechos el uno para el otro.

Desde la boda de su hermano Augusto se preparaba para volver a la ropa física. Volvería como heredero de esas tierras. Quería ser médico y curar el sufrimiento de muchas criaturas, aplicando su fortuna en beneficio de otros. Era un espíritu con suficiente madurez y capaz de tales tareas evolutivas.

Raquel pidió una oportunidad para regresar con Augusto, ya que a Alejandro le habían dado la oportunidad de renacer como el segundo hijo de Carlos y Rafaela.

– Augusto, yo también quiero ser tu hermana; estoy segura que esto nos favorecerá en la búsqueda de la evolución. Podré ayudarte en la tarea que hayas elegido.

Su amigo tomó sus manos entre las suyas y las besó.

– Querida mía, conozco tu corazón gentil y afable desde hace muchos siglos, pero en esta encarnación no podremos estar cerca. Alejandro y yo te amamos y nos gustaría estar cerca para protegerte. Sin embargo, tu camino es diferente, tendrás que continuar donde lo dejaste. Debes reencarnar con aquel que provocó tu caída y superar tu fragilidad.

– ¿Cómo puedo afrontar semejantes dificultades si no cuento con el apoyo de quienes amo? – Reclamó suavemente.

– Tenemos la eternidad para estar juntos – dijo Augusto con ternura.– Ahora es importante que te prepares para las peleas y te hagas más fuerte. Estaremos separados temporalmente. Los callejones sin salida de la vida han dado vigor a tu espíritu, y nuestros amigos y protectores han explicado tus necesidades evolutivas. Necesitas estar al lado de Don Fernando para hacerle entrar en razón y, con tu dulzura, transformar su corazón.

Raquel lo escuchaba con la cabeza gacha, su rostro se había puesto pálido. Aunque consciente de sus compromisos y de la imposibilidad de posponerlos, temía no poder superar los obstáculos y volver a caer. Conocía la hostilidad de Don Fernando hacia ella y sabía cuánto sufrimiento le acarrearía esta convivencia.

Con suavidad, Augusto levantó el rostro de la niña.

– Sabes que tendrás que esperar a que regrese Don Fernando. Va a ser difícil. Está muy comprometido, tiene grandes enemigos que lo esperan ansiosos para vengarse. Tendrás tiempo para prepararte. Podrás adquirir conocimientos y, si lo deseas, trabajar con leprosos y otros enfermos. Este servicio fortalecerá tu espíritu.

Esa perspectiva la hacía sentir más emocionada.

– ¡Me gustaría mucho recibir permiso para seguir ayudando en el convento, cerca de Sor Victoria! Quizás fray Bernardo me acepte en el grupo.

Al cabo de unos días, Augusto la acompañó al convento del cerro. Raquel estaba encantada ante la posibilidad de estar nuevamente con la Madre Victoria y las demás hermanas. Visto desde lejos, el convento parecía un faro que iluminaba la densa oscuridad que se acumulaba a su alrededor. Las hermanas, ocupadas, corrían de un lugar a otro atendiendo a los enfermos que cada día aumentaban. Sor Victoria ya mostraba en su rostro los signos del tiempo y de la dura vida que llevó. Su cabello, a pesar de estar cubierto por el manto de monja, comenzaba a tornarse blanco. Una luz clara y suave envolvió su cuerpo físico.

Cuando sintió la presencia de su amada hija, interrumpió sus tareas por un momento, tratando de identificar qué era diferente en su corazón. La joven se acercó, la besó en el rostro y la abrazó con inefable cariño.

La madre tembló, feliz, agradeciendo a Dios por la misericordia de darle tan grande felicidad. Un sentimiento de paz se extendió por la sala y todas las demás hermanas parecieron compartir la alegría de la cercanía de su amiga, sentimiento al que también se unieron fray Bernardo y la fraternidad espiritual que colaboraba en el convento.

Allí Raquel fortalecería su espíritu con trabajo y dedicación para que, en el futuro, reencarnase junto a Don Fernando. Al contar con la compañía de tantos amigos y de su padre Jacob, se sintió protegida y renovada para las dificultades que se avecinaban.

Augusto se despidió entre lágrimas, ya que pronto volvería a estar vestido con ropa física. Raquel prometió que cuando fuera posible lo visitaría para satisfacer su anhelo. Alejandro todavía se quedaría algún tiempo, pero tampoco tardaría en reencarnarse.

El nacimiento del hijo de Carlos y Rafaela fue recibido con inmensa alegría por los vecinos del castillo. Fue Constancia quien quedó más encantada con el bebé. Pronto notó su enorme parecido con Augusto e insistió en que el matrimonio llamara al niño Luís Augusto.

Rafaela fue una buena madre y le dio mucho amor al pequeño. Para la condesa fue como si el tiempo hubiera retrocedido y su corazón volviera a estar obsequiado con la presencia de su hijo.

Cuando Luís Augusto empezó a caminar, Rafaela sintió que en su vientre crecía otro ser. Todos se alegraron mucho con la noticia: otra criatura vendría a bendecir el matrimonio de Carlos con la fertilidad de Rafaela. Llegó otro chico guapo: Alejandro volvió a la vida física lleno de vigor. Don Felipe estaba encantado con su nieto, sintiendo que así recuperaría la compañía de su querido hijo.

Los dos niños crecieron fuertes y hermosos. Alejandro, que se había llamado Henrique, amaba a su abuelo, y siendo aun muy pequeño extendió sus bracitos hacia el conde, quien no pudo ocultar su preferencia por él.

38.- El Dolor del Arrepentimiento

A PESAR DE LA FALTA QUE TODAVÍA sentía Constancia por sus hijos, sus nietos llenaban sus días de alegría. La felicidad finalmente pareció recuperarse en aquel castillo. Sin embargo, cuando recordó a Raquel, además del anhelo, su corazón se sumergió en el remordimiento. No podría haber abandonado a su hija, pensó; debería haberla criado con el mismo consuelo que había dado a los demás. Todo había sucedido tan rápido, y poco después del nacimiento de la niña, tantas dudas habían surgido en su corazón... Raquel había nacido nueve meses después de la partida del conde, pero Don Fernando aseguró que era su hija, fruto de la noche en el que había manchado su honor.

Cuando recordó a aquel hombre vil entrando a sus habitaciones en plena noche, sintió que su cuerpo temblaba de odio. Había tenido que permanecer en silencio durante tantos años...

La condesa había llegado a odiar a la niña que llevaba en el vientre. Cuando dio a luz, ni siquiera quería ver a la hermosa niña. Sara y Jacob, por compasión, habían llevado a la niña a la casa pobre donde vivían. Su madre nunca tuvo la intención de volver a verla, quería borrar el hecho más triste de su vida. Esa criatura solo le trajo recuerdos amargos.

Jacob sabía lo indeseada que era la niña, pero los años pasaron y la pequeña Raquel creció como una flor. Augusto y Alejandro se sintieron encantados con la niña y cuando pudieron estaban con ella. Jacob y Sara no pensaron que era justo privarla del amor de sus hermanos, ya que su madre la rechazaba.

Una tarde Augusto y Alejandro entraron a la habitación de su madre, jalando de las manos a Raquel.

– Mamá, queremos que conozcas a nuestra amiguita – dijo el mayor.

Constancia, que estaba bordando, levantó los ojos y miró a la niña. A los seis años, Raquel parecía un ángel. Su cabello rubio enmarcaba su rostro con piel pálida y sonrosada, y sus grandes ojos azules tenían el brillo de inocencia típico de la edad. Mostró una gracia que la condesa no había visto en ninguna niña de la región.

Encantada, abrió los brazos y llamó a la niña.

– Ven aquí, pequeña. ¡Qué niña tan hermoso, tan dulce...!

Alejandro, el más hablador, inmediatamente se reclinó en la silla.

– ¿No es hermosa? Parece una princesita. Siempre que vienen al castillo, la señora Sara y el señor Jacob traen a Raquel.

La madre palideció al escuchar esos nombres. Apartó a la chica, empujándola.

– Llévatela, no quiero a esa niña en mi habitación. La van a entregar a sus padres ahora mismo.

La niña se asustó por la actitud repentina y comenzó a llorar. Augusto tomó su manita, obedeciendo la dura orden.

Alejandro corrió en busca de Jacob, quien entró pálido a la habitación.

– Lo siento señora, no era mi intención molestarla con la presencia de Raquel. Los chicos la trajeron sin que yo lo viera.

Constancia estaba temblando, muy pálida.

– No quiero que tu hija sea amiga de mis hijos. No permito que esa chica entre a mi castillo. Si no sigues mis órdenes, me veré obligado a expulsarlos de mis tierras, señor Jacob.

El hombre intentó explicarse, sin que le dieran la oportunidad.

El encuentro con la pequeña sacudió los sentimientos de la condesa. Cuando la vio acercarse, sin saber quién era, lo invadió un enorme cariño. Una vez sola, intentó analizar sus rasgos físicos y no encontró ningún parecido con Don Fernando. La niña era muy parecida a su hijo menor, Carlos, aun un bebé. Por mucho que intentara desterrar estas ideas, la imagen de la chica andrajosa le venía a la mente todo el tiempo. Después de mucho tiempo y de tanto preguntar Alejandro y Augusto, su madre accedió a permitirle visitar el jardín del castillo, siempre y cuando nunca la llevaran a su presencia.

Una tarde muy calurosa de verano, todos los niños estaban jugando en el jardín y, sin darse cuenta que Raquel estaba entre ellos, la condesa se sentó bajo un árbol, disfrutando de la sombra. Ella y la sirvienta María estaban bordando y tomando refrescos cuando se asustaron por los gritos de la niña. Augusto, aterrado, intentó quitarse un palo que le había atravesado el pie, el cual sangraba profusamente.

Las dos mujeres se acercaron para comprobar qué estaba pasando. Constancia se agachó, sosteniendo a la niña para quitarle el palo y detener la sangre con un pañuelo. Ella se puso blanca y casi se desmayó. El piecito entre sus manos era igual al de Don Felipe. Todos sus hijos tenían la misma forma de dedo: los dos más pequeños estaban pegados formando uno. Era una característica familiar que pasó de generación en generación. Se demostró que Raquel era la hija del conde.

María corrió a ayudar a su señora, imaginando, como los demás, que el malestar era causado por la herida de la pequeña. Refrescada, la condesa pidió que le trajeran a la niña. Sentándola en su regazo, observó sus dos pies. Realmente, no había ninguna duda.

La abrazó con tanta fuerza que, asustada, ella empezó a llamar a su madre Sara.

Después de esa tarde, Constancia ya no tenía tranquilidad. Su conciencia no la dejaba tranquila. Había despreciado a su hija y la había condenado a vivir en extrema pobreza, sin el amor de sus verdaderos padres. Don Felipe siempre había querido criar una niña entre sus tres hijos.

Su odio hacia Don Fernando la había cegado y terminó dañando a una criatura inocente, que había nacido legítima y fue rechazada como huérfana. Si no fuera por la bondad de Sara y Jacob, ¿dónde estaría Raquel? ¡Incluso podría haber muerto!

Las pruebas que tenía fueron suficientes para convencer a su marido. Sin embargo, después de tantos años, ¿cómo sacar a la luz esta terrible historia? El conde no la perdonaría, pensaría que le había sido infiel. Todo lo que pudo hacer fue permanecer en silencio, sintiéndose amargada por la tristeza y el arrepentimiento.

Tras el descubrimiento, la condesa cambió su actitud hacia la niña. Cuando Don Felipe estaba ausente, hacía que la muchacha permaneciera en el castillo, a menudo incluso durmiendo en su habitación; la colmó de golosinas, en un intento de compensar los años que había vivido lejos de ella. Aunque todos notaron el parecido entre Raquel y Carlos, guardaron discreto silencio; nadie se atrevería a calumniar a su dama. Por la noche, cuando la niña regresó a casa, su madre lloró de remordimiento.

Aunque conocía el amor que Sara y Jacob le dedicaban a la pequeña, no pensó que fuera suficiente. Su hija vivía en extrema pobreza y era muy poco lo que podía hacer para remediarla.

A medida que Raquel crecía y se convertía en una hermosa joven, para mayor angustia Constancia notó el interés que despertaba en sus hijos. Temía que la chica también se interesara por alguno de ellos. Si eso sucediera, se vería obligada a revelar la verdad, lo cual era una carga difícil de soportar.

María conocía la historia del nacimiento de Raquel; Simplemente no sabía que ella era la hija de Don Felipe. La madre no había tenido el valor de contarle esto ni siquiera a su fiel sirviente.

El conde pasó muchos meses ausente. Constancia, inicialmente avergonzada y asustada por la reacción de su marido ante el ultraje sufrido, interiorizó todo el sufrimiento. Posteriormente vino el remordimiento por haber rechazado a su hija, negándole la oportunidad de vivir en el castillo y disfrutar del amor de sus padres y hermanos. Así, se había transformado en una persona triste y amargada, incapaz de vivir con naturalidad con su marido.

El castellano veía a menudo a Raquel con sus hijos, sintiendo simpatía y cariño por la pequeña. Sin embargo, su carácter cerrado le impedía darle algún capricho, o preocuparse por saber quiénes eran sus padres.

En su inocencia, la niña nunca cuestionó a sus padres adoptivos debido a su apariencia física muy diferente. Amaba a las dos personas que la criaron con tanto cariño, y era esta convivencia armoniosa lo que más importaba. Incluso después de tantos años y de toda la tragedia, Raquel permaneció en la mente de Constancia. Al recordar la pobre vida que había llevado la niña, la fuga y el trágico final, su odio hacia Don Fernando aumentó. Si no fuera por ese hombre, todos sus hijos podrían estar juntos y llenar el castillo de nietos, para alegría de su vejez. Creía que Raquel había muerto sin saber que era su madre, y que si lo hubiera sabido nunca la perdonaría. A pesar de todo, permaneció con los ojos tristes y el corazón amargo por los recuerdos.

39.- Tiempo de Reflexión

FERNANDO SE QUEDÓ SOLO. HABLABA poco y solo salía de casa para ir a rezar a la mezquita los días de oración. Tenía pocos amigos.

Intentó enterrar el pasado, seguro de haber vengado a su amada muerta. A veces sus pensamientos volvían al conde y sentía un temblor de ira. La llama del odio seguía ardiendo y, si fuera necesario, lo volvería a hacer.

En una tarde de verano muy calurosa, se encontraba sentado en el porche de su residencia mientras un sirviente lo abanicaba. Leonardo, un viejo conocido, vino a visitarlo. Tan pronto como reconoció al amigo de su amo, el criado le pidió que entrara. Alto y delgado, de mirada pícara, el hombre era un rico comerciante que vendía aceite y aceitunas por toda la península. Hizo muchos negocios, especialmente en el norte.

Fernando se levantó y recibió a su amigo de la infancia con una pálida sonrisa. Leonardo se acercó para darle un abrazo.

– Mi querido amigo, estuve tanto tiempo fuera de casa... Como regresé hace dos días, decidí hacerte una visita.

– Me alegro que te hayas acordado de mí – dijo devolviéndole el abrazo.

– ¿Qué noticias están dando la vuelta al mundo?

– ¡Un montón! He estado en Venecia, Roma, y estos últimos meses he estado en Toledo negociando aceite de oliva y aceitunas. Pasé por Medina del Campo.

Fernando se estremeció al oír el nombre del pueblo.

– Quizás tenga noticias de mi viejo amigo, el conde Don Felipe – El visitante se acarició la barba durante unos segundos, antes de responder:

– Sí, estuve muy cerca de las tierras del conde y permanecí en la capital durante meses. Su nombre, mi amigo Don Fernando, es muy desagradable en los alrededores. Creo que si apareciera allí acabarían con su vida. El hermano de la condesa y su familia eran amados y respetados por todos; eran buena gente, según los comentarios. El pueblo no ha olvidado la masacre. Además, el Obispo se sintió traicionado. Como soy musulmán, no puedo preguntar nada abiertamente; me limité a escuchar lo que decían. Se te considera una persona maldita.

El otro se impacientó, la conversación le desagradaba.

– Preferiría oír noticias sobre el conde y su esposa. A pesar de todo, ¿siguen vivos? La última información que recibí fue que Constancia se había vuelto loca.

– No creo que lo que tengo que contarte te agrade. La condesa se encuentra bien, su hijo Carlos se ha convertido en un joven bello, competente y ha sido la mano derecha de su padre. Incluso su sobrino Francisco vive bien con la familia. Sus tierras están progresando visiblemente. Carlos se casó con una buena muchacha que le dio dos hijos sanos. Don Felipe solo es feliz con sus nietos.

La noticia explotó como una bomba en la cabeza de Fernando, que apenas podía mantenerse en pie. El sirviente y su amigo corrieron a sostenerlo, evitando que se desplomara en el suelo.

Leonardo no esperaba provocar una reacción tan fuerte. El dueño de la casa fue acostado y llamaron a un médico. Leonardo sacudió a su amigo, que parecía ahogarse, con los ojos bien abiertos.

– ¡Vamos, cálmate! No vale tanto sufrimiento por criaturas que no lo merecen.

Llegó el médico, lo examinó y le recetó un medicamento tranquilizante, ya que su problema era una agitación excesiva.

– Don Fernando, ya te recomendé evitar las emociones fuertes; tus nervios y tu corazón no pueden soportarlo. Ahora debes permanecer en reposo; el medicamento te calmará y te hará dormir.

Luego de retirarse el médico, quien antes de despedirse le dio algunas instrucciones al criado que atendería al paciente, Leonardo dijo:

– Amigo mío, necesito irme, ya que debo descansar.

Fernando asintió y le dijo que se quedara y se sentara cerca de la cama.

– ¿Cómo te enteraste de esa noticia? ¿Será verdad? Según me contaron, el hijo menor, Carlos, murió de fiebre hace muchos años en casa de un amigo donde era esclavo.

Preocupado por su estado emocional, el amigo respondió vagamente:

– Quizás hubo un error, porque solo escuché conversaciones de ahí y de allá; Como quería traerles una noticia, creo que terminé entendiendo mal.

Cuando se levantó para irse, el vengativo lo agarró del brazo.

– Necesito que me traigas información seria en la que pueda confiar. Si lo que me dijiste es cierto tendré que volver a Medina del Campo y terminar lo que comencé. No debería haber dejado con vida al hijo o a la esposa de ese desafortunado hombre. Voy a reunir algunos hombres y preparar una nueva emboscada para los hijos y nietos que tenga. Incluso mataré a mi sobrino Francisco.

Leonardo apartó la mano y aconsejó:

– No deberías estar así de inquieto, piensa en tu salud. Puede haber mucho engaño en esta información porque la gente habla demasiado. Olvídalo y vive tu vida. La muerte de los hijos mayores y el secuestro del niño constituyeron un merecido y duro castigo; Creo que ya ha expiado su culpa. Ahora, después de tantos años, vale la pena pensar en ti y ya no en el conde Don Felipe, que debe vivir con tu amargura. Y olvídate de los demás, que ciertamente son inocentes.

Los ojos de Fernando se abrieron cuando objetó:

– Los míos también eran inocentes y no eran complacientes. Por mucho que lo castigue, el conde nunca compensará lo que me debe. Tiene que pagar por todas las tropas que invadieron mis tierras. Quiero que sienta mi odio eternamente flotando sobre su cabeza.

– Olvídalo, intenta perdonar – insistió el amigo –. Ya tuviste tu venganza, es hora que tu corazón se calme. El odio no es un buen compañero, nos duele el corazón como una espina.

Sin responder, cerró los ojos y se durmió, bajo los efectos del medicamento que había tomado.

Cuando llegó el amanecer, el Sol abrasador y el cielo muy azul indicaban que sería otro día sin lluvia. Temprano en la mañana, la sirvienta Fátima llevó algo de comida a su amo, quien parecía más tranquilo.

Después de un breve período de sueño, debido al efecto de la medicación, pasó el resto de la noche ideando un nuevo plan para destruir a la familia del enemigo. El hombre que más odiaba no podía dejar descendientes ni tener una vida feliz y pacífica. Como él mismo no podría regresar a Medina del Campo, conocía personas eficientes que se ocuparían de hacer lo necesario, si se confirmaba lo que había oído.

Cuando intentó levantarse de la cama, el mareo lo detuvo. Mandó llamar al jefe de la guardia y le ordenó que se dirigiera inmediatamente a Medina, con otros dos hombres, en busca de información. Dependiendo del resultado de la investigación, su mente enferma ya había articulado un plan perfecto. A don Felipe no le quedaría nada. Estaba dispuesto a destruir las tierras, los animales, las personas y las plantaciones del conde. Nada quedaría en pie.

El pequeño grupo se fue dos horas después de la conversación. Fernando se sintió aliviado; solo quedaba esperar su regreso para poner en marcha el plan. Su venganza se haría conocida en toda la península. Con el paso de los días, quedó claro que el shock nervioso no lo había dejado ileso. Sintió fuertes mareos cuando se puso de pie, sentía la cabeza pesada y le dolía permanentemente. Llamaron nuevamente al médico. Le recetaron nuevos medicamentos y le dieron otras recomendaciones que él no tomó en serio. Solo tenía un objetivo: completar su venganza hasta el final.

Una mañana, extrañando que era tarde sin que su amo se levantara de la cama, Fátima fue a sus habitaciones para comprobar lo que ocurría. Don Fernando parecía dormir profundamente; no despertó ni siquiera cuando lo llamó la criada, quien, aterrorizada, volvió a llamar al médico. Durante la noche el hombre sufrió un derrame cerebral, perdiendo movimiento en el lado derecho de su cuerpo. Ya no podía hablar y había perdido parte de la visión. Justo escuchaba, sin poder responder, pareciendo más un vegetal. Necesitaría ser alimentado y atendido por sirvientes.

Cuando regresaron el jefe de la guardia y los dos soldados, Fernando escuchó la confirmación detallada de la noticia que le había dado su amigo Leonardo. El conde Felipe había superado parcialmente el dolor que le había impuesto, mientras él, confinado en una cama, ya no era capaz de coordinar su propia vida ni llevar a cabo su venganza. Ya no podía dar órdenes para la ejecución de sus planes, a pesar de estar completamente lúcido. Lo único que tuvo que hacer fue pasar muchos años en la cama, en completo silencio.

Fue cuidado y alimentado por la misericordia de algunos sirvientes, que no tuvieron el valor de abandonarlo. A veces se podía ver una lágrima mojar el rostro de ese hombre. Quien lo vio, sin saber lo que había en su alma, habría creído que era arrepentimiento.

Le era imposible doblegar su orgullo herido, incluso ante el sufrimiento de la vida. Expió sus faltas, la misericordia de Dios le dio tiempo para la reflexión y el arrepentimiento, pero su corazón se hundió cada vez más en el odio que sentía hacia aquellos a quienes consideraba sus enemigos.

El odio de quienes se consideraban ultrajados se prolongaría durante siglos, llevándolos a una terrible y cruel persecución. Bajo el control de sentimientos inferiores que lo cegaban, perdería benditas oportunidades de reconciliación con sus enemigos y, como consecuencia, incurriría en mucho sufrimiento.

En cuanto al conde, no sufriría pasivamente los repetidos ataques de su enemigo. A menudo luchaban en peleas sangrientas, destruyendo su ropa física. Sin embargo, el espíritu no se destruye, es eterno. Esta sucesión de violencia les provocaría a ambos muchas deudas y expiaciones.

Hoy, como espíritus encarnados, trabajan por la reconciliación y el perdón dentro de un núcleo del campo espírita. Como humildes trabajadores de Jesús, intentan reconstruir y avanzar en la vida hacia el Padre celestial. Aprendieron, a costa de mucho sufrimiento, que el único camino hacia la paz interior es el perdón.

Constancia, después de vivir una vida de remordimientos, en su lecho de muerte confesó a Don Felipe que Raquel era su hija legítima, a quien, por odio a Don Fernando, había relegado a una vida miserable. El conde lloró mucho ante las revelaciones y su odio hacia el verdugo de su familia creció aun más en su corazón. Sintió pena por su esposa por su gran infelicidad.

La buena joven esperaba a la condesa en su cuerpo físico, para recibirla con el cariño y amor de una hija y con el perdón que tanto necesitaba.

Raquel reencarnó de nuevo con el hombre que le había provocado la caída. Su corazón bondadoso y gentil se esforzó fielmente en diluir el odio que Don Fernando sentía por Don Felipe. Fueron necesarios muchos siglos de valentía y resignación, con testimonios de incansable abnegación, para que ella se apegara al enemigo y lo situara en el camino del bien y de la verdad. Jacob y su hermana Victoria, espíritus amigos de Raquel desde hace mucho tiempo, siempre la apoyaron y muchas veces regresaron al escenario de la vida terrenal para ayudarla en la ardua tarea de rescatar a todos los involucrados en esta historia de luchas y locuras.

Augusto, espíritu iluminado, cumplió sus tareas evolutivas. Siguió adelante y asumió nuevas misiones en el camino del Señor, caminando siempre en el bien y en la verdad.

Alejandro, de espíritu guerrero, sufrió algunos desajustes. Sin embargo, tras algunas encarnaciones fructíferas, ahora se alista en las filas de Jesús, intentando dominar su tendencia guerrera y transformarla para el bien de los demás.

Somos creados para evolucionar, crecer, caminar para ser perfectos como nuestro Padre, como enseñó Jesús. Que lo hagamos siempre agradeciendo la misericordia de Dios y de nuestro hermano mayor y Maestro, que bajó de planos superiores para enseñarnos el camino del bien y de la verdad.

"Yo soy el camino, la verdad y la vida; nadie viene al Padre sino por mí..."[4]

---

[4] Juan, 14:6.

Grandes Éxitos de Zibia Gasparetto

Con más de 20 millones de títulos vendidos, la autora ha contribuido para el fortalecimiento de la literatura espiritualista en el mercado editorial y para la popularización de la espiritualidad. Conozca más éxitos de la escritora.

Romances Dictados por el Espíritu Lucius

La Fuerza de la Vida

La Verdad de cada uno

La vida sabe lo que hace

Ella confió en la vida

Entre el Amor y la Guerra

Esmeralda

Espinas del Tiempo

Lazos Eternos

Nada es por Casualidad

Nadie es de Nadie

El Abogado de Dios

El Mañana a Dios pertenece

El Amor Venció

Encuentro Inesperado

Al borde del destino

El Astuto

El Morro de las Ilusiones

¿Dónde está Teresa?

Por las puertas del Corazón

Cuando la Vida escoge

Cuando llega la Hora

Cuando es necesario volver

Abriéndose para la Vida

Sin miedo de vivir

Solo el amor lo consigue

Todos Somos Inocentes

Todo tiene su precio

Todo valió la pena

Un amor de verdad

Venciendo el pasado

Otros éxitos de Andrés Luiz Ruiz y Lucius

Trilogía El Amor Jamás te Olvida

La Fuerza de la Bondad

Bajo las Manos de la Misericordia

Despidiéndose de la Tierra

Al Final de la Última Hora

Esculpiendo su Destino

Hay Flores sobre las Piedras

Los Peñascos son de Arena

Otros éxitos de Gilvanize Balbino Pereira
Linternas del Tiempo
Los Ángeles de Jade
El Horizonte de las Alondras
Cetros Partidos
Lágrimas del Sol
Salmos de Redención

Libros de Eliana Machado Coelho y Schellida

Corazones sin Destino

El Brillo de la Verdad

El Derecho de Ser Feliz

El Retorno

En el Silencio de las Pasiones

Fuerza para Recomenzar

La Certeza de la Victoria

La Conquista de la Paz

Lecciones que la Vida Ofrece

Más Fuerte que Nunca

Sin Reglas para Amar

Un Diario en el Tiempo

Un Motivo para Vivir

¡Eliana Machado Coelho y Schellida, Romances que cautivan, enseñan, conmueven y pueden cambiar tu vida!

Romances de Arandi Gomes Texeira y el Conde J.W. Rochester

El Condado de Lancaster

El Poder del Amor

El Proceso

La Pulsera de Cleopatra

La Reencarnación de una Reina

Ustedes son dioses

Libros de Marcelo Cezar y Marco Aurelio

El Amor es para los Fuertes

La Última Oportunidad

Nada es como Parece

Para Siempre Conmigo

Solo Dios lo Sabe

Tú haces el Mañana

Un Soplo de Ternura

Libros de Vera Kryzhanovskaia y JW Rochester

La Venganza del Judío

La Monja de los Casamientos

La Hija del Hechicero

La Flor del Pantano

La Ira Divina

La Leyenda del Castillo de Montignoso

La Muerte del Planeta

La Noche de San Bartolomé

La Venganza del Judío

Bienaventurados los pobres de espíritu

Cobra Capela

Dolores

Trilogía del Reino de las Sombras

De los Cielos a la Tierra

Episodios de la Vida de Tiberius

Hechizo Infernal

Herculanum

En la Frontera

Naema, la Bruja

En el Castillo de Escocia (Trilogía 2)

Nueva Era

El Elixir de la larga vida

El Faraón Mernephtah

Los Legisladores

Los Magos

El Terrible Fantasma

El Paraíso sin Adán

Romance de una Reina

Luminarias Checas

Narraciones Ocultas

La Monja de los Casamientos

Libros de Elisa Masselli

Siempre existe una razón

Nada queda sin respuesta

La vida está hecha de decisiones

La Misión de cada uno

Es necesario algo más

El Pasado no importa

El Destino en sus manos

Dios estaba con él

Cuando el pasado no pasa

Apenas comenzando

**Libros de Vera Lúcia Marinzeck de Carvalho
y Patricia**

Violetas en la Ventana

Viviendo en el Mundo de los Espíritus

La Casa del Escritor

El Vuelo de la Gaviota

**Vera Lúcia Marinzeck de Carvalho
y Antonio Carlos**

Amad a los Enemigos

Esclavo Bernardino

la Roca de los Amantes

Rosa, la tercera víctima fatal

Cautivos y Libertos

Deficiente Mental

Aquellos que Aman

Cabocla

El Ateo

El Difícil camino de las drogas

En Misión de Socorro

La Casa del Acantilado

La Gruta de las Orquídeas

La Última Cena

Morí, ¿y ahora?

Las Flores de María

Nuevamente Juntos

Libros de Mônica de Castro y Leonel

A Pesar de Todo

Con el Amor no se Juega

De Frente con la Verdad

De Todo mi Ser

Deseo

El Precio de Ser Diferente

Gemelas

Giselle, La Amante del Inquisidor

Greta

Hasta que la Vida los Separe

Impulsos del Corazón

Jurema de la Selva

La Actriz

La Fuerza del Destino

Recuerdos que el Viento Trae

Secretos del Alma

Sintiendo en la Propia Piel

World Spiritist Institute